谋 定天下 系列

# 谋占九鼎
## 宋朝开国奇谋

姜若木 编著

台海出版社

图书在版编目（CIP）数据

谋占九鼎：宋朝开国奇谋 / 姜若木编著·–北京：
台海出版社，2013.7
　ISBN 978-7-5168-0221-2
　Ⅰ. ①谋… Ⅱ. 姜… Ⅲ. ①中国历史–宋代–通
俗读物　Ⅳ. ①K244.09
　中国版本图书馆CIP数据核字（2013）第149869号

## 谋占九鼎：宋朝开国奇谋

编　　著：姜若木

责任编辑：姜　航　　　　　　　　装帧设计：候　泰

版式设计：姚　雪　　　　　　　　责任印制：蔡　旭

出版发行：台海出版社

地　　址：北京市劲松南路1号，邮政编码：100021

电　　话：010-64041652（发行，邮购）

传　　真：010-84045799（总编室）

网　　址：www.taimeng.org.cn/thcbs/default.htm

E-mail：thcbs@126.com

经　　销：全国各地新华书店

印　　刷：北京柯蓝博泰印务有限公司

本书如有破损、缺页、装订错误，请与本社联系调换

开　　本：710×1000　1/16

字　　数：220千字　　　　　　　　印　　张：16.75

版　　次：2013年10月第一版　　　印　　次：2013年10月第一次印刷

书　　号：ISBN978-7-5168-0221-2

定　　价：33.00元

# 前　言

常言道："乱世出英雄。"然而，有勇无谋的英雄最终会被历史淘汰。在乱世中，英雄不仅要像浑浊尘世中的一股清流，更应该胸藏"谋占九鼎"的奇谋。因为自古以来，凡是能够拯救万民于水火之中的"英雄"、"真龙天子"，无不是以"谋"成天下。

中国古代史，是一部辉煌史，其中涌现出诸多胸藏"谋占九鼎"奇谋的开国皇帝。宋朝的开国皇帝——赵匡胤就是其中一个。赵匡胤从一个流浪少年蜕变为大宋开国皇帝，并不是历史的偶然，他的成功是必然的。这其中离不开他的雄才大略、大智大勇、驭人之术、杰出谋略……

赵匡胤生于乱世，出身于武将世家。也正是因为这样的家庭，才造就了他英武豪侠的性格。他曾经浪迹天涯、历经磨难，最终遇到了他生命中的贵人——周太祖郭威。赵匡胤跟随郭威出生入死，还曾参与拥立郭威称帝，而郭威的勇武和谋略，也在潜移默化中影响着赵匡胤，并对他以后顺利夺权起到了很好的借鉴意义。郭威死后，一代英主周世宗柴荣即位，赵匡胤又跟随其南征北战。在战场上，赵匡胤敢于展现自己，英勇善战，赢得了将士们以及周世宗的青睐。随着威望的提升，赵匡胤的野心也渐渐被激发出来了。然而，他是一个有勇有谋的人，懂得低调处世，暗结党羽，善于掩饰其锋芒。当他逐渐掌握了军政大权后，便果断地抓住时机，通过一次兵不血刃的政变黄袍加身，登上了皇帝的宝座。

赵匡胤作为一个武将出身的皇帝，他深深明白：创业难，守业更难。为此，他恩威并施，慑服众臣；加强集权，崇文尊儒；南征北战，平定天下……而他本人又极具几尽完美的人格魅力：心地清正、宽仁大度、虚怀若谷、勤政爱民、严于律己、不近声色、崇尚节俭、以身作则，等等。与历史上其他著名的王朝相比，赵匡胤所创建的大宋王朝以其鲜明的文人政治特色而登上中国文治盛世的顶峰，堪称中国君主专制史上最开明的一个王朝。就是这样一位帝王，却在完成统一事业的正在进行时突然暴卒，他离奇的死也给历史留下了神秘的一笔……

宋太祖赵匡胤死后，其弟宋太宗赵光义即位。赵光义即位后，继续完成其兄的统一大业。宋太宗赵光义使用政治压力，迫使吴越王钱俶和割据漳、泉二州的陈洪进于太平兴国三年（978年）纳土归附。第二年，他又亲征太原，灭北汉，结束了五代十国的分裂割据局面。他企图收复燕云十六州，却遭到失败，从此对辽采取守势。至此，北宋除北方仍然留存的契丹所建辽朝、西北地区的党项族势力外，基本完成了统一大业。他没有完成真正的统一，主要是由于他急功近利的个人性格所致。

宋朝比起其他朝代，社会比较安定和公平，文学、哲学、美术、科技、教育等也比较发达。但重文轻武的结果也导致宋朝军事力量不足，和外族战争多以败仗收场。但赵匡胤与赵光义在位期间，加强中央集权，提倡文人政治，开创了中国的文治盛世，是推动中国历史发展的杰出人物。我们应该辩证地看待历史，辩证地看待赵匡胤与赵光义的开国奇谋。

本书将宋朝开国之初所发生的那些重大事件以及开国皇帝们的开国奇谋都做了详细的描述，包括史学家的评论及重要的文献论证。本书语言通俗易懂、故事生动有趣，将历史如电影般重现在读者面前。读史使人明智；以史为鉴，可以知兴替，希望你能从书中受益匪浅。

# 目　录

## 第一章　生于乱世，英武豪侠

> 通常情况下，开国皇帝的出生，都会被后人蒙上一层神秘的面纱，赵匡胤的出生也不例外。儿时的他，家境尚可，度过了一段安稳平静的日子。在这期间，他厌文爱武，锻炼了他健康的体魄。少年时，时势又开始动乱起来，其家境渐渐衰落。这位少年的心，开始痛恨乱世，渴望和平。在这一时期，磨练出了他豪爽、讲义气的性格。也正是因为他的性格，最终成就了他。

## 第二章　历经磨难，浪迹天涯

常言道：磨难是一笔财富。赵匡胤生在乱世，他目睹了太多的血腥场面，他渴望百姓能够安居乐业。于是，虽然他上有高堂、又新娶娇妻，但这一切都没能动摇他拯民于水火之中的信念。为此，他背着家人，决定通过自己的努力去闯出一片天地。他在流浪的几年中，尝尽了人世冷暖，吃尽了苦头。经高人指点，赵匡胤北上遇到了他生命中的贵人——郭威。

## 第三章　崭露头角，疆场逞威

生于乱世，儿时习武、少年流浪、青年入伍的赵匡胤，被乱世生活磨砺成了一个铁骨铮铮的汉子。他不想做一个普普通通的人，他不仅希望自己能够保家卫国，更希望自己能够造福天下。所以，在战场上，高平大战、滁州大战、征淮战役中，赵匡胤敢于展现自己，表现得非常英勇。在为后周朝廷立下赫赫战功的同时，他在后周的实力和声望也逐渐累积起来。

## 第四章　广结死党，羽翼渐丰

俗话说：一个篱笆三个桩，一个好汉三个帮。是的，一个人想成大事，仅仅凭着自身的能力是不能够取得成功的。赵匡胤也不例外。赵匡胤虽然武艺高强，才智过人，是个智勇兼备的将才，但这些还不足以开创帝业。于是，他开始广结死党，笼络人才。他的羽翼渐渐丰满，展翅腾飞的时机日趋成熟。

## 第五章　挟兵自重，借神造势

赵匡胤表面上看起来为人忠厚，但他并不是老实巴交、毫无思想的人。他拥有的权力越大，野心也就越大。他最初跟随周世宗柴荣南征北战时，就开始佩服周世宗一统天下的宏愿。可周世宗统一大业没有完成，就辞世了。后周基业不稳，幼主尚无实权，何不取而代之，完成自己的宏愿呢？于是，赵匡胤便上演了一幕幕策划已久的奇谋……

目

录

## 第六章　陈桥兵变，黄袍加身

对后周的开国之君太祖郭威和一代有为之主世宗柴荣来说，赵匡胤是一个忠臣良将。但是，在赵匡胤看似老实忠厚的面孔下，隐藏着一颗"谋占九鼎"的野心。周世宗柴荣万万没有想到，以他一个成功商人出身的精明以及他临终前为防止大将发动兵变所做的种种安排，在赵匡胤面前是那么不堪一击。等赵匡胤羽翼丰满之后，就开始迫不及待地发动兵变——"陈桥兵变，黄袍加身"。然而，赵匡胤的兵变，也算得上是历史上比较和平的一次夺权。唯一的一道血光就是韩通丧命。

## 第七章　恩威并施，慑服众臣

俗话说：创业难，守成更难。赵匡胤要驾驭群臣，尤其是那些为他出生入死，在战场上立下卓越战功的功臣宿将，仅凭皇帝九五之尊的身份和高高在上的地位是不够的，还需要一些权谋。但是，如何做才能实现统一大业并为子孙后代留下一个稳固的江山呢？赵匡胤选择了"恩威并施"来慑服众臣。他这种一硬一柔的手腕，可谓是高超至极。

## 第八章　加强集权，崇文尊儒

赵匡胤统治时期，吸取唐朝宦官专权、藩镇割据导致灭亡的教训，削夺了武官的权力，从而重文轻武，加强中央集权，使宋朝没有宦官专权、藩镇割据的问题。宋太祖大力兴办儒学，增加科举取录的名额。与历史上其他著名的王朝相比，宋太祖所创建的宋朝以其鲜明的文人政治特色而登上中国文治盛世的顶峰，可谓中国君主专制史上最开明的一个王朝。尽管其长期积贫积弱，但在民间却享有盛誉，并对后世历代产生了深远影响。

第九章　南征北战，平定天下

　　自古以来，凡是有一点野心的帝王，便会希图可以吞并天下，成为华夏大地之上唯一的主人。只有那些不思进取之辈，才愿意和别人平分天下。诚然，光有这样的野心还不够，还要有能力、有实力。因此，当赵匡胤储备足以一统天下的能量时，他开始"动手"起来：南下荆州、征讨后蜀、征讨北汉、出兵南汉、灭掉南唐……

## 第十章　太宗继位，基本统一

开宝九年（976年）秋，宋太祖赵匡胤暴卒，其弟晋王赵光义即帝位，是为宋太宗。然而，他的即位却引出了一段千古之谜：金匮之盟。宋太宗登基后，继续为统一而征战：吴越归降，北宋统一了南方；宋太宗亲伐北汉，迫使北汉投降；北伐幽燕，却由于宋太宗操之过急，策略不当，以失败而告终；党项族李氏曾经入贡，自动放弃割据政权，但其族弟李继迁时叛时降，并与辽共同对付宋朝，西夏最终也未能归附。至此，除北方仍然留存的契丹所建辽朝、西北地区的党项族势力外，北宋基本完成了统一大业。

# 第一章
## 生于乱世，英武豪侠

通常情况下，开国皇帝的出生，都会被后人蒙上一层神秘的面纱，赵匡胤的出生也不例外。儿时的他，家境尚可，度过了一段安稳平静的日子。在这期间，他厌文爱武，锻炼了他健康的体魄。少年时，时势又开始动乱起来，其家境渐渐衰落。这位少年的心，开始痛恨乱世，渴望和平。在这一时期，磨练出了他豪爽、讲义气的性格。也正是因为他的性格，最终成就了他。

# 武将世家，真龙出世

据传，赵氏的始祖造父为周穆王的驾车大夫，因在平定徐偃王的叛乱中立下大功，被赐封于赵城（今山西洪洞北），其后裔遂以封邑为氏，是为赵姓之始。

由于历史上赵姓望族主要居住在天水郡（约今甘肃省天水市及陇西以东地区），天水即成为赵姓的郡望。所以宋朝及以后朝代，往往亦以"天水"或"天水朝"来代指赵宋王朝。相传宋初南唐境内流行穿湖蓝色的衣衫，称之为"天水碧"，果然不久宋军便兵临城下，"天水碧"便被当作南唐为宋朝所灭的谶言。

赵氏家族的祖籍在涿州（今河北涿州），因为涿州隶属于幽州的节度使管辖，赵匡胤有时也自称幽州人。赵匡胤的祖上，按照宋朝最权威的官修史书《宋会要》的说法，可以上溯到西汉宣帝时的著名清官赵广汉。但赵匡胤做了皇帝以后，在京城开封建立的宗庙内，却仅奉祀着自高祖以下四位祖先的牌位，即高祖父赵朓、曾祖父赵珽、祖父赵敬和父亲赵弘殷。这是因为赵匡胤的家世，只有从他的高祖父以下才有信实的记载的缘故。宋朝建立之后，宋太祖分别追尊赵朓为僖祖，赵珽为顺祖，赵敬为翼祖，赵弘殷为宣祖。

赵匡胤的高祖父赵朓"以儒学显"，在唐朝当过幽州下辖的永清、文安和幽都三个县的县令，晚唐五代时的社会风气是崇尚暴力、蔑视文化，在幽州一代，尚武薄文的观念非常浓厚。赵家却反其道而行之，家族人大多爱读书。赵珽是晚唐时期一名忠诚的文官，在河北一藩镇内做一个名叫从事的小官，此后累官兼御史中丞。他怀揣着儒家思想所传承的"以文韬而治天下"的忠君报国思想，祈求李唐江山能够中兴。然而，地方割据势力争夺地盘，皇帝昏庸无能，不能对割据势力用兵，百姓在战争中流离失所，他深感失望。文治的思想不能救国，只有用武功了。

唐朝安史之乱后，幽州人深受北方善骑射的游牧民族的影响，崇尚武力，君臣尊卑观念十分淡薄。据载，幽州一百五十多年间，竟然换了二十九位节度使。除去极少数朝廷召回、自请致仕和卒于任上者之外，大多为军乱所废黜或诛杀。晚唐名相李德裕曾教训幽州人："旬月之内，移易三人，不可谓师有纪律矣；不俟朝旨，专自树置，不可谓人怀义心矣。"这样的地方，崇尚文治的赵氏家族，什么时候才会有出头之日？因此，赵珽就把年岁已及弱冠的儿子赵敬送到军队，希望他练成一身好武艺，能遇到一位中兴之主，好驰骋疆场，报效祖国。

赵敬没有辜负父亲的希望，勤练武艺，少时就胸怀大志。在唐末和后梁时代，他曾历任营州、蓟州和涿州刺史。但到了赵弘殷这一代，赵家就完全败落了，下降到了一个完全依靠骑马射箭来博取功名的河朔武人之家了。

关于赵弘殷，史书上记载不多。只知道他子承父业，勇武过人。在父亲赵敬死后，赵家没落，赵弘殷开始寻找出路。《宋史·太祖本纪》中记载，赵弘殷早年投靠赵王王镕，在后唐、后汉、后周都有任职。在石敬瑭的后晋时期，赵弘殷在做什么，史书上毫无记载。

赵弘殷投奔到赵王王镕的麾下并不是一个明智的选择。王镕为人聪悟，但仁而不武，性格优柔寡断，处处讲究排场，还任用宦官管理政事。不过，赵弘殷的英勇善战，还是引起了王镕的注意，并受到重用。

第一章　生于乱世，英武豪侠

在晋王李存勖、后梁太祖朱全忠之间的一战——柏乡之战中，王镕派遣赵弘殷率领五百骑驰援李存勖。赵弘殷立下战功，还得到李存勖的赏识。《东都事略》中记载："庄宗嘉其勇敢，因留之命掌禁军，为飞捷指挥使。"柏乡一战，成了赵弘殷事业上的重大转折点。朱全忠曾赞叹李存勖"生子当如李亚子"，跟着这样的英雄，赵弘殷信心十足，相信自己一定能闯出一片新天地。

赵弘殷成为新兴的后唐王朝的开国功臣，并驻军都城洛阳。按照五代军制，禁军无论六军、侍卫亲军或殿前军，都由若干支部队组成。每支部队人数多寡不一，但都分为左、右厢，每厢下辖若干军，军下辖若干指挥，指挥下辖都，都下辖将，将（队）下辖伍。赵弘殷这个指挥使管辖下的"指挥"，隶属于侍卫亲军马军系统的"护圣军"，这是一支精锐的马军部队。赵弘殷的部队由五个都（每都一百人）组成，是最基本的一级军事编制。在五代史中，举凡提到兵力多寡，都以多少"指挥"为数目。据此，赵弘殷的职务基本相当于今天一位中校营长。职位并不是很低，也不是很高。但是，从后唐明宗同光年间到后晋开运末年，二十多年间，赵弘殷的职位没有变过。这二十多年间，他并没有怨天尤人，也没有上蹿下跳、结党营私等，一直恪尽职守，没有惹什么祸端。所以，赵家还算平安顺利。

赵匡胤就出生于此时他父亲的军营。

与中国历史上众多帝王出生时必定有神异的吉祥征兆出现一样，在宋人笔下，赵匡胤的诞生也充满着神奇甚至荒诞的色彩。后唐天成二年（927年）二月十六日，赵匡胤诞生在洛阳夹马营。据载，其母杜氏是梦见太阳落入怀中而有身孕，到赵匡胤出生的那天夜里，赤光满布，远处望去疑是失火，其"胞衣如菡萏（荷花的别称）"，身体披金色，三日不变，异香经宿不散。所以赵匡胤的小名就叫香孩儿，夹马营又被宋人称作香孩儿营，而赵宅所在的街道也被称作火烧街。

关于这香气，后世有人这样解释。夹马营后面有一座大寺院，名叫应天禅院，院里种植着素有"国色天香"之称的牡丹上千株。据说，这牡丹是被武则天从长安城贬到洛阳的。凑巧的是，往年谷雨前后才开花的牡丹，这一年却提前了二十多天。就在二月十六日夜里，突然开放，香飘数里。禅院众僧认为这是丰年吉兆，于是红烛高烧，香烟缭绕，敲钟击磬，大做法事。满院香火烛光，把夹马营的夜空都映红了。而那香气，就是从禅院飘来的。

时人当时不解，只是迷信，以为是赵匡胤的降生才有了香气和红光。赵弘殷夫妇也以为奇事，心中高兴不已。加上后来赵匡胤做了皇帝，人们便更加渲染此事，认为是天子降生的征兆。

为证明赵匡胤的出生是上应天命、下合世情，宋人更是牵强附会地拉来了许多似是而非的证据。

如《孙公谈圃》云，早在隋朝开挖运河时，其河道走势正冲着宋州（今河南商丘）城，直到城外才拐了个大弯以绕开，民间相传这个河湾就叫做"留赵湾"。赵匡胤日后就是在任宋州节度使时登上了帝位，由此这留赵湾的名称，实在可称得上是赵匡胤在汴京开封登基的

赵弘殷陵墓

吉兆之一。

彭百川《太平治迹统类·圣宋仙源积庆符瑞》中称：唐代贞元壬午年（802年），有五色祥云飘浮在长安城上，太史张璇说："以日宿加以推算，其征兆当应于宋州地分，其后一百六十年有圣人兴起于其地。"自此至赵匡胤登基开国，实为一百五十八年，与那一百六十年的预言颇为相合。

《清波杂志》也云：赵匡胤的祖上陵墓在保州保塞县郊外，而那里有一条小巷正叫"天子巷"，这也算是预告赵氏子孙将出天子的好兆头。

而另一个广为流传的说法是，五代后期社会上传布着一首奇怪的预言诗，其中三句为"有一真人在冀州，闭口张弓左右边，子子孙孙万万年"。此处"真人"显然当作"皇帝"解释，冀州正在河北，"闭口张弓左右边"即"弘"字，最末一句自然是皇位当传千秋万代之意。这首预言诗，有人说是南北朝后梁时的异僧宝志和尚书写于铜牌上，也有人认为是唐代方士李淳风所作的著名预言著作《推背图》中的诗句。

据说这《推背图》的预言最初是很灵验的，赵匡胤做了皇帝以后，担心有野心家根据这《推背图》中预言内容进行谋反，便让人在《推背图》内添入许多假货，再抄印了许多本后散布出去，使得社会上传播的《推背图》鱼龙混杂，所作的预言不再灵验，渐渐地就不再为人们所相信了。但无论如何，在五代时期，相信《推背图》的大有人在，如南唐国主就给自己的儿子取名叫弘冀，吴越国王钱镠的儿子们的名字中，也都有一"弘"字，希望能与社会上流传的预言相符合。不曾想"有意种花花不发，无心栽柳柳成行"，赵匡胤之父赵弘殷的名字中恰好有"弘"字，而且他的老家正在河北，与预言刚好合拍。这是宣扬赵匡胤称帝符合"天道"的一个十分过硬的论据，所以宋人很是津津乐道。

此外，在宋代民间传说中，还有赵匡胤是天上火德星君霹雳大仙下凡，或是西方定光佛出世，以拯救乱世百姓之说。古人本有妖魔出世祸害百姓、天神下凡重整江山的说辞，说赵匡胤是仙人佛祖下凡，自然属于民间传说好自由发挥的特色，但我们也可由此得出这样一个结论，即自唐代"安史之乱"至此近二百年来，中原地区战火不绝，生灵涂炭，人民迫切希望天降"圣人"，拯救百姓于水火之中。所以，一代英雄赵匡胤可说是生逢其时。

　　赵匡胤出生时，正是后唐明宗李嗣源登基的次年。李嗣源是一个很有特点的皇帝，被誉为五代时期功绩仅次于后周世宗柴荣的皇帝。他是沙陀族人，是后唐庄宗李存勖之父李克用的养子。由于后唐庄宗登基后，只知狩猎游玩，视国家大事如儿戏，弄得天下饥荒连年，将士缺乏给养，百姓无法生存，卖儿租妻，怨声载道，终于激起兵变，被部下所杀。于是李嗣源被众将士推举为皇帝。李嗣源幼年从军，虽不识字，却颇有自知之明，据说做了皇帝以后，曾在午夜于宫中焚香向苍天祷告，说："某本胡人，不能做中国主，因世乱为众人所推。愿上天早日降生圣人，为生民之主！"由于赵匡胤出生年月与李嗣源登基之日前后相接，所以宋人也乐意将二者作为因果关系加以联系。

## 乱世顽童，厌文爱武

　　赵匡胤生母姓杜，是定州安喜（今河北定州）人。关于赵弘殷与杜氏的婚姻，史书上记载很多，《宋史·后妃上》、《东斋记事》、《宋

会要·后妃一》等都有记载。

当初，赵弘殷从北地河朔南行。有一天，路过定州杜家庄，刚好遇上天降大雪，无奈在杜家庄院的大门下避雪。看院的庄丁私下款待赵弘殷几天之后，见其仪表堂堂、容貌奇伟，才通告了主人。主人见到赵弘殷后也非常喜欢，于是就让他留下来。几个月后，杜家经过商量，决定将自己的女儿杜四娘子嫁给了他。四娘子就是宋太祖之母，也就是后来的昭宪皇太后。

赵匡胤是赵弘殷的第二个儿子，在此之前已有一子，名赵匡济，不过很早就死掉了，赵匡胤称帝后，还追封他的兄长为邕王。

赵匡胤出生的时候，正是五代乱世难得的一段安稳时期。后唐明宗李嗣源采取"休兵息民"的政策，中原战乱暂时平息。这就给香孩儿的童年一个相对安稳的成长环境。没有了战争，赵弘殷也不用经常出去打仗，天天早上在家练武，空出了更多时间来照顾杜氏母子。

五代时期的洛阳，已经从战争破坏中恢复过来了。后梁定都东京开封，同时以洛阳为西京陪都。到后唐定都的时候，洛阳已然一派太平都市的繁华景致。从历史上看，以洛阳为中心的河洛地区，是华夏文明公认的最早的发祥地之一，也是儒家礼乐文化的中心，更曾经是东周、东汉等十三个王朝的首都，大唐的东都。

赵匡胤生于后唐明宗李嗣源即位的第二年。在朝廷更迭频繁、割据政权犬牙交错的时代，李嗣源是在位时间最长的一位。他目不识丁，却不代表他不会治理国家。李嗣源比较关心民间疾苦，常与宰相冯道谈论农家勤苦。冯道诵聂夷中诗："二月卖新丝，五月粜新谷。医得眼前疮，剜却心头肉。"他非常感动，立即命人写下，经常诵念，意在告诫自己，百姓的生死其实都掌握在自己的手里。李嗣源在位的时候采取了一些措施，如减赋税、惩贪官、明法纪等，取得了一定的效果，人民得到了喘息的机会。

这是难得的安定之世，又是在繁华的都市，给赵匡胤幼年时期提供了一个良好的成长环境。赵家吃的虽然不是山珍海味，最起码三顿饭能吃得饱。香孩儿不缺少营养，自小就发育得身强体壮。家里住的不是皇宫内院，却也有假山亭台楼榭。刚刚学会走路的赵匡胤常常在空旷的院子里摇摇晃晃地奔跑。

又过了几年，香孩儿到了读书的年龄，父亲正式给他取名赵匡胤。匡者，匡扶、保佑也；胤者，胤嗣、后代也。古人自己郁郁不得志时，就喜欢把自己的愿望寄托在下一代身上，期望得到延续。赵弘殷在乱世里生存这么多年，仅仅混到禁军一个骑兵部队的指挥使而已。赵家祖上原本并不差，却在这兵荒马乱中逐渐败落。他自己已过而立之年，便希望香孩儿能子承父志，匡扶一个明主，报效朝廷，并且荫及后代。同赵珽正好相反，赵弘殷饱尝刀头上讨饭的难处，希望儿子赵匡胤将来会有一个好的出路，不再靠冲冲杀杀过日子。当时，禁军很少出动打仗，赵匡胤的父母就有条件送儿子上学读书。据宋人笔记《孙公谈圃》卷上载，赵匡胤幼时，有一位姓陈的私塾老师称陈学究，在夹马营之前开学馆聚小孩授学，赵匡胤的父亲让他到那里去从师读书。当时陈、赵师生间的关系十分糟糕，聪慧过人又受不得拘束的顽劣少年不能接受陈学究的时时"开谕"（教训的委婉说法）。于是赵匡胤改从辛文悦为师，学习儒家"五经"等书。

这个辛文悦很懂得教书之道。赵匡胤出身于军人之家，当然不是一心只读圣贤书的读书种子，舞枪弄棒、骑马打仗才是他的最爱。往往在摇头晃脑念古诗的时候，赵匡胤就不安分起来，很想拿着棍子耍弄一番。辛文悦教学方法很特别，他主张个性自由发展，不必循规蹈矩，反对背条条、读死书。他还一再叫赵匡胤多锻炼身体，学习武功，长大了才不会被人欺负。他并不苛责小匡胤，而是顺着他的性子来，先让他玩高兴，再向经典文化上引导。就这样，天性顽皮好动的赵匡胤接受了系统的儒家文化的启蒙教育。后来，赵匡胤领军打仗，比起大多数目不识丁的同时代的武将，他的才智无疑就高出了一大截。所以，他很感谢启蒙老师辛文悦。赵匡胤当了皇帝之后，辛文悦不仅官越做越大，还成了皇帝的心腹大臣。

小时的赵匡胤并没有什么远大的理想。在他的心目中，夹马营里那些和父亲一样当兵的叔叔大爷，就是他的未来。自小出入于军营之中，耳濡目染，潜移默化，赵匡胤也爱上了军营的生活。骑马、射箭、舞刀、弄棒，这些事儿他都喜欢，练起来常常是乐而忘返。而且他嘴甜，很惹人喜爱，在军营里管这个叫叔叔，那个叫伯伯。很多将士也都喜欢这个聪明的小孩，闲来无事，总要点拨一二。赵匡胤天资聪颖，一学就会。久而久之，习得一身好本领。

儿时的赵匡胤就显示了非同一般的军事才干。每天放学回家，他都要把小伙伴们排成整齐的队列，他自己在旁边喊着行军号子。这群"孩儿兵"是军营里一道独特的风景线。赵匡胤没事就与一群小伙伴以骑马射箭为乐，很快就成了洛阳城里的孩子王。当他领导"孩儿兵"喊着口令，引得行人注目时，他感觉非常自豪。

父亲曾问他："你将来想做什么？"

小赵匡胤说："你们大人行军打仗，保家卫国，建功立业，我将来也一定做得到！"

父亲暗暗吃惊。

"孩子王"的话，当时还不能称之为远大理想，也不能称之为志气，其实更是一种赌气——赵匡胤不甘人后的性格，促使他始终要站在队伍的前面。等到他后来驰骋疆场，领军作战，武艺超群，一呼百应的

时候，那种自豪感和征服感就演变成野心。

赵弘殷在家的时间少，管教赵匡胤的任务就落在杜氏身上。杜氏是大户人家出身，很有大家闺秀风范。她希望儿子将来能走上仕途，振兴家业，所以对香孩儿一直严加管教。她见赵匡胤像一匹没有鞍的野马一样到处乱窜，担忧不已。

"今天在家好好读书写字。"杜氏教训道。

"我知道了，母亲。"赵匡胤规规矩矩地回答。谁知道，母亲一转身，他就跑出去了。等他回来，杜氏免不了又唠叨一番："成天舞刀弄枪的，万一惹出是非，你父亲定会教训你。也希望你将来不要跟你父亲一样步入战场，让我担惊受怕。还是多读点书，读书好，修身养性，读得好还能光宗耀祖……"

赵匡胤是一个孝顺的孩子，但母亲的观点他很不赞成。他安静地听完母亲的训话，开始发表自己的观点："母亲您所说的不无道理，但儿子却认为，儒学虽然高深，也可以使人成器，但现在不合时宜。"

杜氏惊愕：儿子年纪这样小，怎么能有这样的见解。便问道："不合时宜怎么理解呢？"

赵匡胤郑重地说："现在处于乱世，战火遍地，兵戈铁马，怎么能两耳不闻窗外事，躲在屋里读书呢？治世要用文才，乱世要用武略。现在是用武之时，我学习武艺也是

赵匡胤像

第一章 生于乱世，英武豪侠

为了实现一腔抱负。我知道您是为我担惊受怕，可强大了会更保险呀。终究谋事在人，关键在于自己的才干。现在，我勤练武艺，将来一样可以光耀门楣……"

他接着又跟母亲说："唐太宗李世民，不过是一将门之子，他不是化家为国，成就了帝王业吗？孩儿虽然不才，也想学那李世民，做一个顶天立地的伟男子、流芳后世的大英雄。"

杜氏虽然依旧不愿将来看到儿子厮杀于战场，但听到儿子这些言论，多少放了心。儿子并非一味地淘气，还是有自己的理想和抱负，这一点跟他的父亲很相像。子承父志，并不是坏事。而今确实中原纷扰，兵戈四起，乱世之中儒学经典又有多大用处呢！

杜氏出身名门望族，管教儿子的方法还是比较明智。母亲不再约束儿子习武，赵匡胤更加潜心钻研武艺。赵弘殷虽然当初也是希望儿子学得一肚子知识，后来见儿子如此坚持他的爱好，也就不再勉强。不仅如此，他还同意赵匡胤离开学堂，并且担当了赵匡胤的武学启蒙老师。赵弘殷有百步穿杨的本领，便把这一绝技传授给儿子。赵弘殷首先教儿子骑马射箭的基本动作要领，然后，放手让他去细心体会。赵匡胤胆子大，他喜欢飞马狂奔，越是难以驯服的烈马，他越是爱骑。不用马鞍、马缰绳就能制服烈马，是他的绝活。

《宋史》记载说，一次有人拉来一匹没有驯服的烈马，他竟等不及配上马鞍和马笼头，就跃马扬鞭，放纵狂奔。狂奔的马儿冲上了登城墙的斜道，使得骑在马上的赵匡胤的额头猛然撞上了城门门楣，从马上摔了下来。见者都以为赵匡胤必定头破血流，不曾想赵匡胤慢慢地从地上爬起身来，然后再次追马，腾身而上。赵匡胤征服这匹烈马，不仅靠他超群的武艺，还靠他永不认输、不甘落后的性格。任何他觉得有意义的事情，必然要以最大的恒心毅力去做好，不达目的，绝不回头！他这种性格，发展到后来，在领兵打仗时便体现为身先士卒、指挥得当，在治理国家时则体现为兢兢业业、勤于政事。

说起骑射之术，赵匡胤确是一个神射手，在马上射中飞奔的狡兔，射中摇摆的柳树枝，都是他的拿手好戏。到了晚年，赵匡胤就把自己射箭的心得，写成一部《射诀》，在宋军中普及推广。赵匡胤的骑射术高超，武艺也练得精。据说，他还自创太祖长拳，整套拳路演练起来，充分表现出北方人的豪迈特性，为中国武术界六大名拳之一。连现代人耍的双节棍，也是他发明的，那时叫"大小盘龙棍"。

少时的赵匡胤除了善骑射之术外，还有一点让人称奇，就是力大无穷。赵匡胤有一位少年好朋友，叫韩令坤，也是将门之子。他有才略、识治道，在以后的岁月里和赵匡胤一起侍奉在周太祖和周世宗帐下，是大宋建国元老。据说少年时，他俩曾在一间低矮的土屋中玩博戏，正当兴趣甚浓、不相上下之时，忽听屋外传来一阵鸟叫。抬头望去，见是一群麻雀在那里逗闹。两人甚觉好奇，同时奔向屋外，因屋门窄小，两人用力过猛，轰然一声，门墙竟然倒塌。

小赵匡胤还喜欢玩斗草的游戏。每逢春夏草长之时，赵匡胤时常和小伙伴们到草地上去拔取许多草来，然后每人手持数茎，勒在一起比输赢。赵匡胤很会选取那些韧性强、抗拉拽的草，比赛时也很会用力气，因此常为赢家，小伙伴们都很佩服他。那时，洛阳城盛行斗蟋蟀。卖蟋蟀的多为乡民，斗赢三两个，便能卖上一两贯钱。蟋蟀若生得大，又会斗，更能卖大价钱。赵匡胤也曾一度为此着迷，他和小伙伴们都是自己捉来蟋蟀。每捉到一只，他总要与小伙伴摆开斗场，一边用草棍逗弄陶罐中的蟋蟀，一边观看两蟋蟀相斗。这种观战，也很刺激，就如同自己身在战场，与敌军交战。

有这样一个淘气顽皮的儿子，赵氏夫妇费了不少心，好在赵匡胤没惹什么乱子。更让这对夫妇欣慰的是，后晋天福四年（939年）家中又添一子，小赵匡胤十二岁也就是赵匡义。后人传说，赵匡义的诞生比赵匡胤还要不同凡响，降生之时产房中的赤光如云霞般蒸腾，香气不但绕室，还香遍整条街巷。这个赵匡义就让父母省心不少，从小性格沉稳，而且喜欢读书。

赵家这两个性格迥异的儿子，后来都成了皇帝。《古歌谣》记载有这样一件事情，即在兵荒马乱中，杜氏曾把赵匡胤、赵匡义兄弟俩放在两只大竹篮里，挑着去逃难。正好被隐士陈抟老祖遇到，他吟诗道："莫道当今无天子，都将天子上担挑。"就是说，杜氏肩上一边挑一个天子。故事不足为信，但后来这两个孩子确实都当了皇帝，实属历史之罕见。

# 搬迁汴州，英武豪侠

公元933年，后唐皇帝李嗣源已经六十七岁，且又病重。由于他一直没有立太子，在他还没驾崩时，秦王李从荣害怕自己继承不了皇位，就杀进宫中，却被大臣杀死。李嗣源为此连病带吓，一命呜呼。群臣拥立他的儿子宋王李从厚为帝。几个月后，李嗣源的养子、凤翔节度使李从珂又篡位做了皇帝。就这样，暂时的和平年代随着李嗣源的死而消失了。

李从珂小字二十三，因此又被叫阿三。后唐皇帝李嗣源为将时，曾掳掠其母魏氏，当时李从珂十余岁，被李嗣源改名并收为养子。长大后李从珂身形雄伟健壮，又骁勇善战，常随李嗣源南征北讨，颇得其喜爱。

李嗣源即帝位后，李从珂曾任河中节度使之职，然因与权臣枢密使安重诲之前有过节，在长兴元年（930年），被安重诲设计解除军权，回京师洛阳居住。次年（931年），安重诲失势，李从珂再受重用，被任命为左卫大将军、西京（长安）留守。长兴三年（932年），被改命为凤翔节度使。长兴四年（933年），封潞王。

后唐应顺元年（934年），后唐闵帝李从厚听信大臣的建议，调动各重要节度使之职，准备削弱藩镇的实力，李从珂恐惧，遂反。李从厚命大军讨伐，眼看凤翔（今陕西凤翔）即将陷落，未料讨伐军将兵骄横，贪图赏赐，李从珂抓住这点诱使讨伐军叛变，反败为胜。不久，李从珂以摧枯拉朽之势攻入京师洛阳，即帝位，改元清泰，并派人将逃亡的李从厚杀害。李嗣源之婿石敬瑭时任重镇河东节度使之职，李从珂与他当初在李嗣源手下皆以勇力过人著称，彼此存有竞争之心，互相看不顺眼。因此李从珂即位后，对石敬瑭愈发猜忌，而石敬瑭亦有谋反之意。

李从珂在皇帝宝座上坐得并不安心，于是就想出了调虎离山之计，把石敬瑭从老巢晋阳（今山西太原）调到郓州（今山东郓城）。石敬瑭明白新皇帝是想置他于死地，便去勾结北方的契丹。李从珂的皇帝宝座还没坐热，就被打进洛阳的契丹军队杀死，后唐灭亡。

石敬瑭为了能让自己也坐上皇帝的宝座，就忍痛把燕云十六州奉给契丹，还认比自己小十岁的契丹主耶律德光为干爹。936年，在耶律德光的帮助下，石敬瑭在后唐的废墟上建立了后晋，当起了"儿皇帝"。时人和后人都不齿石敬瑭这种作为，但石敬瑭却不以为耻。燕云十六州成千上万的老百姓，一夜之间成了亡国之奴，时间长达三百余年。从此，中原百姓屡遭涂炭。

自古以来，皇亲贵族忙着争权夺利，受害的只有老百姓。听说契丹人要来了，洛阳的老百姓争先恐后地出城逃命。但是，契丹人走了之后，老百姓还是没有安生的日子。为了讨好契丹，石敬瑭每年向契丹进贡大批银、绢。羊毛出在羊身上，这些银子和绢丝全部都是从老百姓手中夺来的。

赵匡胤从小就练习武艺，在军营长大的他，一直认为习武是为了强身健体，是为了保家卫国。即使他与其他少年打架，也仅仅是为了显示自己的威风。当他看到手无寸铁的老百姓在契丹军队的铁骑下哀嚎，当他看到满街道都是倒下的百姓尸体时，那种血腥的场面让他再也忘不了。他开始明白什么叫做乱世，什么叫做残忍。武力解决问题的后果，就是无数生灵涂炭。同时，他也对这个时代有了更深刻的认识。五代时期，就是军阀混战、争权夺利的时代。胜者王侯败者寇，谁拥有武力谁就拥有权力。可是，他不明白，为什么非得无辜的老百姓流血呢！赵匡胤从小就显示了他仁慈的一面，他明白武力的震撼力，在看过这么多老百姓无辜流血后，他也深深厌恶武力导致的血腥。所以，他后来在陈桥兵变中，也是基本采取和平过渡的方式，没有流多少血。包括杯酒释兵权，以及治理国家时采取的措施，都是惜用武力。

赵匡胤珍惜生命，还在于他觉得自己是幸运的。五代时期，大部分人过的都是朝不保夕的生活，很多人饱受亲人生离死别之苦。而他家并没有像其他人家那样在动乱中遭受劫难。还让他感到庆幸的是，石敬瑭建立后晋之后，并没有为难他的父亲赵弘殷，仍然让他担任原职。虽然没有得到重用，也拿不到很多俸禄，但家庭毕竟还能勉强维持生活。

天福三年（938年），后晋高祖石敬瑭迁都东京汴州（今河南开封），洛阳复为西京陪都。赵匡胤一家也跟着新皇帝，举家搬迁到新都，住进东城新曹门里的寿昌坊巷内。后来，寿昌坊这条小巷因为走出了赵匡胤、赵光义两位皇帝，便改名为"双龙巷"。离开洛阳时，赵匡胤心中十分不舍。这个地方留下了他最美好的童年记忆，这里的风土人情、风景名胜无一不让他留恋。据说，当时赵匡胤离开洛阳，还说过这样一句话："他日若得了天下，一定要建都于此，让洛阳成为人人都向往的都城！"大宋开国，定开封为东都，同时定洛阳为西京，洛阳居于陪都的地位。

赵匡胤来到汴州时，整十二岁。他看到，这个新王朝毫无生气，目之所及，衰败残破。他从父亲那里得知，这个新王朝疆域已比前朝大大减少，仅有一百零九州。而且石敬瑭为了讨好契丹人，常常进贡财物。在赵匡胤一家初到汴州的那几年，天下很不太平，天灾人祸严重，百业凋敝，民不聊生。天福六年（941年）九月，黄河在滑州决口。一时间，百姓死伤无数。

第二年（942年）五月，又有五个州郡发生大水，十八个州郡遭旱、蝗灾害。大量饥民忍无可忍，在一向憎恨契丹的成德军节度使安重荣的带领下，举兵反抗朝廷。后来，起义被朝廷镇压。为了表示"忠心"，石敬瑭竟然把安重荣的首级抹上油漆，献给契丹。赵匡胤只是一个小娃娃，对于这些国事，他能懂得一点，但又能怎样呢！他只能勤学武艺，以备将来之需。

赵匡胤的性子还跟以前一样，好动贪玩。刚刚在汴州安顿下来，他就跑出去寻找可以一起舞刀弄枪的伙伴们。在寿昌坊巷子里，赵匡胤整天就是走马射箭、舞刀弄枪。慢慢地，"香孩儿"长成了小伙子，一张紫红色的四方大脸，魁梧的身材，颇有些英武之气。从小习武的赵匡胤，在新的环境里毫不谦虚地展示他的武功。他的武艺在这群新伙伴中遥遥领先，尤其是骑射功夫一流，得到小伙伴们的认可。加上赵匡胤性格豪爽，很讲义气，很快就被这些走马斗鸡的强梁少年尊崇为老大。这其中就有韩令坤和慕容延钊，后来他们都成为大宋朝的重要武将。可以说，赵匡胤在这个时候就已经开始了政治资本的积累，尽管他不知道这对他以后会有多么重要。

# 第二章
## 历经磨难，浪迹天涯

常言道：磨难是一笔财富。赵匡胤生在乱世，他目睹了太多的血腥场面，他渴望百姓能够安居乐业。于是，虽然他上有高堂，又新娶娇妻，但这一切都没能动摇他拯民于水火之中的信念。为此，他背着家人，决定通过自己的努力去闯出一片天地。他在流浪的几年中，尝尽了人世冷暖，吃尽了苦头。经高人指点，赵匡胤北上遇到了他生命中的贵人——郭威。

# 成亲背井，落魄江湖

后晋天福七年（942年），高祖石敬瑭因病身亡，他的侄子石重贵继承皇位，是为后晋出帝。石重贵原是后晋的武将，武艺高超，颇有几分才干，石敬瑭便把他选为皇位继承人。但石重贵登上皇位之后，后晋的社会状况比石敬瑭的时候更糟，统治集团内部钩心斗角；朝廷腐败，贪官污吏搜刮百姓，鱼肉乡里；水利设施常年失修，每遇天灾，百姓背井离乡，无法安居乐业。石敬瑭当皇帝时，慑于契丹国的淫威对耶律德光称臣。石重贵就不一样了，他对耶律德光说了，可以称"孙子"，但是不称臣。耶律德光大发雷霆，就想狠狠教训一下"孙子"。就这样，后晋屈辱的和平局面被打破，百姓再一次陷入战乱。后晋开运元年（944年）正月，耶律德光大举进攻后晋。虽然石重贵指挥无能，但凭借着中原军民的英勇抵抗，契丹两次大规模的进攻都失败了。

赵匡胤出生后的十多年时间里，朝代更迭频繁，经历了两个朝代，五个皇帝。政治风云变幻莫测，战事不止，生灵涂炭，中原大地还屡遭契丹军队的侵扰。后晋开运三年（946年）十二月，契丹再度南下，攻入汴州，烧杀淫掠，"括借都城士民钱帛，自将相以下皆不免，又分遣使者数十人诣诸州括借，皆迫以严诛，人不聊生"。赵弘殷是后晋的禁军将领，其家室也随之从洛阳迁至汴州。赵弘殷仕途不顺，一直没有得到提升，他的家庭生计也因此受到了很大的影响。赵弘殷对此深为厌恶，但也无可奈何。他常年在外打仗，牵挂着家人，更为百姓受苦而忧心。所以，他希望战乱休止，希望能有一个明君在乱世中救百姓于水火之中。但是，虽然皇帝一个接一个出现，却没有明君。

赵匡胤在这样的岁月里，渐渐长大。虽然离开了私塾，赵匡胤并不是真的满足于做一介武夫。他不喜欢四书五经，但他喜欢看史书，看兵书。同时，也在思考着为什么这么多有识之士，英雄之辈难以施展满腔的抱负。赵匡胤变得深沉了。

儿子的变化，母亲杜氏看在眼里，急在心上。她跟赵弘殷说："香孩儿是不是有心事？不再那么顽皮了。"

赵弘殷笑道："香孩儿顽皮你担心，而今长大了变得深沉，这是好事，你怎么还担心？"

杜氏叹口气："小时顽皮什么事都会告诉我，现在心里想什么我都不知道，哪能不担心？"

赵弘殷说："那依你看，怎么办是好？"

杜氏说："倒不如给他成个家吧。有了自己的家，他成熟得快些，也让他体会当家的辛苦，省得我们再为他担心。"

赵弘殷想了想，也叹气道："也好。他已经过了成婚年龄了。都怪这个时局，到处是战火，年复一年的兵荒马乱，正常生活都被打乱了。我作为父亲，又没什么本事，虽然还是朝廷官员，但俸禄少得可怜。加上我们又有了匡义、匡美，日子越来越紧巴了，这才耽误了他的婚事。"

杜氏表示理解，夫妇俩开始商议给儿子选哪家的姑娘。右千牛卫率府率贺景思，是赵弘殷的同僚，两家关系亲密，经常走动，也算门当户对。右千牛卫率府是东宫六率府之一，千牛是佩刀名，据说锐利可屠千牛。贺家长女，不仅人长得漂亮，温柔恭顺，而且深受儒家思想的影响，遵从三从四德。选她做儿媳，最合适不过了。

于是，经过提亲、下聘礼等程序，赵匡胤与贺家小姐成婚。婚礼那天，赵匡胤的一些好哥们韩令坤、慕容延钊、石守信、张光翰、赵颜徽等，都身着华服，前来喝赵匡胤的喜酒。看着美丽的妻子，赵匡胤心里却有另外的隐忧：已经有了家室，而自己却还是一事无成。

946年，辽太宗倾国南下，欲一举灭亡西晋。大敌当前，后晋统兵大将杜重威效法石敬瑭，投降了契丹，在947年一月引契丹军南下。彰义节度使张彦泽也趁火打劫，投向契丹，并率两千人充当先锋，攻进汴州。

石重贵毫无准备，惊慌失措中，准备燃火自焚。耶律德光大发慈悲，说只要"孙子"投降，可免杀身之祸。石重贵为了保命，打开城门迎接契丹军队，后晋灭亡。石重贵在度过了二十多年流放生活后客死异域。

在五代时期，凡是兵乱都伴随着抢劫，谓之"夺市"。彰义节度使张彦泽攻进汴州时，便纵兵大掠汴州。这次赵家就没有那么幸运，与其他人家一样被劫掠一空。紧接着，契丹兵"打草谷"又打到赵家。连番掠夺过后，赵家财物全无。等赵匡胤逃难回来，看到自己家一片狼藉，他的忧虑更深了，大丈夫怎能容忍自己的国家被如此糟践！

到了947年春，后晋河东节度使刘知远在太原称帝。六月，刘知远顺利地经洛阳进入汴州，在此建都，是为后汉。汴州不是被契丹军占领了吗？这刘知远又是怎样建立政权的？

这刘知远也是一方豪杰，出身于穷困人家，后投身于李嗣源手下。他作战勇敢，为人也很机智，得到石敬瑭的信任。石敬瑭称帝后，让刘知远担任马步军都指挥使，成为兵马总管。941年，刘知远被任命为北京留守。石重贵即位后，与契丹发生冲突，两军交战。手握重兵的刘知远已经看到了石重贵的末日，除了保境安民之外，并没有出兵。他在乱世之中，在太原为自己建立起了一支五万人的大军。后晋灭亡后，耶律德光在开封作威作福，中原地区的百姓民怨沸腾，契丹的统治并不稳固。947年二月，在大将郭威的建议下，刘知远在太原称帝，仍沿用后晋年号。

短短几年间，这天下就换了好几个皇帝。赵匡胤又一次感受到这个世道的动荡不定，又一次认识到武力足可改天换地扭转乾坤。于是，他心里的那个念头更强烈了：外出闯荡，寻找一个可以施展才能的用武之地。他练了一身的好武艺，不能因贪恋儿女私情而葬送了未来，他的位置在疆场上。况且，他已经成家，不可能靠着父母养活自己的小家庭。眼看家中越来越困难，弟弟匡义和匡美都还小，他是老大，他应该担负起养家糊口的责任。

他把这个想法告诉了父母，赵弘殷夫妇不约而同地表示反对。

但父亲很理解儿子："你长大了，也懂事了。现在处于乱世，依靠武力谁都能成为一方霸主，但能够建立功业或称王称帝者多是根基深厚、割据一方的枭雄。而你只是一个禁军校尉之子，位卑势小，很难有所作为。虽然你有驰骋疆场的志气，但此时不宜离家。"

赵匡胤只好暂时作罢，但他心中的念头一天比一天强烈：大丈夫应死得其所，怎能躲在父母的羽翼下！于是，赵匡胤给父母妻子留下一封信，悄悄离开了家。

离家闯荡江湖并不像赵匡胤想象中那样简单。没有经历过江湖险恶和人情冷暖，他的思想还是非常单纯。他觉得依靠父亲的名气，去南方投奔父亲以前的老战友，应该可以找到一个落脚之地。他从家里出来，身上没有带多少盘缠，一路上风餐露宿，吃尽了苦头。吃苦倒不算什么，最可恨的是那些人对他的冷眼和鄙视，让赵匡胤终生难忘。

赵匡胤南下到达湖北的复州（今湖北天门），这里的防御使王彦超，是他父亲的老朋友。一路风餐露宿的赵匡胤舒了一口气，总算有希

第二章 历经磨难，浪迹天涯

望了。如果伯父能念及同僚之情，给他一官半职，暂时就不会太过落魄了。他来到王彦超府上，对守门的人说："赵匡胤求见伯父。"

守门的人去禀报。王彦超听说赵匡胤来访，十分不乐意见他，暗想：赵弘殷之子听说顽皮至极，而今离家，恐怕是在外面惹麻烦了，收留他肯定要受到连累。他便让下人拿几贯钱给赵匡胤，也不见他。赵匡胤感到心凉：这个昔日自称伯父的人，竟然一点都不顾及旧情。真是世态炎凉啊！

看着王家下人拿给自己的那几贯钱，赵匡胤深感耻辱。他本想拒绝，但自己已经身无分文了。好汉不吃眼前亏，这口气这次就咽下去了。离开王彦超府上，赵匡胤心中充满了怨恨，他将来一定要出人头地，让这势利眼好好看看。

赵匡胤拿着这几贯钱，心情非常不好。走过一个赌场时，赵匡胤心想，反正已经落魄至此了，不如进去碰碰运气吧。这次运气居然出奇地好，盘盘皆赢。他乐滋滋地把钱搂到自己面前，看也赢得差不多了，就准备撤离。谁知道那些人却怒了：赢了钱就想走，想得美！一顿拳打脚踢。他们人多势众，赵匡胤纵使有再高的本领，也保不住赢来的钱，自己也被打了个半死。他只得忍气吞声，自认倒霉。

赵匡胤又到了随州（今湖北随州）投奔湖州刺史董宗本。董宗本倒不像王彦超那样不讲情面，他见同僚的儿子精通武艺，而且谈吐不凡，相貌堂堂，就对赵匡胤多了几分好感。于是，他就安排赵匡胤在自己手下。但是，董宗本的儿子董遵诲却容不下赵匡胤。董遵诲是随州城里的第一公子，不管是相貌还是武艺，以及兵法都超出其他年轻人。所以，他养成了狂妄自大、妒贤嫉能的性格。赵匡胤刚刚来到随州，就显示了他非同一般的才艺，他马术高超，气质非凡，连父亲都对他大加赞赏。董遵诲非常嫉妒，就仗势凌人，百般刁难，要赶他走。赵匡胤哪里受得了这样的气，顾及董宗本的面子，他又不能跟董遵诲闹翻，只有忍气吞声，告别了董宗本。

赵匡胤在外过着四海为家、浪迹天涯的流浪生活，他的足迹遍及今日的陕西、甘肃、湖北诸省。但是他依然没有找到他所期待的机遇。

几乎没怎么吃过苦的赵匡胤，接连碰壁，终于懂得了什么叫世态炎凉。但世人的冷眼，让赵匡胤更加坚信：人在落魄的时候谁都瞧不起，身为男子汉大丈夫，唯有努力拼搏，成为人上人。

# 阴霾重重，得遇高人

赵匡胤离开董家后，再次流浪。然而，流浪的生活是艰难的。他经常忍饥挨饿，有几次几乎饿晕了，但他依旧不想回头。后退，就只能回家看着父母妻儿在困苦中煎熬。前进，前面不一定是锦衣玉食、荣华富贵，也不一定能够在这乱世成就一番事业。但是，唯有前进才有机会。他不想看到年纪一大把的父亲再为家庭生计而劳碌，他也不想看到出身大户的母亲过着贫贱的生活，他更不想自己刚娶进门的娇妻这辈子嫁给一个庸夫。而且，赵家祖上不算显赫，却也是大户，他一定要把这个家撑起来。就是因为这些念头，让赵匡胤继续南下寻找机会。而且这种流浪生活，也是一种磨炼，能锤炼他的性格，能锻造他的意志。

后汉乾祐元年（948年），他来到了江汉平原。据说，他在这里作了一首有名的《咏日》诗：

欲出未出光辣达，千山万山如火发。

须臾走向天上来，逐却流星赶却月。

    赵匡胤少时虽说不爱读书，看到平原上红彤彤的太阳跃出地面，心中也不免有感触，这才吟出这首稍显粗俗的诗句。越是落魄，越要奋斗出一个名堂！永不服输的赵匡胤继续追寻自己的梦想，他也没有想到前面正有一个大好的机会在等着他。

    经过长途跋涉，他来到汉水边的重镇襄阳（今湖北襄阳）。襄阳是一个军事和商业重地。五代以来，这里向来是兵家必争之地。在这个地方，赵匡胤没有任何认识的人。为了填饱肚子，他跑到一个寺庙，希望大慈大悲的佛能赐给自己一些吃的。正好寺庙外有一块地，长着鲜嫩的莴苣。赵匡胤毫不顾忌地拔下一棵，就塞进嘴里。一个僧人出来了，见到衣着破烂的赵匡胤那种饥渴状，也没有阻止。

    吃罢莴苣，赵匡胤看天色已晚，四处也无借宿的人家，就算有，他也身无分文了，便打算在这寺庙借宿。谁知，乱世之中，人人自危，连一心向善的僧人也不例外。寺院那么多张嘴要吃饭，乱世中香火不旺，哪里还能收留叫花子。这僧人不愿意让赵匡胤进寺庙。赵匡胤一时性急，竟跟僧人动起手来。后来，还是寺庙的方丈大师出面，他看到这壮汉生得方面大耳、眉清目秀、仪表堂堂，或许真不是一般人。于是，他就邀请赵匡胤进入寺庙，并予热情款待。

    据说，这方丈大师也是个异人，他看出赵匡胤不是凡人，生有帝王之相。二人在寺院里彻夜长谈，谈起这天下时局变化，赵匡胤长叹一声道："中原纷乱，天下百姓处于水深火热之中，不知天下何时能够太平？"

    方丈大师神秘地说："真龙天子已经现身，百姓之福到了。"

见方丈有如此见识，赵匡胤对他更加尊敬，听他教诲。方丈说："贵人将来征战沙场，要以天下苍生为念，戒杀好生，切不可滥杀无辜。只有这样，才能统一中原。"

史实中到底是否有这个异人方丈，后人不得而知。但是，赵匡胤确实曾在襄阳一个寺庙借宿，由僧人赠以银两，而且走的时候得到指点——一直向北，定会遇到贵人。这个指点并非神佛降旨，而是正巧有个消息传到寺里：后汉大将郭威，奉朝廷之命，为了抵抗北方契丹的入侵，正招兵买马，扩充实力。对于赵匡胤这样的武学之才，正是一个大好的发展时机。

于是，赵匡胤听信方丈的指点，北上寻找郭威的驻军。这一决定为他的人生带来极大的转机。

且说赵匡胤在北上寻找贵人的途中，来到归德（今河南商丘），再次遇到一个神庙，就是有名的"高辛庙"。"高辛"就是上古五帝之一的帝喾，他"生而神灵，自言其名"。十五岁时，因辅佐颛顼帝有功，被封于高辛（今商丘市南高辛）。三十岁时，代颛顼为帝，都于亳。因他兴起于高辛，史称"高辛氏"。赵匡胤想到自己前途尚未明了，心有感触，便想进庙里为自己占卜，便随着人群进了庙内。

赵匡胤进庙后，便在一尊高大的高辛氏泥塑像前停下来。赵匡胤真心希望高辛帝的在天之灵能够给予他力量和勇气，福佑他事业有成，便郑重地在塑像前叩了三个响头。当时流行用杯珓来占卜的习俗。占卜一般用两块杯珓，拿在手中默祷后掷出。习俗认为两块杯珓一正一反为"圣珓"（即上签）。他拿起杯珓，默默祈祝："此行若得一小校，请赐吉兆。"赵匡胤随手一掷，结果却是不吉。

赵匡胤心想，再求一军将吧，但第二次抛掷却仍是不吉，赵匡胤心有不甘，又一级一级的问卜，一直到节度使，那杯珓也没有显示出吉兆。赵匡胤很是泄气，随手再将杯珓用力一掷，大声问道："我能当天子吗？"

赵匡胤本来是想掷完就走的，谁想这次掷出的杯珓一俯一仰，正是圣珓！

放在今天，这是迷信的做法。更大的可能是，赵匡胤在颠沛流离的流浪生涯中，经过对天下时局的观察和思考，心中已经有了一个志向，这种志向不断提醒他去努力实现。

占卜的大吉使赵匡胤忘却了浪迹天涯的艰辛和旁人的冷眼，他要按照僧人的指点继续北行。

# 应征入伍，跟对英主

赵匡胤到了北方后，正好碰上后汉枢密使郭威招兵买马，扩充实力。赵匡胤凭借一身武艺和在朝中当官的父亲的势力，很快成为郭威麾下的一名士兵。

郭威是后汉王朝的重臣，生于唐天佑元年（904年），是邢州尧山（今河北隆尧）人。郭威幼年时期，发生刘仁恭之变，他做顺州刺史的父亲不幸身亡。据说，之后郭威便随着母亲逃往潞州（今山西长治）投奔亲眷。谁知，母亲禁不起父亲身亡的打击，以及长途的奔波，一病不起，把郭威留在了逃难的路上。后来，他被潞州一家姓常的人家收留下来，这才得以长大成人。还有一种说法，讲郭威本姓常，因母亲改嫁郭家才姓了郭。郭简夫妇死后，郭威由姨母韩氏收养（或说常氏故人收养）。长大后，郭威在身上刺了一只飞雀，又被人称为"郭雀儿"。

郭威十八岁应征入伍，当时投身在潞州李继韬帐下。他生就一副军人体魄，身材魁梧、力气大、饭量大、脾气大、本领大。李继韬正是用人之际，对郭威非常器重。郭威身上流氓习气重，经常惹是生非，李继韬也能包庇他。后晋灭亡后，郭威归附河东节度使刘知远部下，深得刘知远赏识。

契丹主耶律德光灭了后晋，但统治没能维持多久，很快就在中原各路兵马自发的反抗打击下北返，耶律德光也命丧归途。消息传到太原，郭威作为太原留守刘知远的亲信，立即大力劝说上司称帝。刘知远于后晋开运四年（947年）二月称帝，国号汉，封爱将郭威为执掌军务的枢密使副使。这刘知远也是一个明智的皇帝，一肚子的才智。谁知道，当皇帝还不到一年时间，还没来得及施展他的政治抱负，就暴病身亡。临终前，他不放心年幼的太子刘承祐，就托付给他最信任的郭威和史弘肇等大臣。

948年，十八岁的刘承祐继位当上后汉的皇帝，史称隐帝。隐帝年龄尚小，办事也没有什么魄力，朝中大事完全依靠史弘肇、杨邠等众臣。在几位执政大臣中，以杨邠、郭威、史弘肇、王章以及苏逢吉为主，大家各行其是，只是把刘承祐作为名义上的君主。除朝中大臣以外，很多节度使也不服隐帝。镇守河中（今山西永济西）的李守贞，性格桀骜不驯，他可不想伺候刘承祐这样一个无能的毛头小伙。于是，李守贞带着其他两镇——凤翔（今陕西凤翔）和永兴（今陕西西安）举起了反叛的大旗。朝廷先派了白文珂等人去平叛，但都没什么成效。这个时候，郭威作为镇国之"宝"，自然不能推脱责任，被隐帝任命为招慰安抚使，领兵西征，去教训桀骜不驯的李守贞。郭威随即出征，开始招兵买马，扩充自己的实力。

郭威是打仗打出名的，他所到之处，没有人不知道他的大名。赵匡胤经寺里那和尚指点，绕过华山，来到陕西的临潼。正好郭威领着大军在这里扎营暂时休息，准备待兵士解除疲劳之后，便拔寨西进。赵匡胤自然知道郭威的大名，他庆幸自己运气不错，还能有机会面见郭威。郭威见了赵匡胤，心中也有几分好感：这小伙子身高八尺，气度非凡，谈吐中很有见识。再详细问过之后，才知道是自己同僚赵弘殷之后。赵匡胤没有依靠父亲的名，而是独自闯荡，在这乱世，颇有几分魄力。加上他武艺非凡，兵营里正是用武之地。于是，郭威就答应赵匡胤留在自己身边，让他做一名亲兵。

别小看了亲兵，虽然亲兵地位低微，只是一个小卒子，但他受到的是将军言传身教的影响，比其他兵士更容易成长。因此，赵匡胤并不抱怨自己地位低下，他要的是学习，要在这位威名远播的将军身上学到各种可用的东西。两年的颠沛流离，锻炼了赵匡胤的机智和忍耐。现在，他要学习的是沙场用兵和政坛夺权的艺术。郭威也是一个好老师，处处以自己的行动影响着赵匡胤。可以说，没有后周太祖郭威，就没有后来的宋太祖赵匡胤。郭威把赵匡胤看成自己的亲信，言传身教，毫不保留。他看准了这样一匹千里马，真是慧眼识英雄。赵匡胤到了郭威军中之后，据说，善于望气看风水的术士就已经看出郭威大军中有"三天子"气。"三天子"，是指后周太祖郭威、后周世宗柴荣和宋太祖赵匡胤。

郭威以枢密使身份统帅大军平定李守贞叛乱后，后汉隐帝对他厚加赏赐，加封为检校太师兼侍中，地位非常高。朝廷倚重他抵御契丹入侵，任命他为邺都留守，以宰相兼方镇，掌管河北诸州一切军政事务。

郭威镇守河朔、主政邺都，应当说颇有起色。他同他的助手天雄军节度使、养子柴荣在邺地推行改革，地方政务并然有序，百姓安居乐业，政治声誉颇好，但由此也引起了后汉隐帝的猜忌。乾祐三年（950

年)十月，后汉隐帝派使者诏杀郭威，并杀了郭威留在开封的妻小。郭威一怒之下，统率大军，自澶州、滑州一路过关斩将，招降纳叛，直抵京师，代汉而立，成为后周王朝的开国之君。

赵匡胤因拥立郭威有功，被提升为东西班行首，做了一名禁军小军官。不久又被提升为滑州驻军的副指挥使。至此，赵匡胤才成了军官，真正踏上了仕途。这也奠定了赵匡胤日后飞黄腾达的基础。

赵匡胤在郭威身上学到的不仅仅是军事，还有如何治理国家。郭威登基后，改革了一些弊政，废除了过于残忍的刑罚，减轻了赋税，还停止了州县贡献珍美食物及特产的惯例。他对宰相王峻说："我是穷人出身，碰到了机会做皇帝，岂敢厚自奉养以害百姓。"并对大臣们说："我长期生活在军队中，没有什么大学问，不知道治国平天下的道理。你们文武大臣，不论有什么建议，只要利国益民的建议，都可以向我提出。不过，文字要简洁、实在，不要冗长、修饰。"臣下提出的不少好建议，他也能虚心接受、采纳。在君臣的努力下，北方的经济和政治形势趋向好转。

郭威是一个仁义君主，对臣子能忍则忍，绝不大加杀戮。王峻是后周的功臣，他记恨柴荣，就百般挑拨，离间郭威与柴荣的父子之情。郭威忍无可忍，但最后只是把他贬为商州司马。而对当初奉刘承祐之命杀死郭威妻儿家眷的刘铢，他也宽厚处理，仅杀了刘铢一人，还赐给刘铢妻儿田宅维持丰裕的生活。

郭威身上这些难得的品质，比如节俭、诚纳谏言、胸怀宽广等，赵匡胤都学习和继承下来，他做皇帝后管理国家时也有这样的表现。

# 第三章
## 崭露头角，疆场逞威

生于乱世，儿时习武、少年流浪、青年入伍的赵匡胤，被乱世生活磨砺成了一个铁骨铮铮的汉子。他不想做一个普普通通的人，他不仅希望自己能够保家卫国，更希望自己能够造福天下。所以，在战场上，高平大战、滁州大战、征淮战役中，赵匡胤敢于展现自己，表现得非常英勇。在为后周朝廷立下赫赫战功的同时，他在后周的实力和声望也逐渐累积起来。

# 高平大战，一战成名

郭威称帝后，因其家属遭杀戮，便想提拔他的养子柴荣。柴荣原是郭威的原配妻子柴氏的侄子，柴荣的父亲去世后，他投奔到郭威门下。郭威见他聪明伶俐，便收他为养子。

赵匡胤在郭威手下做亲兵时，就与柴荣有较多的接触。俗话说，英雄惜英雄。柴荣看中赵匡胤的才干，且又机灵而不滑头，便把赵匡胤选在自己身边。赵匡胤由卫士升为卫士长，一直都跟随在柴荣的左右，从而与柴荣建立起了极其密切的主从关系。当然，赵匡胤也不傻，郭威的儿子们已经被刘承祐派人杀绝，而柴荣性格沉稳，武艺、谋略都属一流，他还是准皇储。跟着他，绝对是有路子可走的。

郭威称帝时，柴荣是镇宁军节度使坐镇澶州，赵匡胤就在他的幕府之中。在此，赵匡胤还结识了大宋开国名将曹彬。后周广顺三年（953年），柴荣又被封为晋王，被任命为开封府尹，掌管天下兵马。他对赵匡胤非常看重，征得郭威同意后，便把赵匡胤从滑州副指挥使的位置上拉到自己身边，让他担任开封府马直军使。

显德元年（954年），郭威病重。他知道自己时日不多，上天待他不薄，却没有给他留下一个儿子，现在不立皇储，今后后周为争夺皇位肯定要发生内乱。于是，他将养子柴荣、外甥李重进、女婿张永德和宰相范质等几个人叫到病榻前，向他们宣布："朕身体渐渐不支，皇位将来传与养子柴荣。其余你们几位，皆为顾命大臣。希望你们衷心辅佐柴荣，继续完成朕未竟的事业。"

柴荣心中感动：养父无后，将皇位传于我，确实抬爱。他的眼泪流出来："承蒙父皇抬爱，孩儿将尽心尽力。"而李重进心里不服气："我也是郭威的亲戚，从小跟着他南征北战，立下了很多功劳，为什么要把皇位传给柴荣？"但是，君命不可违，李重进只有暗自生气的份儿。

此后不几天，郭威病逝。三十四岁的柴荣继承皇位，历史上称后周世宗。柴荣没有改元，仍然沿用周太祖郭威的"显德"年号。他还大赦天下，并宣布免去天下百姓一年的租税。那时的赵匡胤已经是警卫皇宫和皇帝本人的"宿卫将"，专门负责保卫周世宗个人的安全。接着，赵匡胤又建立了一个又一个奇功，官职升迁非常之快。许多资历比他深的将领，都被赵匡胤超越了。最初的成名之战，是高平大战。

柴荣即位后，赵匡胤被调到中央禁军任职，成为新皇帝手下一名皇家禁卫军中级军官。

柴荣即位仅两个月，北汉刘崇联合辽国，发动四万余人，大举进攻后

开封府

周，企图乘后周国丧、世宗新立之机将后周消灭。后周世宗柴荣决定御驾亲征，点兵二万，以赵匡胤为亲军使，以张永德为监军，随驾左右。

在周世宗的督促、激励下，后周军队迅速向北行进，在高平（今山西高平）与北汉军队遭遇。后周军队分左、中、右三路分列布阵。但是，战斗刚打响，后周军队就出现了极为不利的情况，右翼主帅侍卫马军都指挥使樊爱能、步军都指挥使何徽心怀异志，竟然临阵脱逃，领着本部骑兵掉头就跑，其麾下的上千名步兵干脆就地倒戈，投降了北汉。这种情况大大影响了后周军队的士气。周世宗气急了，就率领侍卫部队亲自上阵督战，处于十分危险的境地。千钧一发之际，赵匡胤向张永德建议：兵分两路，由他本人率兵作为右翼，请张永德引兵占领高地，作为左翼，充分利用神箭手的优势，造成两军合击之势。张永德采纳了他的建议，当即执行。于是两人各率两千人出击以挽救危局。赵匡胤跃马横刀，身先士卒，直冲敌阵。由于赵匡胤身先士卒，使得士兵大受鼓舞，他们奋力杀敌，"无不以一当百"，汉兵纷纷溃退。北汉先锋将张元徽因坐骑被射中跌落在地，被后周兵士乱刀杀死。北汉兵见先锋殁阵，士气马上一落千丈，全军溃败。契丹援军望而生畏，不敢救援，遂引兵而返。

一见刘崇败退，后周军士气大振，再加上后周河阳节度使刘词后军赶到，北汉兵被杀得尸横遍野。赵匡胤在力挽危局后越战越勇，率兵斩杀了北汉枢密副使王延嗣，并乘势攻打高平城，在战斗中被流矢射中左臂，仍勇往直前。

高平大战，后周军队取得大捷。这一场成功的战役，让周世宗的威望大大提升，朝廷上下不得不对这个年轻的新天子产生敬意。高平大战，让辽国和北汉受到重创，短时间不会威胁后周天下。北汉奄奄一息，从此龟缩自保，强大的辽国也对后周采取守势。中原来自北方的威胁，由此大大减轻了。周世宗实现统一天下、"致太平"的宏图大志，才有了最起码的客观条件，中原复归一统的进程就此开始。

赵匡胤也是一个大大的受益者。高平之战是他参军以来参加过的最大的一场战役，他冲锋在前，立下奇功，显示了其非凡的军事指挥才能。战后，张永德对赵匡胤的智识和勇气赞赏不已，柴荣对赵匡胤更是宠爱有加，并将其提升为殿前都虞候兼严州刺史。

而且，这场战役大大提高了赵匡胤在军队中的威望，为其日后的发展奠定了良好的基础。《资治通鉴》评价道："太祖皇帝自此肇基皇业。"这是恰如其分的。

战争结束后，周世宗奖惩分明，在一天之内处死了大将樊爱能、何徽以下七十多名中高级军官，由七十多名立功的将士填补空缺。赵匡胤被破格提升为殿前都虞候、领严州刺史，一举成为后周禁军中最耀眼的少壮派将星。刺史是五品官，已经算得上是高官。殿前都虞候，顾名思义，是殿前诸班直的统帅，统领着皇帝最贴身的禁卫亲军，当时更是殿前军的第二号长官，是后周禁军最重要的高级军职之一。这一年，赵匡胤才二十八岁，连升三级。短时间内，赵匡胤就与父亲赵弘殷的职位平齐。《宋史本纪》称赵匡胤和赵弘殷"分典禁军，一时荣之"，也就是指高平大战后赵匡胤的晋升。

经过高平大捷，周世宗雄心顿起。他打算乘胜追击，直取晋阳，彻底消灭北汉。但经过高平大战，后周军精神疲惫，且粮草又不足，所以群臣反对。周世宗力排众议，在显德元年（954年）五月，亲征太原城。但是，太原城墙高大坚固，很难攻取，加上连降大雨，后周军营中士兵病了一大批。周世宗只好退兵。围攻太原的行动，后周军调动了大量的人马、物资，付出很大的代价。虽然在气势上曾一度压倒对方，但最终还是以失败收场，什么也没得到。而北汉刘崇也在惊吓中病死，这年的十一月，刘崇次子刘承钧继位。

经历两次亲征，周世宗对周军有了更深刻的认识。军队中多为老弱病残之兵，而且纪律松散，必须整顿。他罢免淘汰年老体弱之官兵，把各地勇壮之士招募到都城，选择其中最优秀者编成一军，称为殿前诸班，统领指挥这支军队的将领叫殿前都点检。担任殿前都点检的是张永德，而具体的检验、选拔和扩编、训练等任务，周世宗就指定由殿前都虞候赵匡胤全权负责。

赵匡胤发挥了他卓越的治军才能。他武艺高强，为人仁厚，在军中有很强的号召力，极其出色地完成了周世宗交给他的任务。在选兵方面，只有身材高大者和体魄健壮者才能入选。赵匡胤在周世宗所招募的殿前诸班勇士中，再做筛选。训练上也极其严格，赵匡胤亲自训练，传授武艺。经过赵匡胤的整顿，殿前诸班这批精兵猛将的战斗力大大增强。殿前诸班的规模也扩大了，至少有三十六个班，总兵力在万人以上，而且都是清一色的精锐骑兵，另外，还有兵力在三四万的铁骑和控鹤两军。殿前军迅速成为一支称雄天下的虎狼之师，与北汉、南唐等军队相比，遥遥领先，甚至与令中原人闻风丧胆的契丹铁骑相比，也丝毫不落下风。这支军队对周世宗后来南征北战起到关键性的作用。赵匡胤的治军才能，让周世宗对他更加信赖。这支军队，后来也成为大宋朝平定天下、统一全国的王牌部队。

# 滁州大捷，英勇善战

赵匡胤在后周柴荣的军队里总算找到了立足之地。他佩服柴荣的雄

心壮志、远大的战略目光，以及战场上的军事谋划。高平之战，虽然让赵匡胤声名鹊起，但他并不满足，他想有更大的作为。周世宗柴荣的统一大业，让赵匡胤一展身手的机会又一次到来。

围攻太原失败后，周世宗在深州（今河北深州）和冀州（今河北冀州）之间的李晏口（今河北下博境内）设置静安军，派大将王彦超驻守，以防契丹骚扰。之后，周世宗着手进行内政建设。他减轻百姓负担，限制佛教，废除寺院三万多所，连历朝受优待的曲阜孔家，也被取消免纳赋税的特权。他颁布"大周刑统"，加强法制，赏罚分明。他也能虚心纳谏，曾对群臣说："你们说了我不用，是我的罪过；我求言你们不说，是谁的罪过？"周世宗这些宏大的改革，再一次给他的得力助手赵匡胤起了表率作用。在这里，不得不提的是周世宗对开封城的扩建。汴州自从石敬瑭建都以来，已经有二十多年的时间。周世宗对它的狭小不满意，便进行扩建。这次扩建对开封建城史来说具有非常深远的意义。如果说梁太祖朱全忠定都汴州是开封成为"重量级"历史名城的第一个台阶的话，周世宗柴荣扩建则为后来开封在北宋时期一跃成为天下第一大都市打下了坚实基础。

周世宗志在一统，他开始了南征北战的历程。但是，首先面临的问题就是确定用兵顺序。对此，后周宰相王朴献上了著名的《平边策》，就是先平定南方，用南方雄厚的财赋，养北方强大的兵力，然后攻取幽燕，最后取得河东，完成一统大业。周世宗采纳了这一策略。从955年到959年，后周进行了大规模的对外作战，先后征讨了西蜀、南唐、北汉和辽国。在这些战争中，赵匡胤起到了非同小可的作用。如果说高平之战让赵匡胤在战场上初露峥嵘，治理殿前军让赵匡胤再次提高威望，那么，接下来在周世宗的统一大业中，赵匡胤就成为后周朝廷无人能比的名将。尤其是在"淮海大战"中，赵匡胤率领护驾周世宗的王牌部队，战功卓著，得以由殿前都虞候晋升殿前都指挥使，并官拜节度使，真正跻身于大将的行列。

后周显德二年（955年），周世宗带着心腹大将赵匡胤、李重进等，在北起淮河、南至长江、东临大海的辽阔战线上，向南唐发起了全面进攻。王朴的《平边策》，将首先夺取的目标选定淮南，即淮河以南、长江以北的地区。以濠州（今安徽凤阳）为界，以东称"淮东"，以西称"淮西"。淮东的中心在寿州（今安徽凤台）和合肥（今安徽合肥），淮西的中心在扬州（今江苏扬州）。长江以南的南京，大致与扬州、合肥形成倒三角的态势。建都在南京的政权，都要以江北的淮河流域为屏障，以扬州、合肥、寿州等地为战略据点，此所谓"守江必守淮"。而北方政权若要一统江南，首先就必须在江北大量歼敌，夺取江北两淮地区。

和五代同时期的十国，在历史上的名气都不是很大，而其中名气最响和实力最强的一个，就是南唐。当时的南唐拥有35个州，地跨大江南北，主要包括今天的江苏、安徽、江西全部，以及浙江、湖北、福建等部分。南唐经济基础良好，综合国力也很雄厚。南唐中主李璟，是五代时期杰出的词人之一，但一样胸怀天下，就算后周不南下，南唐也要北伐中原。这一场"淮海之战"持续了四年多，一直到显德五年（958年）结束。之后不到一年，周世宗就去世了。

显德二年（955年）十一月，周世宗遣宰相李谷为淮南道前军行营都部署、南征军统帅，许州节度使王彦超、侍卫马军都指挥使韩令坤等12人为副，率领大军自正阳（今安徽寿县西南正阳关）渡淮河发起进攻。后周的军队在寿州外围连续击败南唐的小股部队，但周世宗心里明白：两国之间真正的军事较量还没有全面展开。当他得知南唐开始大规模向寿州增兵时，毅然决定亲征。

显德三年（956年）正月，周世宗统帅大军，从东京出发，开始了对南唐的第一次亲征。当周世宗获知李谷引兵退保正阳，料想敌军必定尾追杀到，遂急令李重进赶赴正阳接应。后周军队先锋李重进骁勇善战，还没等到南唐军稳定下来，就发动猛攻，打了南唐军一个措手不及，南唐主帅刘彦贞被乱军杀死。

周世宗挥师与南唐军相持于寿州。寿州城一时难以吃下，南唐的援军开始一批批到达寿州附近，后周的军队腹背受敌，形势非常不利，当务之急，必须先解决南唐的援军。

一月二十六日，柴荣命令赵匡胤出击。赵匡胤接到命令后，先派一百余名骑兵进逼南唐军营，之后又佯装逃跑诱敌，同时在涡口设下伏兵以待唐军。南唐军上当中了埋伏，被后周军队团团包围，南唐军大败，何延锡等战死，五十余艘战舰被后周军缴获。涡口一役，解除了来自寿州北面南唐军的威胁，撕开了南唐军的反包围圈，使寿州东面的滁州守军无法互相援应。

涡口一役的胜利，使柴荣顿觉轻松，他更加信任赵匡胤，又把肃清东面滁州守敌的任务交给了赵匡胤。

驻守在滁州城外清流关的十万南唐军，由皇甫晖、姚凤统领，倚山背水，凭借天险，严阵以待。

赵匡胤此次攻打清流关可以说是奇兵取胜。赵匡胤深知清流关易守难攻，皇甫晖又是南唐名将，强攻难以奏效，只能智取，便夜访村民，得知有一条小路能绕行山背，转出清流关后。此路崎岖难行，鲜为人知，若从这条小路绕道而出，出其不意，攻其不备，即可破敌。敌军失守清流关后，必然逃入滁州，再趁涧水大涨，浮水而下，切断敌军后路，定能大获全胜。

赵匡胤布置奇兵直抵清流关后。皇甫晖一心想着与后周军队在山前交战，待到山后奇兵一出，一时惊慌失措，方寸大乱，不战而逃。

皇甫晖的本意是想撤回滁州城，断桥自守，可为时已晚，赵匡胤率领的后周军队已渡水直抵滁州城下。

皇甫晖又一次慌了手脚。

决战开始了，赵匡胤用压倒敌人的气势直扑敌阵。后周将士见赵匡胤勇不可当，也争先恐后，奋力杀敌。此时的南唐军新败于清流关，士气不振，今见后周军一往无前，更无斗志，阵中一片混乱。赵匡胤则只顾向前冲杀，并大声呼喊："我只取皇甫晖，不与他人为敌！"南唐军将士不敢与赵匡胤交锋，只顾自己保全性命。赵匡胤直奔皇甫晖，手挥利剑，刺中皇甫晖，皇甫晖落马就擒，南唐军遂败，滁州被后周攻下。战后，赵匡胤遣使将皇甫晖送交周世宗处置，皇甫晖伤势很重，见到周世宗后，对周世宗说："臣非不忠于所事，但士卒勇怯不同耳。臣向日屡与契丹战，未尝见兵精如此。"盛赞赵匡胤的勇敢，自叹不如。

周世宗并没有杀死皇甫晖，还非常大度地释放了他，但皇甫晖因伤势过重，没几天便死去了。

滁州大捷具有非同一般的意义，它解除了后周军周围的威胁，切断了南唐都城金陵与寿州之间的联系，使寿州变成了一座孤城。

滁州城失守，南唐朝廷大为震动，清流关和滁州如此坚固险要，都被后周军攻下了，再继续向南，就要威胁到都城金陵了。经过几场挫折，南唐军士气大落，光一个赵匡胤都让南唐士兵如此惧怕，后周军还有很多骁勇善战的将领呢！南唐皇帝李璟见后周军实力太强，不想继续打下去了，便派人去和柴荣讲和，愿意向后周称臣纳贡，希望柴荣就此收手。同时，他还答应割让两淮六个州。但是，周世宗的计划是尽取江北全境，况且后周军节节胜利，士气正旺，淮南的大部分土地已在掌握之中，所以拒绝求和。

滁州之战，是赵匡胤升任殿前都虞候以来独立指挥的第一场大胜仗，由此奠定了他在军中的牢固地位，对赵匡胤本人来说有着极为重要的意义。宋仁宗皇祐五年（1053年）十月，滁州通判王靖向朝廷建议，在滁州天庆观西侧修建一座战役纪念馆，以褒扬赵匡胤的功业。朝廷赞同并将它命名为"端命殿"。端命者，是说赵匡胤"应天顺人，启运立极"，"功业自此而成，王业自此而始"。

滁州大战中，赵匡胤显示出的军事才能，深为后周军上下所佩服。此后每临战，赵匡胤"必以繁缨饰马，铠仗鲜明"，有人劝他说，这样目标太明显，易被敌所识，赵匡胤却说："我就是让他们认识我！"言谈之中，流露出无敌于天下的自豪和信心。

赵匡胤在征战天下的道路上竖起了一座丰碑，他的威名在军伍中更加响亮。

古人云：三十而立。滁州之战这年，赵匡胤恰好三十岁，站在滁州城头，北望开封，回想随驾出征的经历，赵匡胤心中充满了自豪。这一段时间来，后周军数次与南唐军交战，也有兵锋受挫和损兵折将的时候，而赵匡胤却是不辱使命，每战必胜。先败南唐军于涡口，继而又奇袭清流关，功耀滁州城，所向披靡。接连不断的成功使这位年轻的禁军将领威名日盛，眼前展现出一片光明。

想起这些，高辛庙占卜时那个"圣玟"吉兆又浮现于赵匡胤脑海中。

赵匡胤激情澎湃，热血沸腾，但却理智地克制住了自己的情绪。他深知，自己资历尚浅，功不高位不显，必须谨慎小心，对皇帝要表现出一贯的忠诚，决不能给奸谗小人留下口实。若谗诲之口不禁，君怀猜忌之心，将会前功尽弃，功亏一篑！

赵匡胤率军占领滁州后，其部下各司其职，秩序井然。

有一天半夜，滁州城外来了一队人马，声称是行营马军副都指挥使的队伍，传呼开门。守城的兵士将来人的旗帜标识认真地察看了一番，虽觉得确实是自己人，却仍不肯把城门打开。他们委婉地对来人说，主帅有令，夜间不得开城门，以防有诈，请他们天亮后再进城。

这时，一位老将驰马近前，怒气冲冲地说："我乃你们主帅之父，马军副都指挥使赵弘殷，快将城门打开，让我等进城！"

守城兵士闻听，大吃一惊，赶紧去报知赵匡胤。赵匡胤此时已就寝，得知此事，马上披衣而起，随守城兵士来到城门楼上。当赵匡胤看到那位老将时，心中猛地涌起一股热流。自己二十一岁离家出走，闯荡天下，不觉已近十年。这些年，他无时无刻不在思念着他的亲人，无时无刻不铭记着父母对他的教诲。其间，他也间或打听过父亲的消息。他得知，父亲在后汉乾祐年间，曾在陈仓（今陕西宝鸡南）讨伐王景。那次战斗中，他左眼中箭，仍奋勇冲杀，大败敌军，因功迁护圣都指挥使。周太祖广顺末年，改任铁骑第一军都指挥使。显德元年（954年）三月，升任龙捷右厢都指挥使、领岳州防御使。征淮南之役，也立了战功。赵匡胤既对父亲的功绩感到自豪，又终日牵挂父亲的伤情。但是，因征战连年，无暇多顾，鲜尽孝心。今日父亲风尘仆仆夜至滁州，赵匡胤何尝不想把父亲迎入城中，倾诉别情？

不过，他严守军纪的意志是不可动摇的，他没有让兵士把城门打开。他歉疚地对赵弘殷说："父子虽至亲，城门王事也，不敢奉命。"而后，又说让父亲暂且在城外休息，待到天明一定开城相迎。

赵弘殷对于他的一番对答虽然有些意外，但是想了一想，笑着接受了儿子的这个决定，在城外安营休息。

到了第二天，赵匡胤才开城门向父亲请罪。赵弘殷扶起儿子说："谨慎行军，你做得非常对，又何罪之有呢？"

经过此次滁州大捷，柴荣对赵匡胤更加另眼相待。他对宰相范质说："赵匡胤不仅能在千军万马之中奋力厮杀，还很有智谋，真是难得的将才！"

范质又将赵匡胤闭城拒父的事情汇报给柴荣，柴荣听后大喜："虽然是父子，但在军国大事面前依然以军令为先，这样理智的将领现在实在是难得啊！他没有辜负我的期望，这个人绝对值得信任！"

# 征淮战役，威望日隆

滁州大捷，终于去掉了周世宗的一块心病。面对南唐的求和，柴荣不为所动。他这次举兵的目的在于尽收江北全境，割献六个州已经满足不了节节胜利的周世宗的胃口。

显德三年（956年）三月，周世宗柴荣拒绝了南唐皇帝李璟的求和，后周军继续在淮南战场进逼。李璟迫不得已，只好进行反攻，命令他的弟弟齐王李景达为元帅，向江北进发，杀奔扬州，要与后周军来一个鱼死网破。

之前，赵匡胤奉周世宗之命，要夺取扬州。南唐扬州的守将名叫冯延鲁，与皇帝李璟一样是一个填词的书生，哪里能把城守住。赵匡胤率领后周军一次偷袭，就拿下了扬州城。但是，扬州城与江南仅有一江之隔，南唐的反击十分频繁，也十分犀利。后周军立足未稳，扬州城随时有得而复失的危险。攻下了扬州，赵匡胤就西行去了滁州，扬州由韩令坤镇守。扬州是南唐都城的一个屏障，而距其仅百里之遥的六合镇，也是江北的要塞之一。

南唐李景达很有军事才能，他对周世宗柴荣的傲慢大为光火，率领部下渡江，自瓜步（今江苏六合东南）北上。李璟还命右卫将军陆孟俊率兵万余出常州，夺泰、扬二州；遣鸿胪卿潘承祐赴泉、建（今福建泉州、建瓯）等地招募兵士；以许文稹为西面行营应援使，配合主力抗击后周军。这一场自卫反击战，南唐的阵势也非常强大。

见南唐发动反攻，周世宗柴荣也调整后周军的战略部署。他命李重进为庐、寿等州招讨使，武行德为濠州城下都部署，向训为淮南节度使兼沿江招讨使；遣大将张永德统兵救援扬州，命赵匡胤率部进屯六合。把六合镇交给赵匡胤，这是周世宗不得已的战术。刚刚得手的扬州由韩令坤驻守，他见南唐军来势凶猛，心中畏惧，一面派人飞骑向周世宗求援，一边准备弃城西逃。周世宗急了，刚刚到手的扬州一旦失守，对后周的局势将非常不利。不甘心放弃扬州的周世宗派张永德率兵救援，韩令坤这才重回扬州。与此同时，周世宗打出了赵匡胤这张王牌，让他率精兵两千，出击六合（今江苏南京六合），援助扬州。

赵匡胤带着精兵来到六合，他深知六合和扬州这两个地方对于淮南战场的关键，对韩令坤不战而屈的窝囊实在气愤。而当时已经有部分驻扬州的后周兵溃退下来，兵败如山倒，必须迅速遏制这种溃败的势头。他传令三军：发现韩令坤手下的逃兵，就地打断腿。同时，又修书一封，派人骑快马送往扬州。在信中，他一边威胁，一边鼓励，晓之以理，动之以情，让韩令坤必须守住扬州。韩令坤看到赵匡胤来了，放下心来，稳住了阵脚，在蜀冈（今扬州瘦西湖附近）与南唐陆孟俊展开了一场厮杀。韩令坤在赵匡胤的威震下，充分发挥军事才能，英勇迎敌。后周军看到主将恢复常态，士气也恢复了，尽力拼杀。一战下来，就打败南唐军。韩令坤在扬州打了胜仗，终于可以将功补过了。加上赵匡胤的说情，周世宗也没再追究韩令坤的罪责。

赵匡胤在六合"啃大骨头"，这块大骨头就是李景达。李景达听到扬州攻城失败，心里唏嘘：后周军果然厉害。看来，现在去扬州也不是好办法，索性就攻击六合。拿下六合，扬州也是囊中之物了。六合位于长江北岸，对岸就是金陵。对南唐军来说，收复六合，对保护金陵安全的战略意义，甚至比扬州更重要。

　　李景达、陈觉便率领两万兵马，杀往六合，正好被赵匡胤截住。

　　赵匡胤手下只带了两千人马，本来是要在六合截溃逃的后周军的，没想到李景达两万人马到了。敌众我寡，形势对后周军十分不利。如果是韩令坤之辈，这样的阵势估计就逃跑了。但是，赵匡胤不是一般的将领，他知道敌众我寡之难，但也知道如何解决这种"难"。战场上贵在冷静，赵匡胤知道不能盲目硬拼，必须换一种方式。他命令兵士将营帐后撤，移到靠近山脚一片树林边扎下营寨。一部分营帐扎在山脚下，一部分营帐设在树林里。同时，他又命士兵于营帐之外席地饮酒，一面修书一封向扬州的韩令坤要援兵。虚中有实，实中有虚，赵匡胤玩起了空城计。

　　这边，南唐军早已打探到后周军在六合安营扎寨，但探不出后周军的实力。奇怪的是后周军帐外还有很多士兵在饮酒作乐，丝毫不惧南唐军已经杀来。六合那边后周军主帅是赵匡胤，看来这不是寻常状态。李景达不敢贸然行动，就在距六合一舍（古代三十里为一舍）处扎营，命令将士没有命令谁都不允许出兵。但是，李景达还是有信心的，毕竟手中兵马多，而且此次如果能除掉赵匡胤，南唐就会安全很多。赵匡胤现在已经成为后周军的著名将领，屡次大败南唐军。所以，赵匡胤也是李璟的心腹大患，必欲除之而后快。李景达在观望，赵匡胤也在等待，双方按兵不动。这是一场心理持久战。好在后周军在暗，南唐军在明，南唐军摸不清后周军的虚实。赵匡胤便在这种对立状态下，一方面等待援兵的到来，另一方面以逸待劳，等后周军主动出攻时再迎头反击。

李景达可没有那么多耐心，他手下两万人马不可能一直在这里等下去。所以，他派出一队人马，去后周军探探虚实。赵匡胤主动迎战，且又打扮得鲜艳异常，身先士卒冲到南唐军面前。南唐军有很多士兵都认识这个耀眼的将军赵匡胤，对他十分畏惧。双方军队交战，打了个难解难分。

赵匡胤的驭兵之术非常了得！据《资治通鉴》记载："是战也，士卒有不致力者。太祖皇帝阳为督战，以剑斫其皮笠。明日，遍阅其皮笠，有剑迹者数十人，皆斩之，由是部兵莫敢不尽死。"下了战场，赵匡胤杀了数十个在战场上不拼命杀敌的士兵，重整军威。他对将士们说：明日一战，有敢后退一步者，斩！有不力战破敌者，斩！有敢乱了行伍者，斩！凡奋不顾身，破敌立功者，一律超升！将士们的士气被大大激励了。

经过一天的战斗，李景达和陈觉心中暗笑：赵匡胤又不是神人，这一场大战南唐军并没有损伤多少。于是，就麻痹大意了。第二天一大早，李景达和陈觉严整队伍，列阵于六合南城外，擂鼓呐喊，邀敌出战。赵匡胤那边却还是不见动静，南唐军就站在烈日下继续等。站了一个来时辰，众军士滴水不曾入口，又渴又乏，渐渐地站立不定，队伍微乱。南唐军还没来得及反应过来，赵匡胤突然率领马仁瑀、马全义等一众虎将从林子里杀出来。南唐军看到后周军猛冲猛杀过来，好多当时就吓蒙了。而且韩令坤此时也带着五千精兵杀到阵中，一阵大杀。南唐军抵挡不住，前军一溃，冲动后阵，回头大奔，死伤五千余人。

李景达兵败如山倒，被卷在乱兵中仓皇撤退。好不容易逃到江边，他的精兵们又不争气地开始自相残杀，只为了能抢先登上逃命的渡船，慌乱中又淹死不少，剩下能逃过长江的，不过三千余众。

六合一役，赵匡胤以两千兵力，击败了南唐两万精锐之师，创造了五代时期征战史上以少胜多的奇迹。战场上厮杀，拼的不仅仅是武艺，还有勇气，还有智谋。赵匡胤用行动给后周将士做了很好的表率，同时给周世宗吃了一颗更大的定心丸：有赵匡胤这样的大将，统一大业何愁不会实现！

寿州是周世宗征淮的一块拦路顽石，后周军久围寿州却拿不下来，南唐又派援兵为寿州解围。周世宗本想从扬州进兵，同赵匡胤合兵一处，兵发江南。后听从宰相范质和李重进的建议，自己班师回朝，养精蓄锐，组建水军，李重进继续围攻寿州。

六合之战后，江淮一带进入了雨季，连降大雨，淮河水流暴涨，后周军无水战之备，加之粮草跟不上，将士们都有了疲态。赵匡胤在六合守了两个多月，周世宗便命他返京。回去之后，就论功行赏。赵匡胤凭借清流关、六合等战功，被晋升为同州（今陕西大荔）匡国军节度使，拜殿前都指挥使。之前，他在禁军中虽然升级最快，但声望和地位都不如张永德、李重进这样的大将。这次晋升，则让赵匡胤正式跻身大将的行列。关键是节度使的头衔，让赵匡胤终于有了一块自己的地盘。有了自己的地盘，也就可以名正言顺地招募精兵强将和英雄豪杰。赵匡胤的亲信人物，如王审琦已为铁骑都指挥使，马仁瑀已为内殿直都虞候。他的府中，文有楚昭辅、王仕赡等，武有张琼、马全义、李谦溥、罗彦瓌、王彦昇等。赵普在征淮战争中是赵匡胤身边的一个军事判官，常为赵匡胤出谋划策，周世宗封赵普为节度推官。此外，诸友朋如慕容延钊、韩令坤、石守信等都身居显职。此时的赵匡胤，刚满三十岁。

在京城休整的周世宗，也一直没闲着，他正想办法如何对付南唐的水军。在赵匡胤的建议下，周世宗着手建立一支强大的水师，将来水陆并进，杀进南唐。他命工匠建造战舰数百艘，又命南唐降兵带领操练。

看到周世宗回京，李璟更没闲着。他派兵往江北，接连收复了被后周军夺去的舒、和、蕲数州，又派兵增援寿州、滁州。李重进围攻寿州已有半年之久，但寿州城守将刘仁赡顽强至极。李重进便听从周世宗的命令，一边继续攻寿州城，一边在寿州城四周扼守要道，防止敌人的增援部队。

显德四年（957年）二月，周世宗亲自带着新造战船数百艘，水师数千人，来到紫金山南立营。

显德四年（957年）三月二日夜，周世宗率领一部分水军渡淮至寿州城下。三日，披甲执锐，驻扎在紫金山南。紫金山在寿州城南，地势高峻，是保卫寿州的军事要地。寿州被围后，城中食尽，形势危急，南唐军主帅齐王李景达于正月里调遣永安节度使许文稹、都军使边镐、北面招讨使朱元等兵将数万，溯淮水前往救援，驻扎于紫金山，还建起了一条运粮夹道，直达寿州。后周大将李重进曾于此夹道即将通到寿州时发起进攻，大破南唐军，斩杀五千人，攻取两座营寨。这次周世宗率军前来，继续把切断南唐军运粮夹道视为当务之急。

赵匡胤接受了这一任务。周世宗在向赵匡胤下达命令时反复强调，运粮夹道如同寿州血脉，如不切断，寿州城便会不断得到补给，刘仁赡坚守不出，便很难攻破。而紫金山诸寨，则是寿州的屏障，只有拔掉这些营寨方可扫除攻打寿州的障碍。赵匡胤当然明白这个道理。他当即表示，他一定会担起重任，效死一战，当好三军前锋。

经过仔细观察，赵匡胤认定，南唐军的十余座营寨中先锋寨和山北一寨易于攻破，此二寨既破，必将对其他营寨产生影响。于是，他集中兵力向这两座营寨发起猛攻，一战而胜，歼敌三千多。接着，赵匡胤又派兵切断了南唐军的运粮夹道，寿州城遂陷于孤立。

赵匡胤的凌厉攻势使南唐军难以招架，加之权衡何去何从之争导致南唐军内讧发生。三月四日夜，南唐将领朱元、朱仁裕等率领万余人向后周投降，其余驻扎在紫金山的部队陷入一片混乱。三月五日晨，周世宗驻军赵步，阻止南唐军退逃，并命诸将向紫金山南唐军营寨发动全面进攻，南唐军被杀得落花流水，十多座营寨均被攻破，南唐军万余人被歼，大将许文稹、边镐、杨守忠被俘，残部沿淮河向东逃去。为了全歼南唐溃兵，周世宗亲率数百骑沿淮河北岸追击敌人，又令诸将以步骑沿南岸猛追，水军则自中流而下，三支队伍朝着一个方向，水陆两军形成一股合力，使紫金山残部欲逃无路，战死及投降者近四万人，无数战船、兵器、粮草被后周军缴获。

紫金山援军的惨败使寿州守将刘仁赡如坐针毡。不久后周军攻破寿州。

大军凯旋回京，赵匡胤因功改领义成军（治滑州，今河南滑县东）节度使、检校太保，仍任殿前都指挥使职。

这年冬天，周世宗再次亲征淮南，主要是为了征服濠州（今安徽凤阳）、泗州（今江苏盱眙）。赵匡胤率部任前锋，向濠州进发。南唐军队在濠州东北的十八里滩上建立营寨，企图利用这里四面环水的天然屏障，阻击后周军，保卫州城。哪知周世宗这次是有备而来，带来了大量骆驼，命甲士跨骆驼渡过淮水。赵匡胤更是策马跃入河中，截流而渡。见此种情况，南唐战船赶紧包围，但是却被赵匡胤一顿砍杀，水寨很快就被攻破了。后周大军沿淮水水陆齐进，逼近泗州城。赵匡胤率领前锋，首先焚烧城门，南唐守将被迫投降，泗州被后周军占领。

后周军从泗州向东，兵分三路，周世宗自领一军在淮河之北，赵匡胤率军一部在淮河之南，又命诸将乘战舰沿淮前进，所经之处，南唐兵闻风而逃。行至楚州（今江苏淮安）附近，赵匡胤又打了一次胜仗，俘虏了南唐大将陈承诏，占领楚州。大军向南，势如破竹。

显德五年（958年）三月初十，周世宗前往迎銮镇（今江苏仪征境内），再次到达长江口，命令赵匡胤率领战舰驶入长江，攻击南唐战船。赵匡胤率部击败南唐水师，乘胜追击，直至长江南岸，焚毁南唐军营寨。

此时，南唐水军主力已大半被歼灭，淮南东部地区全被后周占领，后周势力已拓展到长江北岸，江南的安全受到威胁。南唐中主李璟十分惊恐，急遣使者奉表渡江，愿意去帝号，奉周正朔，割让江北十四州，划江为界，并奉送大量财物，乞降。

至此，长达三年的南唐和后周的淮南争夺战落下了帷幕。从此以后，南唐这个南方的头号强国，就降为后周藩属的一个小朝廷，苟延残喘。后周尽得淮南十四州六十县，周朝境内的户数增到二百三十多万，人口近千万。中原政权因为失去幽云十六州而造成的人口流失被柴荣补了回来。

后周班师，奖赏在淮南战役中的立功者，赵匡胤改领忠武军节度使职。节度使位高权重，握有兵权，五代以来不少人由此而飞黄腾达，甚至飞登天子之位。赵匡胤既领此职，足见周世宗对他的信任。

在从征淮南的日子里，赵匡胤曾接到过南唐主派专使送来的一封密信，还有白金三千两，想要赵匡胤背离后周。但是赵匡胤并未动心，将白金全部交公，"输之内府"，使南唐主空费苦心，"间乃不行"。赵匡胤不会因小失大，三千两白金是不能与他的宏图大志相比的。

这件事以后，赵匡胤进一步获取了周世宗对他的信任。赵匡胤决心继续忠贞无二地效命柴荣，以求有更大作为。

赵匡胤凭借他为朝廷立下的赫赫战功，在后周的实力和声望逐渐累积起来。在周世宗柴荣统一步伐的影响下，赵匡胤对自己的未来人生规划更加明确，前途也更加明朗。他逐渐意识到乱世之中武力征服的威力，也逐渐体会到成功的喜悦。他不仅被后周军队认可，被自己所事之主柴荣认可，还被各地的小朝廷认可。一次又一次战役的胜利，为赵匡胤积累了更多的威信。

## 助君北伐，柴荣病死

后周取得淮南，为其增加了大量的人力和物力，也为下一步的统一战争奠定了丰厚的物质基础。随着后周地位的大大提高，俨然成为当时的霸主。但周世宗是一个具有雄才大略的皇帝，他显然不想止步于此，他把目光转向后周最大的敌人——辽国。周世宗之所以没有按照最初王朴制定的征伐计划，等南方彻底平定后再北征契丹，是基于以下三个方面的考虑。

第一，中原政权要想过上好日子，就必须解决燕云十六州问题。燕云十六州包括瀛、莫、幽、涿、檀、顺、蔚、新、妫、儒、武、朔、云、应、寰、蓟诸州，分布在今天的北京、天津以及山西、河北北部。后晋时，石敬瑭当了"儿皇帝"，将燕云十六州拱手让给契丹，从而使中原王朝无险可守，一直处于契丹铁骑的威胁之下。这一直是周世宗的一块心病。要解决边境威胁，唯有夺回燕云十六州。

第二，契丹向来强大，拥有二三十万的铁骑，其军力在北汉、南唐之上，一直是中原王朝的劲敌。然而，此时辽国的统治者是耶律璟，此人是一个有名的瞌睡皇帝，《资治通鉴》说他"好游戏，不亲国事，每夜酣饮，达旦乃寐，日中方起，国人谓之睡王"。每天喝酒睡觉，哪里有时间去管理国家。他还以酗酒嗜杀而著称，用人胆来制作长生不老药，被公认为辽国历史上最昏庸的皇帝之一。在他的统治之下，辽国政治腐败，整体国势远不如其父耶律德光统治时期。幸好还有祖上传下来的铁骑军队，不然这样的皇帝哪里能守得住江山！

第三，让周世宗放心大胆进行北伐的，就是自身实力的显著增长。经过高平之战和征伐南唐，周世宗已然是身经百战、百战百胜的老手。况且还有一支不折不扣的铁军，以及像赵匡胤、李重进这样的骁将。这正是一个千载难逢的好时机。

周世宗是一个谨慎的人，他知道北伐万一不成功意味着什么。因此，他提前把后周的政治和军事部署妥当。当时，王朴已经去世，周世宗让宣徽南院使吴廷祚留守京城，任命三司使张美为大内都部署，负责皇宫安全。其他在京诸将，皆随柴荣亲征。

显德六年（959年）三月，周世宗看准时机，下令北伐。他亲自挂帅，集结禁军主力，向辽国发起猛烈进攻，目标是夺回被"儿皇帝"石敬瑭割让的以幽州为中心的燕云十六州。

周世宗对北伐诸将做了详细的安排，命侍卫亲军都虞候韩通、左厢都指挥使高怀德、护国军节度使张铎等人，率本部兵以及战舰先行开赴沧州，尽快打通从沧州通往辽国的水道。从开封到辽国路途遥远，走水路要比陆路省力一些。

周世宗柴荣

四月十六日，周世宗率部队到达沧州，然后顾不上休息，继续北上，当日进入辽国的实际控制区。到了辽国的地盘，老百姓都是辽国人，但周世宗治军严厉，严禁扰民，加上经过的地方人烟稀少，所以受到的阻力很小。

周世宗柴荣经过征淮战役，威名已经传至辽国军队。辽国外围的将领，没有哪一个敢主动向柴荣挑战。况且，柴荣身边还站着一个同样威猛无比的赵匡胤。加上这些将领深受辽国贵族的压迫，对柴荣在中原的政绩都非常佩服，谁愿意为不心疼将士的辽国贵族卖命呢！

周军北伐的第一个军事目标是乾宁军。乾宁军位于沧州偏西北处百里外，就是现在的河北青县。在辽国统治时期，这里被设置为宁州。级别倒是不低，其实只是一个军镇。后周军到达宁州时，辽国军队大慌。宁州刺史王洪进接到周兵来犯的情报，正准备派人向辽主请求救兵，谁知送信的人还没有派出去，后周兵已经打到了护城河。王洪进独守空城，手下没有兵，也只好投降。

在乾宁军的周边，还有许多被辽国控制的军州，比如瓦桥关（今河北雄县旧南关）、益津关（今河北霸州）、莫州（今河北任丘）、瀛州（今河北河间）、易州（今河北易县）、涿州（今河北涿县）。瓦桥关、益津关和淤口关（今河北霸州东信安镇）合称三关，是契丹在幽州正南防线上的三座重要关隘。"三关"及其以南地区等十余个县，合称为关南。

四月二十日，周世宗命令韩通为陆路都部署，赵匡胤为水路都部署，水陆并进。周世宗坐龙舟随水路顺流而行。一路上，周世宗顺风顺水，到达益津关。益津关守将终廷辉对辽国朝廷的腐败也是极为不满，得知后周军大举来犯，便登关观望敌情，看到后周军阵势强大，一时间不知道如何是好。正好王洪进来到城门下，对终廷辉苦口婆心，说服他不要连累无辜生命。终廷辉无奈，也只好开关投降。在益津关，周世宗还有一段有惊无险的小插曲。晚上，周军在外面扎营，突然遇到一队辽国铁骑。史书上并没有详细提及这场意外邂逅的过程，但柴荣最终安然无恙。辽国人也没有发动袭击，或者说是不敢袭击。

周世宗和赵匡胤又率领周军来到瓦桥关下，这又是一场没有伤亡的战争，因为根本就没有打。辽国关西巡检、瓦桥关使姚内斌是个聪明人，他不会做拿鸡蛋碰石头的蠢事。赵匡胤一到，他立刻打开瓦桥关城门。姚内斌并不是软弱，他是一员猛将，外号"姚大虫"，他只是不愿为辽国卖命。赵匡胤兵马一到，他就投奔了赵匡胤，并从此成为赵匡胤手下的一员亲信大将。

后周军所到之处，所向披靡，兵不血刃：到达莫州（今河北任丘北）时，辽国莫州刺史刘楚信直接选择了投降；接着，又到了瀛州（今河北河间），辽国刺史高彦晖也未加抵抗，拱手让出了瀛州。不到一个月的时间，周军以未伤一人、未发一矢的代价，夺回了三州三关十七县。周世宗改瓦桥关为雄州，改益津关为霸州，宋朝时改淤口关为信安军。

后周不费吹灰之力就拿下三州，周世宗自然龙颜大悦，再起雄心，准备以禁军主力去强攻辽国南线防御重镇幽州，将辽国人赶回大漠。文武众臣多持异议，说幽州是辽国的大郡，城高池深，辽国军马强盛，况且周军已经是千里之疲军，辽国以逸待劳，现在攻打幽州后周军肯定吃亏。张永德的声音最大，他说："周军此次北伐，所向披靡，兵不血刃，很顺利地征服燕南各州。这是因为陛下的威德远扬，才取得如此大的胜利。辽主得知丧失了燕南，一定会调集精兵强将扼守幽州。加之幽州地势险要，地理复杂，要谨慎从事，不可贸然轻进。"

周世宗反感这些异议，坚持己见，一定要亲率大军强行攻打幽州城。

五月二日，周世宗命李重进率兵万人先发，继续北伐。

辽国镇守幽州的主将名叫萧思温。此人通晓文史，倒颇有几分儒雅，在以骑马射箭为乐的契丹贵族当中，算是一个很难得的"书生"。但他也沾染了书生的通病，纸上谈兵头头是道，却不擅长战场指挥，更缺乏打硬仗的经验。辽国之所以把幽州这样的重镇交给萧思温镇守，就是因为他是辽太宗耶律德光的女婿。看到后周军连取三州，现在又直奔幽州来，他吓得心惊肉跳，赶忙催促辽国皇帝也亲征迎敌，自己则固守在幽州城里，任由后周攻城。

李重进率兵先行，到了固安（今属河北）。守城官兵得知后周军大举来攻，早已弃城逃之夭夭，留给后周军的只是一座空城。周世宗也随后到了固安，走到固安县城北的时候，被一条长河拦住去路。周世宗便命令李重进采伐木材赶搭浮桥，并限三日之内必须完成。他自己则率领御林军退回瓦桥关休息去了。

就在北伐正进行得如火如荼时，周世宗突然在瓦桥关病了。皇帝这一病，北伐的计划就被打乱了。周世宗哪里知道自己时日不多，拖着病体却还踌躇满志。但是，他的病体实在不允许打仗折腾了。周世宗只得班师回朝，还师之前，任命韩令坤为霸州都部署，陈思让为雄州都部署，各率所部将士镇守二州，以作为回后再次北进的基地。

回到京城不久，周世宗的病越来越重，他不得已开始处理后事。六月，周世宗免去张永德殿前都点检职务，升赵匡胤为殿前都点检。立魏王符彦卿女儿为皇后。以第四子宗训为左卫上将军，封梁王；以第五子宗让为左骁卫上将军，封燕国公。

显德六年（959年）六月十九日夜，一代英主周世宗柴荣驾崩，年仅三十九岁。柴宗训柩前即位，时年七岁。范质、王溥、魏仁浦并相，执掌朝政。农历十一月，葬柴荣于新郑陵上村，谥曰睿武孝文皇帝，陵曰庆陵，庙号世宗。以贞惠皇后刘氏附焉。

虽然周世宗未能如愿夺回幽州，但夺回了以三关为中心的关南地区，意义也非同小可。关南地区，北依白沟河；从白沟河向南，则是一片河泽纵横、湖泊众多的水网地带，都是防御辽国骑兵冲击的天然屏障。宋朝享受着周世宗北伐的成果，才能争取到一个与辽国对峙的局面。假如周世宗不英年早逝的话，他肯定是会越过三关，继续攻击幽州的。可惜，出师未捷身先死，历史没有给他这样的机会。这也只能是一种假设而已。

　　周世宗在政治、经济、军事上的成就，为北宋统一全国奠定了基础。可以说，他这几年所做的，都是在为赵匡胤的大宋帝国开路。这真是"前人栽树，后人乘凉"。

# 第四章

## 广结死党，羽翼渐丰

俗话说：一个篱笆三个桩，一个好汉三个帮。是的，一个人想成大事，仅仅凭着自身的能力是不能够取得成功的。赵匡胤也不例外。赵匡胤虽然武艺高强，才智过人，是个智勇兼备的将才，但这些还不足以开创帝业。于是，他开始广结死党，笼络人才。他的羽翼渐渐丰满，展翅腾飞的时机日趋成熟。

# 背靠大树，平步青云

在赵匡胤通往权力巅峰的道路上，有一个人对他非常重要，也是他生命中的贵人，这个人就是张永德。在高平之战前，赵匡胤虽然与他早就相识，但并没有什么深交，在高平之战中才结下了深厚的友谊，从此两人的政治命运紧密地联系在了一起。

张永德是郭威的女婿，从血统上而言，并不比周世宗柴荣差。在高平之战时，他担任着殿前都指挥使的职务，指挥殿前司禁军护卫周世宗。仗一打起来，不争气的侍卫亲军部队一触即溃：将，做了逃跑的将；兵，做了投降的兵。如果没有赵匡胤和张永德合作拼死冲杀，那周世宗和他的后周王朝就有点悬了。经过这场恶战，二人成了莫逆之交。除了周世宗，张永德成为赵匡胤最大的保护伞。

《宋史·张永德传》里讲了这样一件事情：说张永德特别喜欢结交道士，家里算命的、看相的有一大堆。曾经有一个道士告诉张永德，以后你遇到两个属猪的人，一定要好好对待他们，可保你三十年富贵。"三十年富贵"，放在五代的背景下，要想做到是相当有难度的。五代皇帝走马灯似的换了十几个，能保上十年富贵的皇帝只有后梁末帝朱瑱一个，就连他，最后脑袋还不是被人家割了去当祭品。皇帝尚且如此，那靠裙带关系当官的外戚当然也不会好到哪里去。张永德二十多岁就当了驸马爷，五代的更新换代见多了也听多了，他也想找个好办法保住自己的好日子。张永德听道士这么一说，他还真的就上心了，于是到处打听，哪里有属猪的这么两个人。功夫不负有心人，后来还真被他打听着了，禁军中的赵匡胤属猪，他的弟弟赵匡义也属猪。于是张永德就把赵匡胤当作自己的大贵人，倾心相交。据说赵匡胤结婚时（娶二房，参军前就已经娶过一个了），张永德便主动馈赠几千缗金帛以为贺礼。张永德的大礼果然没有白费，这笔投资的回报也相当丰厚：到了北宋时期，张永德虽然是前朝的皇亲国戚，但是他依然受到了宋朝皇帝无微不至的照顾，出将入相，享尽了荣华富贵，也得到宋初三代皇帝的尊敬。到了宋真宗的时代，他已经七十多岁了，朝廷要跟辽国有个什么小摩擦，皇帝还会专门把他请来，咨询一些对辽作战的事情。

不过，张永德可不是靠着给赵匡胤送送礼就能在宋朝获得这样的待遇，其实，他是赵匡胤真正的福星。二人自高平之战后，结成了一个利益共同体。这在张永德和赵匡胤的职务变动上就可以看得很明显。张永德当殿前都指挥使的时候，就推荐赵匡胤当殿前都虞候。在还没有设置殿前都点检这一职位的时候，这个殿前都虞候相当于殿前军的第二把手，虽然赵匡胤是周世宗的"从龙之士"，但如果没有张永德多次在周世宗跟前夸赵匡胤是个人才，在一旁说好听话，赵匡胤要想被周世宗不停地提拔，是没那么容易的。后来，周世宗为了提高殿前军的地位，同时也平衡一下张永德与另外一位皇亲国戚李重进之间的利益冲突，又专门设了一个殿前都点检的职位，让张永德来做。虽然还是殿前军的总司令，但是级别上提升了。侍卫司有侍卫亲军都指挥使、副都指挥使和都虞候三个大领导，接下来是两个不同兵种部队的司令长官：马军都指挥使和步军都指挥使，而张永德原来虽然是殿前军的统帅，但他"殿前都指挥使"的官衔，仅相当于侍卫司的马军都指挥使或步军都指挥使，甚至还要略低一些。周世宗在殿前军加入"殿前都点检"这个官职，虽然

宋朝城楼——建春门

职权没有什么大变化，还是管着殿前司那些兵马，但是级别提高了，和侍卫司的最高长官差不多。这时候殿前司空出一个"殿前都指挥使"的位子来，给谁呢？当然给自己的人最放心，于是张永德又大力保举赵匡胤接替了自己殿前都指挥使的位子。

可见，在赵匡胤发迹的道路上，如果没碰上郭威、柴荣，那么一切自然无从谈起。但是如果没有皇亲国戚张永德的提拔带挈，他的陈桥驿之梦，做得做不得还不一定；就算能做得，恐怕还需要做更多的准备工作。

赵匡胤背靠张永德这棵"大树"，使他既有皇帝周世宗的信任，也有朝中重臣的支持，这样一来，他在后周政权的前程是没有任何问题的。高平之战后，赵匡胤已经跻身于禁军高级将领之列，这个时候他的军衔已经远远超过了他父亲赵弘殷了。张永德和赵匡胤统帅的殿前司禁军虽然早就建制，但实力一直不强。当时周世宗身边实力最强大的近卫部队是侍卫亲军。但是，侍卫亲军在高平之战中的表现却不怎么样，马军都指挥使樊爱能和步军都指挥使何徽都做了逃跑将军，差点没把周世宗卖了。周世宗发现侍卫司的那帮老兵是靠不住的，还是抓紧时间组建一支新的殿前军比较靠谱，一方面可以增强亲卫部队的实力，另一方面，也可以和侍卫司禁军互相制衡，使皇帝处于更安全的地位。

那么，让谁来负责组建、训练新军这件事情呢？按说殿前司的总司令张永德是比较合适的人选。但是，这个张永德是后周太祖郭威的女婿，在军界政界都有一定的名望。周世宗刚上台没几天，把军队的组织训练大权交给他，一旦被他借机到处安插自己的人马，疯狂扩张实力，那周世宗的皇帝位子恐怕就坐不稳了。几年前那后晋石敬瑭不就是唐明宗的女婿吗？他还不是灭了后唐，抢了自己小舅子李从珂的饭碗？周世宗算是张永德的小舅子，石、李关系的历史阴影也时时笼罩着他，因此在使用张永德这一问题上，周世宗一直是留有余地的。而当时作为张永德副手的赵匡胤，刚刚被提拔起来，算起来是个"裸官"，在军中没有那些盘根错节的关系，本身资历非常浅，做做具体的工作应该能胜任，而且他已经是殿前司的都虞候了，由他去负责编练新军，可以说是名正言顺。算计来算计去，组建、训练殿前司新军的任务最终落到了赵匡胤的头上。但是周世宗还是有一样没算准，那就是他到底低估了赵匡胤的野心，他没想到赵匡胤会利用这个机会，在殿前司这一亩三分地里生根发芽，几年下来，已经成为禁军系统多数人都想靠一靠的大树。

周世宗为了建立一支作风过硬，能打胜仗，更重要的是能听话的禁军部队，他下令"招募天下豪杰，不以草泽为阻"，在全国的范围内海选青壮好汉（当时的"骁勇之士"，都被地方军阀们网罗去了）。各地的青壮好汉，无论是已经参了军的，还是平民老百姓，但凡年轻力壮的，都要送到京城接受政府的挑选，一旦选中加入禁军，就意味着获得了一个好前程。天下好汉都聚集到京城后，周世宗就让赵匡胤亲自挑选，将其中最有型、最彪悍的壮汉充实到殿前司的各个部队，赵匡胤对这些新招收的"型男们"进行严格训练，把他们一个个都训练成大内高手。对于这个活儿，赵匡胤最在行了，因为他从小就玩这个，而且经过多年的江湖历练，比较容易获得新兵们的拥护，所以他这个禁军教练当得比较开心。

在殿前司禁军系统没有改革前，兵力也就那么一两万人，远远不能和侍卫司相比。经过周世宗的改革，殿前司兵力扩充至近三万人，而且新加入的力量，大都是从全国海选出来的最强悍的壮汉，战斗力非比寻常。虽然从人数来说，还是不如侍卫司系统军队的人数多，但按照《旧五代史》的说法，这支部队"兵甲之盛，近代无比"，算得上五代中最强悍的部队了。这支部队不仅成为后来赵匡胤发动"陈桥兵变"的骨干力量，赵匡胤、赵匡义兄弟南征北战、统一天下，主要依靠的也是这支军队。

# 野心膨胀，结交死党

赵匡胤跟随周世宗南征北战，屡建奇功，在短短时间内就从滑州兴顺军副指挥使升到忠武军节度使兼殿前都指挥使。官职有了，实权也有了，他的雄心壮志依然得不到满足。他有着更大的目标……

赵匡胤从一个流浪少年成长为大宋皇帝，他的成功与他的武功谋略有关，与他高强的政治手腕有关，更为重要的是与他辛苦结成的人才网息息相关。一个好汉三个帮，赵匡胤的成功升级远远不止三个帮手，他的帮手中有他少年时因讲义气和超强武艺结识的伙伴慕容延钊，有他在禁军中结识的"义社十兄弟"，还有他的老上级张永德，当然还有生死兄弟兼谋士赵普，等等。

慕容延钊，与赵匡胤在洛阳时就结识，性格豪爽，好武斗，后投奔郭威帐下，成为一个军中小吏。后来，赵匡胤也加盟到郭威帐下。二人性格相似，志趣相投，在禁军中私交非常好，赵匡胤常像对待兄长一样对待他。随着赵匡胤在后周禁军中的地位一步步上升，慕容延钊也跟着晋升。赵匡胤担任殿前司最高领导殿前都点检，殿前副都点检就是由慕容延钊担任。

慕容延钊在后来的陈桥兵变中，发挥了至关重要的作用。在赵匡胤带兵"御敌"之前，慕容延钊奉命以增援镇州、抵御契丹为名，率兵日夜兼程赶往河北重镇镇州，其真实目的是为了制住至关重要的河北地区；同时，联系霸州的守将韩令坤，一起掌控河北，防范和迎击契丹的进攻，也监视河北其他节度使的动向。有了他和韩令坤对河北地区的控制，赵匡胤就安心地发动兵变，夺取了政权。

作为北宋的开国名将之一，慕容延钊倾心为大宋付出。"二李"叛乱被平定之后，慕容延钊卧病在床。在宋太祖决意发兵荆南时，他拖着病体请求挂帅出征。宋太祖眼见他年纪渐老、身体渐衰，不忍让他到战场上，但他执意穿上戎装。在收复荆湖地区时，他在太祖"假虞伐虢"作战方针的指导下，一举拿下荆湖地区。就在人人庆祝胜利的时候，他也走到了生命的终点。

韩令坤也是赵匡胤儿时的玩伴，一起舞刀弄枪，一起玩斗蟋蟀，是铁杆子兄弟。后来，韩令坤也在郭威帐下，与赵匡胤一起在禁军营中共同为理想而奋斗。陈桥兵变前，韩令坤官拜侍卫亲军马步军都虞候，在侍卫亲军中的地位仅次于韩通，而且他手中握有精锐的边防军。前面说过，他与慕容延钊一起，为陈桥兵变做了充分的准备工作。

赵匡胤除了结交死党慕容延钊和韩令坤，还在禁军中结识了很多兄弟。赵匡胤在高平大战之前，表面上看起来可谓是没有什么作为。可实际上，他一身的江湖习气，有肉大家吃、有酒大家喝、有钱大家花，从而结识了一帮好兄弟，为他之后的兵变打下了良好的群众基础。高平大战，他一举成名，被周世宗任命为殿前都虞候，并受命整顿禁军。在整顿禁军的过程中，他利用职权之便，将这些心腹部下安排到掌有实权的重要岗位上担任领导职务。他广罗人才，拉拢禁军中一些中高级将领，从而在禁军中形成自己的强大的关系网。

赵匡胤待人诚恳，对部下相当宽厚，得到很多将士们的爱戴。显德三年（956年）二月初，在攻打南唐的寿州时，赵匡胤乘坐一个皮筏子杀入护城河指挥登城。寿州城上估计早有了防备，突然之间射下来无数支利箭。要不是一个叫张琼的亲兵舍身护卫，赵匡胤恐怕早就丢失性命了。王彦昇外号"王剑儿"，擅长剑术，武功高强，以残忍好杀闻名军中，是殿前司最有名的猛将；马仁瑀是百发百中的神射手；李汉超也是骁勇善战。他们三人都是赵匡胤一手提拔的心腹爱将。罗彦瓌对赵匡胤唯命是从，在陈桥兵变当中表现得最为积极。

实际上，赵匡胤在高平之战之前，还没有政治野心，结识兄弟纯粹是交朋友。但在整顿禁军后，他的政治野心被激发出来，开始不遗余力地在禁军重要职位上安排自己人。他慢慢明白，这些实力不一、背景不同的兄弟们，就是实现他远大理想的筹码。只有依靠这些筹码，才能早日实现他的理想。

谋古九鼎

宋朝开国奇谋

# 联盟用兵，义社兄弟

皇帝可以亲自考察、任命殿前司的高级指挥官，但是对基层连队却

鞭长莫及。而真正有大事情发生，这些基层军官和士兵往往起决定性的作用。宋人吕本中在他的《宋大事讲义》中说道：

> 五闰之乱，大帅、宿将拥兵跋扈，而天子之废置如弈棋，此国擅于将也。偏裨卒伍徒手奋呼，而将帅之去留如传舍，此将擅于兵也。然国擅于将，人皆知之；将擅于兵，则不知也。节度因为士卒所立，而五代人主兴废皆郡卒为之，推戴一出，而天下俯首听命，不敢较。

这段话的本意是为了给赵匡胤洗洗白，证明他本身不想造反，是因为"将擅于兵"——那些乱兵要造反，大将也没有办法。

在赵匡胤的成功因素中，他的最大法宝就是广结士心，暗充实力。周世宗在新殿前军组建完成后，他本人是完全可以通过控制赵匡胤来控制这支新军的。在这支军队中，甚至连殿前司的主帅张永德都未必能控制大局。这其实正是周世宗想要的效果，但是他没有意识到，这支军队从根上会成为不折不扣的赵家军。周世宗健在的情况下，赵匡胤是没有胆子跳梁而出、谋朝篡位的；可是一旦他撒手西归，接替他的新皇帝又没有能力和威信控制禁军，朝廷上或军队中又没有能镇得住赵匡胤的人，那改朝换代将不可避免。赵匡胤身边一大批重要军事将领，如张琼、党进、李怀忠等，都是在赵匡胤编练新军的时候归于其麾下的，这些人也都是"陈桥兵变"的急先锋。不仅如此，赵匡胤还与殿前军的多名中下级军官结成生死之交，组成秘密的小团体——"义社十兄弟"。

这"义社十兄弟"可谓是赵匡胤打天下的最重要的军事联盟。当初只是一帮志趣相投、地位相似的军官，这种结社是互相帮衬、寻找归属，也是出于自我保护的需要。无心插柳柳成荫，没想到后来，这些人慢慢形成了自己的势力网，都成了赵匡胤图谋帝位的重要力量。实际上，赵匡胤的这一招，也是从他的老上级郭威那里学来的。郭威当年也在军队中找了九个人，模仿桃园三结义，组成了号称"十军主"的秘密组织。赵匡胤绝对是郭威的跟随者，他从成立小团伙到黄袍加身，很多创意其实都是对郭威的直接模仿。

赵匡胤的义社十兄弟成员有：赵匡胤、杨光义、石守信、李继勋、王审琦、刘庆义、刘守忠、刘廷让、韩重赟、王政忠。义社十兄弟，谁是大哥，谁是小弟，史书并没有详细记载。但毫无疑问的是，后来他们都是赵匡胤打天下的助手。周世宗初年，李继勋的地位最高。到了后周世宗末期，赵匡胤晋升最快、官职最高，便很自然地成了义社兄弟的首领。而那时候，这些兄弟们也都已成为禁军的中高级将领，如石守信和王审琦分别为殿前都指挥使和殿前都虞候，韩重赟则是殿前司骑兵主力控鹤军都指挥使，李继勋在高平之战后升任殿前都虞候，刘廷让任至侍卫司龙捷右厢都指挥使，杨光义、刘庆义、刘守忠、王政忠等人应当也是禁军中级以上军官。下面大致了解一下在赵匡胤雄伟大业中起重要作用的几位。

赵匡胤组织的"义社十兄弟"中，有个石守信特别重要。石守信，开封浚仪人，928年出生。他是赵匡胤最忠实的部下、最可靠的心腹。后汉末年，石守信归隶周太祖郭威帐下。周太祖临朝之初，石守信累迁至禁军亲卫都虞候。显德元年（954年），后周抗击北汉的高平之战，石守信因功升亲卫左第一军都指挥使，之后又升任殿前司铁骑左、右厢都指挥使。世宗征淮南时，他为前锋，下六合、入涡口、克扬州，以功迁铁骑、控鹤四厢都指挥使。再到北征辽国时，已经成为陆路副都部署。赵匡胤接替张永德任殿前都点检时，石守信接替赵匡胤任殿前都指挥使。随着他一步步晋升，他逐渐成为赵匡胤最得力的副手。在陈桥兵变中，他是殿前司留京的最高长官，是赵匡胤事前安排的内应。在兵变的前一天晚上，赵匡胤派心腹小校郭延赟驰回京城向石守信报告。石守信立即部署"将士环列待旦"，等待策应赵匡胤兵变部队回京。

这样一个生死与共的兄弟，又为大宋开国立下汗马功劳，被宋太祖任命为侍卫马步军副都指挥使，并改兼归德军（宋州）节度使。在后来平定"二李"的叛乱中，他又立下军功，在建隆二年（961年）升任侍卫马步军都指挥使。后来，宋太祖杯酒释兵权，石守信改任天平军节度使。宋太祖死后，他"专事聚财"，也被宋太宗起用过。太平兴国九年（984年）六月死，终年五十七岁，追封威武郡王，谥武烈。

王审琦，925年出生，河南人，也是在郭威帐下入伍，后周太祖时任殿前司铁骑指挥使，一直为石守信的部下，与赵匡胤关系密切，被赵称为"布衣交"。周世宗时，他多次立功。一直到世宗死之前，他升任铁骑右厢都指挥使。世宗子柴宗训即位后，王审琦任殿前都虞候。在陈桥兵变中，他与石守信同被安排在京城作内应。大宋开国后，升任殿前都指挥使、泰宁军节度使。他同石守信一起，在平定"二李"叛乱中英勇作战。杯酒释兵权后，他为忠正军节度使，在镇长达八年之久，史称"为政宽简"。王审琦本不能饮酒，宋太祖以布衣交共享富贵，每宴强令饮酒，王审琦有时连饮十杯。开宝六年（973年），又加同平章事衔为使相，终于"暴疾，不能语"。次年死，终年五十岁，追封琅琊郡王。

韩重赟，磁州武安（今属河北）人，后汉末隶枢密使郭威麾下，后周世宗显德元年（954年）与后汉的高平之战中，以功升任殿前司铁骑指挥使。后周末，升任殿前司控鹤军都指挥使。他是陈桥兵变的参与者之一，大宋开国后升为侍卫亲军司马军主力龙捷左厢都指挥使。之后，曾任侍卫马军都指挥使、淮南行营马步军都虞候等。宋太祖收兵权后，韩重赟继任殿前都指挥使、改领义成军节度使，时殿前都点检、副都点检都已废罢，韩重赟遂成为殿前司正长官。他还参与建设皇城和修整黄河河堤。因其屡负重任，被人嫉妒，造谣他"私取亲兵为腹心"。在赵普的力谏下，宋太祖没有杀韩重赟，只将其军职解除，出为彰德军节度使。开宝二年（969年），宋太祖亲征北汉，任韩重赟为北面都部署。开宝七年（974年）死。

刘廷让，本名光义，宋太宗即位后赐名廷让，也是在郭威帐下入伍，后周太祖时任至侍卫司龙捷右厢都指挥使，没有参与陈桥兵变。建隆元年（960年）三月，从征潞州李筠时任行营先锋使。次年升任侍卫马军都指挥使、领宁江军节度使。在收复后蜀的战争中，王全斌任西川行营前军兵马都部署，刘廷让任副都部署，是这场战争中的核心人物。刘廷让军纪严明，深受部下爱戴。全师雄叛乱时，刘廷让带兵镇压，成功击败叛军。乾德四年（966年）正月，刘廷让以功改领镇安军节度使。开宝六年（973年），刘廷让被罢军职，出为镇宁军节度使。宋太宗时期，刘廷让在对外战争中仍然是主力。

除了殿前司系统的"义社十兄弟"和众多下层士兵外，赵匡胤的触角还伸到了侍卫司系统。侍卫马步军都虞候韩令坤是赵匡胤的发小，两人从小逃学、打架的事情没少干，现在同朝为官，自然互相照应。侍卫司的龙捷右厢都指挥使赵彦徽、虎捷左厢都指挥使张光翰，大将高怀德、张令铎等人又都是赵匡胤的好友。因此，虽然周世宗临死前安排了韩通来制衡赵匡胤的权力（韩通当时任侍卫亲军副都指挥使，在侍卫亲军都指挥使李重进驻扎扬州的情况下，他实际上是侍卫亲军的第一长官），但周世宗还是有用人不明之嫌，韩通为人脾气不好，又胸无城府，不像赵匡胤那样早就在禁军两大系统织下了庞大的关系网，因此"陈桥兵变"一起，区区一个韩通又怎能阻挡得了赵匡胤建立大宋王朝的进程呢？

其他人物就不一一赘述了。从这些人物的经历中可以看出，他们都是在赵匡胤还是个小人物时就结交的。乱世之中，大家结交兄弟，为的是互相照应。因为他们，赵匡胤才能从一个流浪的穷小子登上皇位。

# 赵普加盟，如虎添翼

赵匡胤要想登上权力巅峰，单凭几个武将是撑不起台面的。没有文人谋士的辅佐，再勇猛的武将也无济于事。赵匡胤不仅在军队系统构建"义社十兄弟"这样的军事联盟，还笼络了一批文人雅士，像楚昭辅、王仁赡等，但是只有等到一个重量级人物的正式加盟，赵匡胤才真正形成了自己的政治集团。这个重量级人物是谁？他就是历史上有名的、靠着半部《论语》治理天下的赵普。

赵匡胤的幕僚，在赵普进入之前，有楚昭辅、王仁赡等；与赵普相先后的，有吕馀庆、沈义伦等；在赵普之后的，有刘熙古、李处耘等。他们各有专长，或长于吏干，或优于理财，或善于兵戎筹谋，而如赵普更为其中谋略高手。

下面重点了解一下赵普。看赵匡胤这位首席智囊是如何出谋划策帮助赵匡胤走向成功，又是如何辅佐宋太祖成为一代帝王的。

赵普，字则平，幽州蓟（今天津蓟县）人，生于五代后梁龙德二年（922年），死于宋太宗淳化三年（992年），享年七十一岁。他是小吏出身，"臣出自孤寒，本非俊杰"，"寡于学术"，却从小向往政治圈。他是幽州蓟县人，出生在李存勖建立后唐政权的前一年。那时候，后唐虽然统一中原，但幽州并不太平，经常遭受契丹的进攻。石敬瑭割让燕云十六州后，幽州就在契丹的统治之下。十五岁的赵普随着家族迁到常山（今河北正定）。六年后，赵普娶了第一位夫人魏氏。之后，为了躲避战乱，赵普又随着父亲迁到洛阳。在战乱中成长的赵普，深受颠沛流离之苦，深刻地认识到和平对于百姓的重要。

宋朝古钱币

赵普到洛阳后，为了谋生，来到陇州（今陕西陇县），成了凤翔节度使属下的陇州巡官。不久，他又来到永兴军节度使刘词的治所长安（今陕西西安）。在长安，他看到昔日汉唐帝国繁荣的首都，在战乱中也是满目疮痍，多少奇珍异宝、多少古籍珍本都在那个时代流失。崇尚和平的赵普，似乎看到了昔日的唐太宗那份霸气以及失落。帝国文明的衰落，让赵普更是怅然若失。他花费巨资辗转从一个豪强手中购得唐太宗的脑骨，然后悄悄地将其葬回昭陵。和平的梦想何日得以实现，赵普虽然感觉路途遥远，但又觉得自己责任重大。之后他被永兴军节度使刘词任为府衙从事。不久，刘词病逝，却在临终前向周世宗推荐了赵普。于是，赵普成了滁州的军事判官，遇到了他一生中最重要的人——赵匡胤。

其实，赵普早就听说过赵匡胤之名，可是并无交集。滁州被攻下，赵匡胤抓了强盗一百多人。赵匡胤打算按律处死这些强盗，军事判官赵普却提醒："这批人最好审一审。"赵匡胤迟疑了一下，就让赵普审。赵普查证到这些强盗大多数是一些平民百姓。于是，他放走了十之七八。赵匡胤由此甚为钦佩赵普的才干。后来，在滁州的时候，赵匡胤的父亲赵弘殷生病。为了不使自己打仗分心，赵匡胤托滁州军事判官赵普去照顾父亲。赵普朝夕看护，尽心照顾，令赵家父子十分感动。赵弘殷感激赵普的恩情，让赵匡胤以兄长之礼待赵普。

不久，赵弘殷去世，赵匡胤因军功升任为匡国军节度使兼殿前都指挥使。赵普被赵匡胤收入幕府，举荐他为匡国军节度推官。从此，赵普与楚昭辅、王仁赡、沈义伦、刘熙古、李处耘等人，一起为赵匡胤出谋划策。当时赵匡胤的谋主是掌书记吕馀庆。不过到显德六年（959年），赵匡胤改任归德军节度使时，赵普已经接替吕馀庆任掌书记，成为赵匡胤集团的谋主。与赵匡胤的距离越近，赵普越感觉赵匡胤一定能成大事，但他常常为赵匡胤的仁厚而忧心。赵普已经看清楚了赵匡胤的前途，光明而又充满惊险。不过，他一定要竭尽所能，将这个志向远大、富有谋略、性格仁厚的将军送到他应该在的位子上。

赵普没有食言。他慢慢地形成了一个个伟大的计划。每一场计划都完美无缺，而且都非常漂亮地实现了。大宋开国之后，宋太祖论功行赏。为了稳定政权，宋太祖依旧让范质等人为宰相，封赵普为右谏议大夫、枢密直学士。按照赵普的资历和功劳，完全可以高居宰相之位。但他明白宋太祖的苦心，也就安心地做自己的右谏议大夫。其实，赵普就是一个幕后宰相，他不出现在前台，而是在幕后辅佐宋太祖出谋划策。他所参与制定的重要方针和政策，一直影响着宋朝三百多年的统治，关系到国运民命。李筠、李重进叛乱时，赵普看到形势可虑，力主宋太祖亲征并随同前往。结果证明，宋太祖亲征一方面树立了自己在新朝廷的威严，另一方面对新王朝的军队起到一定的鼓励作用。

杯酒释兵权之前，宋太祖总是不忍心解除这些老兄弟们的兵权。他说："他们都是我极信任之人，不会叛变的。"赵普反问道："世宗也对陛下如此信任，那陛下你还不是建立大宋了吗？"于是，赵普提出了削藩等三大方针。

乾德二年（964年），宋太祖眼见政权稳定，便罢免了三位宰相，任命赵普为门下侍郎、平章事，实际上是宰相职位。士为知己者死，皇帝的信任和重用，让赵普更加尽心尽力。赵普有一个深藏在心底的愿望，那就是和平。他希望在自己有生之年看到天下百姓安居乐业，再也不遭受战乱和流离之苦。而宋太祖也有这个宏愿。他便与宋太祖商议出一套"先南后北"的统一方针。乾德五年（967年）春，赵普又得到右仆射和昭文馆大学士的职位与荣誉。

　　赵普勇于谏言。宋初，宰相职位上的人都是后周旧臣，他们谨慎小心，几乎从来不主动揽事。赵普却以天下大事为己任。他曾经上奏推荐某人担任某个官职，太祖不用这人。第二天，赵普又上奏章举荐这人，宋太祖还是不用。第三天，赵普仍然如此。遇到这样倔强的臣子，宋太祖非常生气，把奏章撕碎了扔在地上。赵普脸色不变，跪在地上把碎纸片拾起来带回家，过些日子把这些旧纸片补缀起来，重新像当初一样拿去上奏。宋太祖忍不住好奇，这人到底有何种神通，让赵普如此执著。经过调查，太祖这才清醒过来，最终用了这人。

　　但是，宋太祖在位后期，渐渐冷落了赵普。开宝三年（970年）春，赵普生病，宋太祖亲去探望。正好之前吴越王钱俶送给赵普十箱海货，赵普还没来得及查看。宋太祖来了之后，问那是什么东西，赵普说是海货。太祖打开一看，却是黄澄澄的金子。赵普不知道如何解释。太祖冷笑道："钱俶大概以为国家大事都由你这书生做主！"对皇权尊严极其在乎的宋太祖便对赵普有了猜忌。随后又有人揭发赵普违反禁令，私运木材扩建府第。继而，又发现赵普之子承宗竟然违反宰辅大臣间不得通婚的禁令，娶枢密使李崇矩之女为妻。宋太祖做皇帝最讨厌也最害怕有人威胁皇权，这些事足以治赵普的罪。但他念及赵普之功劳，没有对其治罪。后来，赵普的政敌——翰林学士卢多逊揭发赵普受贿，包庇抗拒皇命外任之官员。如此欺君之罪，令宋太祖龙颜大怒，先设副相与赵普分掌权力，后将他贬为河阳三城节度使。宋太宗继位后，又重新启用赵普。他又多次上表辞职，未得允。淳化三年（992年）春，赵普被拜为太师，封魏国公。同年七月，赵普去世。

毫无疑问，赵匡胤的成功之路，处处都有赵普的陪伴。也是因为赵普的政治才能，宋太祖的成功之路才更为顺畅。在治理天下的过程中，赵普提出的巩固皇权、分地方权的方针政策，更是让北宋初年有了一个相对稳定的政治环境。

赵普全身心地加入赵匡胤集团，对赵匡胤来说意义重大，他终于摆脱一般的五代军阀常态，形成了自己的政治集团。这个集团不仅拥有自己的军方资源，更拥有自己的策划团队，这两方面就像赵匡胤的两只翅膀。有了它们，赵匡胤才有了在陈桥驿一飞冲天的根基，陈桥驿的春秋大梦，才能做得更美、更安稳。

第四章 广结死党，羽翼渐丰

# 第五章
## 挟兵自重，借神造势

赵匡胤表面上看起来为人忠厚，但他并不是老实巴交、毫无思想的人。他拥有的权力越大，野心也就越大。他最初跟随周世宗柴荣南征北战时，就开始佩服周世宗一统天下的宏愿。可周世宗统一大业没有完成，就辞世了。后周基业不稳，幼主尚无实权，何不取而代之，完成自己的宏愿呢？于是，赵匡胤便上演了一幕幕策划已久的奇谋……

# 神秘木牌，一箭双雕

显德六年（959年）三月，周世宗挥师北伐辽国，尽管出师顺利，但刚刚拿下关南地区，周世宗就突然不幸病倒，北伐不得不停止。

回军途中，周世宗翻阅四方文书，突然见到一皮囊，裹得十分紧，打开一看，只见皮囊中有一块木牌，上面赫然写着"点检作天子"五个字。

这明显是一道谶符，是一种预言。细数历代皇帝，哪一个不忌讳谋权篡政？在"天无二日，地无二主"的君主专制时代，这可是最犯君主忌讳的事情。点检掌握的军队人数虽然不是最多，但在几路大军中，装备最好，也最精锐；而且就在皇帝身边，地位极其重要。在一般情况下，这个职位只能由皇帝最为心腹的人物担任。就是因为信得过张永德，这才让他担任。张永德是自己的亲戚，向来为人正直，对后周皇室也忠心耿耿，他不会犯上作乱的。然而，在病中的周世宗思维跟平时又不一样：张永德权重位显，又执掌精锐的中央禁军，是否想乘我生病之际，搞什么阴谋？而且万一这次一病不起，儿子才七岁……在权力面前，哪里有亲戚之情、君臣之情。周世宗越想心里越觉得不对劲。

殿前侍卫亲军是周朝最精锐的一支部队，战斗力极强，谁掌握了殿前侍卫亲军，谁就最有机会篡位。张永德是世宗的妹夫，出道又早，官位很高。早在显德三年（956年），张永德就已经调任殿前都点检了。掌握禁军三年，张永德在禁军中的亲信故交非常多，人脉很广。假如他在周世宗去世后起异心，近水楼台先得月，那时候没有任何人能制服张永德。

回到京城，周世宗已经是病入膏肓，自知大限将近，也没有那么多精力去思考这个木牌到底是谁做的。就算知道这个木牌子是随便什么人粗制滥造的，但此时如果不做一些处理，自己一旦撒手归西，保不准有人会弄假成真、知假贩假，还就拿着这木牌说事，动摇柴家的天下。周世宗虽然是个明君，但是他性格上却是有缺陷的，一个就是脾气暴躁，容易生气；另一方面就是比较多疑，不太放心手下人，总是担心他们在密谋着改朝换代。当时的审美标准和现在不太一样，方面大耳、肥肥壮壮的男人最吃香，人们往往会认为这是有"福相"的人，说不定有帝王将相的命。周世宗特别害怕这些有福之人，看到那些方面大耳的手下，早晚找个借口把人家杀了，以免人家将来把周朝的天下抢了去。现在自己生病了，周世宗的心理变得更加脆弱，就算这木牌子是假造的，将来也可能成为张永德篡权的资本，看来他需要对这件事做一些处理了。

柴荣罢免了张永德殿前都点检之职，并且将其外放，让他去做澶州节度使。而殿前都点检一职，由赵匡胤担任。李重进仍任侍卫亲军都指挥使，但统领所部兵马赴河东备御，而提升韩通充侍卫亲军副都指挥使。

如前所说，就是因为那个神秘的木牌，让周世宗把张永德排除在核心权力之外。周世宗虽然并不知道这是否就是一个阴谋，是否有人陷害张永德，但他顾不了这么多。古人迷信，非常相信天命，周世宗也担心这是天命，还不如就索性罢免了张永德的"点检"职位。而点检的候选人中，赵匡胤最合适。这个人是自己一手提携起来，可以说是心腹大将，为人厚道老实，对自己忠心耿耿，在军中威望又极高。众大臣也都极力推荐赵匡胤，殿前都点检非赵匡胤莫属。

周世宗根据眼前的局势，对身后之事作了精心而缜密的安排。

一、册立皇后。符皇后，也就是符彦卿的女儿，在显德三年（956年）就已经死了。世宗是个念旧的人，一直没有册立新的皇后。现在，周世宗册立符皇后的妹妹为皇后，以便垂帘听政，并利于取得符颜卿的全力支持。

二、确立幼子的皇嗣地位。世宗这个皇位也是承蒙上天照顾，让出身苦命的他意外得来的。他称帝之后，为了表示公允，从不提给自己儿子加封的事。临死了，这才封柴宗训为梁王，领左卫上将军；封柴宗让为燕公，领左骁卫上将军；确立柴宗训为皇位继承人。

三、确立托孤大臣。史书上说，柴宗训此时才虚龄七岁。柴荣三十四岁登基，当时很多人都不服，何况七岁的小娃娃。于是，文臣方面，他选择了范质、王溥、魏仁浦三位宰相。武将方面，选择韩通和赵匡胤为托孤大臣。

这一年，赵匡胤三十三岁。张永德要比赵匡胤还小一岁，按官场的规矩，在正常情况下，赵匡胤要越过老上级，执掌殿前军的帅印，几乎是不可能的。

关于这个神秘的木牌，后人众说纷纭，没有充分的证据说明那是谁做的。当今学者也多有对此进行研究，得出结论截然不同的两种说法。

一说推测是张永德的政敌李重进一派为陷害张永德而干的。

李重进是郭威的外甥，而张永德则是郭威的女婿。他们手握重权，地位都比赵匡胤高。如果他们能和衷共济，联起手来，完全有可能阻止任何变乱发生。可是两个人矛盾很深。要了解其中奥妙，还得从后周的军制谈起。

后周军制同后汉相比，一个重大的变化就是增添殿前司，与侍卫亲军司分掌全国兵权。

郭威本是在侍卫亲军司的支持下夺得后汉政权的，为了防止别人故伎重演，便分散侍卫亲军司的权力，新创殿前司，任命李重进为殿前都指挥使。当时殿前司下辖左右两厢步兵、左右两厢骑兵，每厢各两军，共两万人。虽然人数不是很多，可战斗力颇强，是一支中央禁卫军，地位重要。

侍卫亲军司的最高统帅是侍卫亲军马步军都指挥使，其次为副都指挥使、都虞候。下设马军都指挥使，统率骑兵；步军都指挥使，统率步兵。马步军均分左右两厢，厢下设军，所辖兵力比殿前司要多。郭威称帝后，王殷任侍卫亲军马步军都指挥使，位高权重，有"震主之威"。郭威去世前，害怕王殷发动兵变夺取后周政权，便想办法将他处死，改命李重进为侍卫亲军都虞候，统率侍卫司。又任命驸马张永德为殿前都指挥使，统率殿前司。

由于两司实力不同，官员级别也不同，有高低之分。殿前司的都指挥使地位比侍卫司的马步军都虞候略低，也就是说，张永德比李重进的权力要小。高平之战中，由侍卫亲军司兵马组成的右翼军一触即溃，幸赖殿前司军奋力抗战，才扭转战局。战后世宗处死逃将七十多人，并对禁军进行整顿。赵匡胤受命挑选"武艺超绝者，署为殿前诸班"。通过精选组成的皇帝近卫班归殿前司指挥，殿前司的兵力扩充至近三万人。同时，由于侍卫亲军司的士兵，"累朝以来，老少相半，强懦不分"，故被精简裁并，兵力比原来有所下降，大概有六万人左右。

殿前司的兵力虽有所加强，但张永德的地位却没有得到提高。相反，李重进却由都虞候升为都指挥使，使张永德心中特别郁闷，于是经常讲李重进的坏话，甚至派人向世宗密告"重进有奸谋"。两人的不和已尽人皆知。周世宗对此洞若观火，于是特设殿前都点检一职，由张永德担任，以此来安抚和平息张永德的不满和怨气。这样，张永德总算是和李重进地位相当，平起平坐了。张永德留下的空缺，便由赵匡胤顶替了。

不过李重进对此肯定颇为不满，虽然一时不便表示什么，但却在暗中做着中伤张永德的准备。

另一种说法认为这是由赵匡胤集团一手策划、炮制的代周篡权的重大政治阴谋。

因为赵匡胤毕竟是由殿前都点检的位子上当皇帝的，宋人也都把这块"点检作天子"的木牌，当作赵匡胤得"天命"的证据来大加宣传。所以，目前主流的意见还是认为木牌事件是赵匡胤一手制造的，通过一块木牌，既扳倒了他的老上级张永德，又为自己从点检发动兵变准备了舆论，是一着一箭双雕的高棋。

不管这块木牌是怎么来的，木牌事件最终的得利者毫无疑问是赵匡胤，这才是最重要的。

赵匡胤出任殿前都点检，由此掌握了殿前军的大权，迅速地把这支精锐的禁军王牌军变成一支不折不扣的"赵家军"，成为他向皇位迈进的基干力量。

显德六年（959年）六月十八日，周世宗驾崩于万岁殿，时年三十九岁。七岁皇子梁王柴宗训枢前即位，是为恭帝。

# 主幼国疑，挟兵自重

周世宗的去世，使赵匡胤在后周朝中终于无所畏惧。周世宗七岁的儿子柴宗训即位，是为周恭帝，由宰相魏仁浦、王溥、范质，及大将韩

通、赵匡胤等文武大臣辅佐。朝中出现"主幼国疑"的局面，致使人心惶惶、谣言四起。按照历来朝廷的惯例，幼皇即位，自然是权臣谋逆的最佳时期。一些忠于后周的官吏，都敏锐地感觉到赵匡胤是最可能谋逆的人。于是有人提出赵匡胤不应再执掌禁军，更激烈的人甚至主张先发制人，及早将赵匡胤这个可能颠覆皇朝的人杀掉。可是，七岁的周恭帝只不过改任赵匡胤为归德军节度使、检校太尉，军权仍然握在赵匡胤的手中。

赵匡胤的时代，是个天下大乱的时代。按照当时的力量，赵匡胤要从后周孤儿寡母手中取得帝位，并不是件很难的事情，可如果就在京城直接动手，必然兵戎相见，一定会死很多人。赵匡胤想到了这一点，他想当皇帝，又想尽量地少死人，必须有一个合适的理由才行。

在这里还要提一个人物，就是为周世宗献出《平边策》的王朴。他是除周世宗外最令赵匡胤害怕的人，可惜的是，他在周世宗死之前就已经死去。

王朴，字文伯，东平（今山东东平）人，父亲王序。史书中对王朴的家世没有详细记载。他聪明过人，喜欢读书，文章写得非常好。后汉恢复科举考试后，他考中进士，殿试及第后，任校书郎。为了求得更快的发展，王朴寻找到一个靠山，就是后汉枢密使杨邠。但是，后汉几位顾命大臣杨邠、郭威、史弘肇和以李业、苏逢吉为代表的皇帝派内讧。王朴很有远见，知道皇帝派必定获胜，自己将无容身之处，于是选择了逃离。历史证明，王朴的选择非常明智。杨邠落得个惨死，与他有关系的人都受牵连被杀。

一年后，郭威称帝。他欣赏王朴的才华，就让王朴做了柴荣府中掌管文案的记室。当时，柴荣驻守澶州。王朴终于找到了一个明主，尽心辅助柴荣。柴荣调任开封尹时，王朴为推官。柴荣即位后，让王朴任刑

083

第五章　挟兵自重，借神造势

部的比部郎中，主要掌管朝中百官的经费出纳和俸禄等事。周世宗柴荣为了统一天下，征集文士们意见，王朴写了著名的《平边策》。世宗听了王朴的建议后，对王朴益发敬重。从此，便让王朴计议天下大事。显德三年（956年），世宗出征江淮，任王朴为东京副留守。出征回京，拜王朴为户部侍郎、枢密副使。不久，升为枢密使。

王朴是个多才多艺的人，除了政治、工程外，对于天文、历法和音乐也有很高的造诣。其他方面的改革，王朴也做了不少工作，史书上赞誉他使"百废俱起"。在世宗北伐辽国这年（959年）的三月，五十四岁的王朴突发疾病死去。周世宗听到消息，亲自跑到王朴府第，扶灵柩痛哭。

赵匡胤与王朴同朝为官，深切感受到王朴的威严。王朴机智过人，总是能提出一些建设性的意见，是后周的第一能臣。他办事异常果断，性格刚毅，文武大臣包括赵匡胤对他都很敬畏。赵匡胤当了皇帝后，有次和大臣们到后周的功臣阁。他走到王朴的画像前，赶紧停下脚步，肃立不动，然后整理御袍，深深鞠了一躬。礼毕，他感慨万分地指着自己身上的龙袍对周围的人说："这位先生如果还活着的话，我是穿不上这件龙袍的。"

这不能不说是赵匡胤的幸运，显德六年（959年）三月王朴死，六月世宗死，他生平最敬畏的两人，都离开了人世。就如赵匡胤所说，如果王朴还活着，赵匡胤即使要夺取政权，也一定大费周折。

周恭帝即位后，赵匡胤与宰相范质、王溥、魏仁浦同为顾命大臣，执掌全国禁军的最高指挥权，成为朝廷最高决策机构的核心人物。但是，他并不能随心所欲，一则有三位宰相，尤其是范质。此人有才且执拗，还非常专横，敢于作任何决定。柴荣临死时，召见范质等人进宫受遗诏，柴荣曾说："翰林学士王著，系朕藩邸故人，朕若不起，当召他入相，幸勿忘怀！"从柴荣那里出来后，范质说："王著日在醉乡，乃一酒徒，岂可入相？此必主上乱命，不便遵行，愿彼此勿泄此言。"就这样，把柴荣的遗命给截住了。

另外，还有一个重要人物，就是侍卫司副都指挥使韩通。柴荣对韩通十分信任。每次柴荣出征，都会命韩通配合王朴留守京城。此人鲁莽暴躁，人送外号"韩瞪眼"，却有一个人所不及的长处——忠心耿耿，绝不会变节，柴荣让他掌军政。柴荣并不是笨人，他这样决定就是让韩通和赵匡胤互相牵制。真正的军权不在赵匡胤手里，而在韩通这里。

尽管周世宗临死前让赵匡胤做了都点检，也是作了慎重安排的。即使成了殿前军的统帅，但赵匡胤明白，这还不是时机，还得忍。七月份，他离开京城开封，到了归德府办公，辅佐幼主处理军国大事。赵匡胤尽心尽责做好本职工作，谁也看不出他会有其他想法。但是，赵匡胤却在暗地里不动声色地继续培植自己的势力。

从七月份到年末，后周的军界在悄然发生变化。

在后周的殿前司系统里，一直空缺着的殿前副都点检一职，由慕容延钊出任。慕容延钊是赵匡胤儿时的好兄弟，两人一直交往密切。殿前都虞候则由王审琦担任，此人正是赵匡胤的"十兄弟"之一；而在慕容延钊和王审琦之间的是石守信，由他来做殿前都指挥使，也就是赵匡胤以前任的官职。侍卫司系统里，侍卫步军都指挥使、曹州节度使、检校太保袁彦，是赵匡胤的政敌，那段时间就被赶出禁军，升官为检校太傅，然后直接离京，去陕州做节度使。他的位置由原虎捷左厢都指挥使、常州防御使、检校司空张令铎来顶替，具体为遂州节度使、充侍卫步军都指挥使、检校太保。侍卫马军都指挥使、陈州节度使、检校太傅韩令坤成为侍卫马步军都虞候，加检校太尉。虎捷左厢都指挥使、岳州防御使、检校司徒高怀德成为襄州节度使，充侍卫马军都指挥使、检校太保。

在禁军系统中，除了韩通、李重进，多是赵匡胤的结义兄弟或好友。李重进身为侍卫司马步军都指挥使，人却在扬州。副都指挥使韩通威名赫赫，留守汴州，却是一个迟钝之人，对禁军中这种人事变动毫无知觉。

赵匡胤现在已经形成了自己的政治集团。在军队系统构建了"义社十兄弟"这样的军事联盟，还有足智多谋的赵普、王仁赡、楚昭辅、李处耘等一批智囊人物组成的智囊团。

除此之外，赵匡胤自身也在加紧筹备。儿时他弃文学武，婚后闯荡天下，为的就是能做出一番事业来。他在战场上卖命拼杀，他在军中广交人才。当然，这还不具备做大事者的素质。主宰天下之人，还应该懂得各种管理之道。赵匡胤便暗地里开始学习，他明白：勇武只可为将帅，得天下还得文武兼备。在征南唐时，赵匡胤突然看起了书。世宗对他这一举动很诧异，赵匡胤解释道："臣受陛下恩重，常觉得力不从心。所以想广学多闻，增长见识，以不负圣望。"世宗对此解释非常满意。

虽然赵匡胤是军人出身，但性格并不急躁。他极力压抑对机遇的狂喜，不紧不慢地布置这一切。在神不知鬼不觉中，赵匡胤一步步逼近了后周的权力中心，他的帝王之梦很快就要实现了……

# 第六章
## 陈桥兵变，黄袍加身

对后周的开国之君太祖郭威和一代有为之主世宗柴荣来说，赵匡胤是一个忠臣良将。但是，在赵匡胤看似老实忠厚的面孔下，隐藏着一颗"谋占九鼎"的野心。周世宗柴荣万万没有想到，以他一个成功商人出身的精明以及他临终前为防止大将发动兵变所做的种种安排，在赵匡胤面前是那么不堪一击。等赵匡胤羽翼丰满之后，就开始迫不及待地发动兵变——"陈桥兵变，黄袍加身"。然而，赵匡胤的兵变，也算得上是历史上比较和平的一次夺权。唯一的一道血光就是韩通丧命。

# 柴荣苦心，百密一疏

周世宗柴荣在五代十四帝中，算得上是最有出息的。他一上台就提出了三个"十年计划"——"以十年开拓天下，十年养百姓，十年致太平"。

周世宗的意思是说，用十年的工夫来开拓后周的疆土，后周虽然是中原主流文化区的王朝，但是当时的疆土形势不容乐观，且不说辽国拿走了燕云十六州，就是后周境内也千疮百孔，后蜀、南唐政权都趁乱抢了不少地盘。后周要发展，必须首先解决疆土问题；然后用十年的时间来进行经济建设，让老百姓过上富足的生活；最后用十年的时间，促进全面发展，达到"太平盛世"的标准。这三个十年计划是环环相扣的，周世宗以"高平之战"拉开了他第一个十年计划的序幕。在基本解决北汉政权的威胁后，他采取了大臣王朴的"先南后北"战略，在自己即位的第二年就亲率大军，向南唐开战。接下来的两年时间内，周世宗一共三次亲征南唐，经过几次著名的战役，终于把南唐的势力完全赶到长江以南，从南唐手中得到了江北十四州的土地。周世宗攻取江北十四州，对后周政权意义重大，一方面得到富庶的淮北之地，为中原政权提供了大量经济支援，另一方面，南唐丧失了江北的战略屏障，使都城金陵直接处在中原王朝的威胁之下，整天被长江对面的政权惦记着，这对南唐政权来说非常危险。

可是，没等周世宗的十年计划实施完毕，他就在北伐过程中染病，自己感觉情形不太妙，就赶紧下令班师回朝，一路上琢磨着进行人事大调整，为自己年幼的儿子柴宗训登基创造最有利的条件。他都做了哪些安排呢？

周世宗柴荣最大的一个动作是免去了殿前司主帅张永德的职务，启用赵匡胤接替张永德担任殿前都点检。周世宗之所以找赵匡胤来干这事，冠冕堂皇的理由是赵匡胤劳苦功高、本人又是从龙之士，应该抬举，但周世宗也有自己的小算盘。自己是指望不得了，赶紧把禁军的司令长官换成资历浅的人担任，这样的人通常不会给皇帝造成麻烦。这一招还是比较管用的，赵匡胤做了皇帝后，也用了这种方法，他搞了一出"杯酒释兵权"，把那些跟着自己打天下、劳苦功高的老哥们都赶下台，但总要有人来带兵啊，于是就找了些资历浅的人来掌管部队，这样自己容易直接控制。

"张李之争"中的另一个当事人李重进，周世宗安排他在扬州驻守，防备南唐军队的进攻。此时李重进名义上还担着侍卫亲军马步司都指挥使的职务，但是他本人不在京城办公，侍卫司的一应事务，都由副都指挥使韩通来打理。这样做有什么好处呢？一方面解除了李重进对皇室的直接威胁，要不然以他的地位和影响力，如果留在京城，小皇帝是不用指望过上好日子的，说不定哪天，这天下就改姓李了。另一方面，韩通虽然留在京城打理侍卫亲军的事务，但是他却没有侍卫亲军都指挥使的名分，再加上他本人脾气特别不好，在部队里没有多大号召力，真要是在京城发动政变，也没有多少人服他。除了李重进外，驻扎在潞州防备北汉的李筠，也是一个老资格大将，他和李重进一样，对赵匡胤很看不上眼。这二李在外，一方面保卫着京城，另一方面也对京城形成巨大的威慑力量，令有点造反想头的人，不敢轻举妄动。

周世宗对京城里的禁军部队，也做了特别交代，给他们上了双重保险。第一重保险是京城里涉及军队调动的事宜，都由韩通说了算，没有他的点头，不管是侍卫司的部队还是殿前司的部队，谁也不能随意调动。但是韩通自己，实际上也不能随便调动军队，但凡有个军事调动，还必须由朝廷宰相们集体讨论，虽然没有材料表明当时的符太后拥有决策权，但是宰相们商量的结果总要上报给皇帝，所有朝廷发布的命令至少都要经过小皇帝形式上的批准。小皇帝还是个七岁的小孩子，由符太后行使监管权，因此，符太后的话应该也是有分量的。京城内拥戴后周的势力十分强大，直接调动军队造反基本上没有可能；京城外又有忠于后周王朝的军队虎视眈眈，在京城内部成功发动军事政变的成功几率非常低。

实际上，符太后也是周世宗的一项重要安排。周世宗原来有一个皇后，是宣懿皇后符氏，是当时名将符彦卿的女儿。那个符皇后有胆有识，本来给后汉大将李守贞做儿媳，算命的人就说她有"天下之母"的命。李守贞一直想造反拿不定主意，听算命先生说儿媳妇有"天下之母"的命，他就开始瞎琢磨了。李守贞想，那算命先生一定暗示我儿子将来能当皇帝啊，再往深里想，这不是我本人也能当得成皇帝吗？那还犹豫什么，自己单干。但是这李守贞实力不够，他发动的叛乱很快被当时还是后汉枢密使的郭威平定。李家的人逃跑的逃跑，自杀的自杀，乱军冲到李家想抄抄家发发财，不曾想这位符氏正襟危坐在客厅里，见到乱军冲进家里来，不慌不忙说道："郭公与吾父有旧，汝辈无犯我。"意思是你们不要乱来，你们的主帅郭威是我父亲符彦卿的好朋友。那份从容淡定的气魄，竟然一下子把那些冲进来的士兵镇住了。在五代乱世，士兵攻下一城烧杀抢掠是再平常不过的事情，这也是主帅借机犒劳部下、收买人心的好方法，郭威也经常纵容自己的部下这么干。当他听说居然有个小女子能够喝退乱兵，非常惊奇，就把符氏找来，好生照顾。符氏感激郭威不杀之恩，就拜了郭威当干爹。恰好柴荣是郭威的干儿子，这一对干儿干女，惺惺相惜，一来二去竟然暗生情愫，干脆就结婚了。

柴荣做了皇帝后，符氏被册封为皇后，真的成了"天下之母"了。这位符皇后果然是很有谋略有见识的，是周世宗的一个贤内助，可是天妒红颜，在周世宗攻打南唐的时候，符皇后担心忧愁过度，竟然亡故了，这让周世宗好不伤心。后来他又娶了符皇后的妹妹，但是一直没有给这个新媳妇以皇后的名分。这次北伐未果抱病而归，周世宗自觉身体可能闯不过这一关，于是匆匆举行仪式，把这小符妹妹立为新皇后，同时也把自己的儿子柴宗训封为梁王。周世宗这样安排有两重用意：其一，虽然新立的小符皇后也不过十八九岁，小梁王也才六七岁，但体制理顺了，将来一旦发生不测事件，使后宫有主，别急吼吼地没有个抓手；其二，立了符氏做皇后，皇室可以更好地得到国丈符彦卿的关照，彼时符彦卿握有重兵，他本人资历、实力还不足以形成气候，但对京城觊觎皇位的人却能起到威慑作用。

另外，周世宗死前最重要的安排，就是找了几个托孤之臣，他们分别是宰相范质、王溥和魏仁浦。这三个宰相中范质和王溥是进士出身，魏仁浦虽然不是进士出身，但说起来也是文人。因此，周世宗的后周，政权不是在武人手中，而是在地地道道的文人手中，仅这一条，就已经能说明此时的后周，和五代其他政权不太一样，体现出太平之世的气象。如果这几个顾命大臣能不负所托，都把柴家的事情当做自己的事情来办，赵匡胤是很难获得兵变机会的。由此可见，周世宗不愧是商人出身，他充分利用了博弈论的原理，使当时的后周政坛形成一个静态平衡，谁也不能动，谁也不敢动，如果自己的儿子柴宗训是个争气的主儿，七八年过后，早早地亲政掌权，这后周的天下是用不着忧虑的。

然而，计划赶不上变化，谁能料到这时候竟然出了一个"真假情报"事件，使周世宗苦心经营的平衡，瞬间土崩瓦解了……

# 真假情报，兵变在即

历史总有许多惊人的相似点。但这些相似点不是巧合，大多数是模仿，是对成功者的模仿。郭威拥兵自立，建立了后周。当时，作为一名亲兵的赵匡胤在十年之后，演绎了同样的故事，夺走了郭威的后周政权。

二人的能力相仿。郭威是后汉朝廷名噪一时的大将，治军有方，深受部下爱戴。赵匡胤在禁军中很有威望，名声响彻当时后汉、辽、南唐等国。两人都有胸怀天下的宏伟大志。

二人都善抓机遇。要成就大事，机遇和能力缺一不可。赵匡胤同郭威一样，已经具备了这方面的能力。而机遇，需要一个精明的头脑和一双目光深邃的眼睛去发现。郭威功高盖主，引起皇帝猜忌。如果不想等死，就只能起兵。赵匡胤也是被逼的，是被自己主宰天下的欲望所逼迫。恰好机遇也大张旗鼓地来到自己面前。机遇一旦错过了，就不会有下一次了。赵匡胤是一个把握机遇的能手，他懂得进退有度，并且对每一个细节都进行了充分的考虑。

赵匡胤最具有优势的是，他参加了郭威拥兵自立的全过程，对其中的步骤、方式等毫不陌生。这是最值钱、最具有实践意义的经验。当然，他若要起兵，就必须有合适的理由。

但在后周貌似平静却又暗潮涌动的朝堂之上，赵匡胤虽然大权在握，他仅三十多岁的年纪所建立的势力并不是一头独大，韩通、李重进、李筠等人手中的兵权虽然不及他，但要是联合对抗，也会对赵匡胤产生威胁。而同为托孤之臣的范质、王溥以及重臣魏仁浦等都在朝中拥有绝对高的威望，足以与其比肩。这些人都有可能成为赵匡胤谋划的阻碍。赵匡胤能够顺利地实现自己的计划，最应该感谢的便是他身边的一位谋臣。

其实，在周世宗柴荣离世之前，赵匡胤手握重权，便已经开始构建自己的关系网，"义社十兄弟"中，石守信、王审琦等人掌管着禁军，而韩重赟、刘守忠、刘廷让又分任各地节度使或督军，都是军队中的实力派。这些帮手中最被赵匡胤倚重的便是谋士赵普，他以"半部论语"为赵匡胤赢得了天下，又帮助北宋稳定了建立之初的形势，为赵匡胤建立宋朝立下了汗马功劳。

一天，赵普与石守信、李处耘等人议事，石守信说："目前我们的军事力量已经很充足了，基本上可以掌控的军队超过了全国的一半，以这样的力量获取天下，一定是轻而易举的。我们应该现在就建议将军开始举事。"

然而，赵普却说："以我们的实力，要是想打仗自然是完胜的。但现在大周北边有契丹，南边有唐、蜀、汉，任何一方都不会轻易放过我们。一旦大周内部起了纷争，也许他们会乘虚而入，反而坐收渔翁之利。"

大家听了赵普对形势的分析，都又开始陷入沉思，原本热血沸腾期待着变化的心逐渐冷却下来。李处耘说："难道我们还要等下去吗？"

此时，赵普凝重地点点头说："是的，猎豹匍匐在草丛之中可以一

第六章 陈桥兵变，黄袍加身

天一夜都不动，它是在等待最好的时机。对于我们现在来说，经历了这么久的积累，就更加不能轻易举事。否则就会前功尽弃。"

众人听了纷纷点头，再也不提举事之说，又陷入了沉思。

过了好大一会儿，众人还在沉思中之时，刘守忠风尘仆仆地推门进来，对赵普说："先生你要找的人我已经带来了。"

赵普一听，先是一愣，然后大喜，忙说："快快请进。"

这时，走进来一个人。此人面容清瘦，看到赵普便俯身作揖，赵普忙还礼说："我已经等待大师很久了。"

来人姓苗名训，本出家为僧，但是在赵普的力邀之下，来到开封辅佐赵匡胤，并还俗成为赵匡胤军中的一名得力助手。因他精通天文地理，所以赵普希望他能给自己的决策提供一些帮助。

这天晚上，两人在花园中小酌。赵普说："苗先生精通天象，虽然远离红尘，但是红尘之事也逃不过您的法眼。您觉得现在天下之势如何？"

苗训说："风云雷雨，国家祥灾，其实都不是一时间造就。势必经过了长久的酝酿，才会显示出变化。但世人却只看到变化的刹那，不知道为了这个变化有多少暗流涌动。"

赵普说："我有一事现在还不敢确定，不知道先生是不是能够指点一二。"

苗训说："近来我夜观天象，看到帝星愈来愈明亮，这预示着有王者要出现了。这是天命，不知道我的答案是不是合大人的心意呢？"

赵普忙道："多谢先生！有了您这一番话，我心里就安定多了。"

苗训笑一笑说："历来举大事者，都需要杀伐决断，我想大人的心中其实早就已经有了定论。如果我的话能够帮到您什么，那是我的荣幸。"

赵普说："不瞒您说，我为了这件事已经准备很久了，所以不管是否吉兆，我都会一试。已经走到了这一步，对我来说没有退路了。"

苗训说："不知道点检将军是不是明白您的这一番苦心呢？"

赵普说："点检将军为人忠厚仁义，不愿意做出忤逆之事。但此事如果真的是天命所归，我一定要为将军做成此事，才不辜负他对我的信任。现在点检将军还一直蒙在鼓里，不知道我和众将士在谋划这件事，等到举事的时候，我自然会将这一切都告诉他。到时候就算他要想反悔，也会顾忌弟兄们的性命，已经没有回头路可走。"

苗训吃惊地说："这么说，大人所谋划的一切，点检将军并不知道？"

赵普点点头，苗训不由得凝住眉头，对他说："如此大事，将军作为主将居然一直不知道谋划的进程，难道大人不觉得此事不妥吗？难道为了怕他知道之后不允许，大人就敢将他一直蒙在鼓里？"

赵普说："我这也是无奈之举。"

苗训说："在下斗胆想奉劝大人一句，此事多有不妥之处。"

赵普忙道："愿闻其详。"

苗训说："自古以来做君主的，对臣子的要求并不多，无非就是忠诚。在他们的眼中，天下有才之人俯拾皆是，但是一个忠诚的人却非常难得。大人此次举事，全都是为将军谋划，这也是将军对您的信任。可是您打算在最后一刻才让将军知晓，难免让人觉得大人您深不可测。这样的印象持续下来，若是将来有小人奸佞想要陷害您，岂不是埋下了祸根？"

赵普闻言，不禁陷入了深思，他一直都在为整件事做着每一个环节的部署，却从来都没有想到过自己。苗训的话让他醍醐灌顶，猛然惊醒过来，才发觉自己所为确实存在不妥。如果赵匡胤对于自己背着他谋划一切耿耿于怀，日后会不会成为芥蒂也说不定。

大家都是聪明人，苗训的话又说得如此明白，赵普忙谢过他，遣人送苗训去休息，自己又去找石守信、王审琦等人。

来到书房，众人都已经等他很久了。赵普说："此次举事，禁军是关键。城中的管卡、城防以及宫门的把守都是石、王二位将军所掌控，所以一定要提前将这些环节的守将安排好合适的人选，避免出现任何纰漏。"

石守信点点头说："这件事您就放心吧，我已经派心腹在城门和宫门等主要的地方了，其他人也都会听命于我，不会出问题。"

赵普听他这么说，不由得笑着说："石将军倒是一个粗中有细的人，没想到打算得这么周到，已经将人安排好了。"

王审琦哈哈大笑说："他是一个大老粗，要他想到这些可是件难事。只不过是有了高人的指点，才忽然变得聪明起来了。"

赵普忙问："指点石将军的是何方的高人？"

石守信笑着说："我跟随点检将军征战多年，对于行军布阵总归是有一些了解的，所以你们也不能一直这么小瞧我。"

王审琦说："对，指点他的高人自然就是点检将军了。如果没有将军，他估计只知道舞刀弄棒呢！"

在他的调侃下，众人都笑了起来，使刚才凝重的气氛变得轻松了不少。赵普说："现在大家刀已出鞘了，所以不能有任何闪失。军队的布防是最为重要的环节，只要保证将士们各就各位，我们就可以控制大局，胜算就尽在掌握之中了。"

一直在一旁默不作声的赵匡义忽然说："我们大家都佩服大人您心思缜密，只要您安排下来，我们一定会尽心竭力去做好的。"

赵普忙谦虚地说："我一个人的能力毕竟有限，大事还是需要大家一起来谋划的。"刚说完，他又大喊一声："糟糕！"

众人忙问："大人缘何吃惊？"

赵普着急地说："我一直忙于部署，却忘记了一件大事：龙袍尚未派人缝制，这可如何是好？"

赵匡义闻言笑呵呵地说："大人尽心在谋划大事上，这样的小事一时疏忽也没关系的。"

赵普说："龙袍事大，关乎威仪。难道你想让将军如同太祖郭威一样，举事时只能身披黄旗吗？"（当时，建立后周政权的周太祖郭威，在临举事时，将士们把一面黄旗披在他身上，作为推举他做皇帝的标志）

赵匡义看他那么着急，便笑着说："这件事我早就已经派人去做了，现在估计已经缝制得差不多了！"

赵普诧异地看着赵匡义，没想到他居然暗地里已经准备了龙袍。以赵匡义的个性，这样的细枝末节绝对不是他能提前想到的。如果有人会这么缜密，那么这个人只能是他的哥哥——点检将军赵匡胤。

想到这些，赵普深深地呼了一口气。下一步，他该思索着找一个合适的理由举事了。

后周显德七年（960年）正月初一，北风呼啸、大雪纷飞。开封城沉浸在辞旧迎新的气氛当中。这是后周小皇帝上台后过的第一个新年。

在后周的皇宫里，同样也是张灯结彩，喜气洋洋。周恭帝柴宗训，这个七岁的小皇帝，也在符太后和几位顾命大臣的帮助下，在大殿亲自主持盛大的仪式。当后周君臣在宫中庆贺新年之际，突然宰相范质和王溥接到河北重镇镇州和定州的急报：辽国大军云集幽州，有南下威逼定州的态势，北汉也蠢蠢欲动，乘机东出土门关（今河北井陉），指向镇州。周世宗在世时，北伐辽国夺取了三个州，在高平大战中重挫北汉精锐部队。现在，趁着周世宗刚过世，幼主即位，敌军很有可能举国来犯。河北是汴州城最重要的战略屏障。河北的得失，关系到汴州城的生死存亡。对辽国和北汉双双威胁河北的举动，绝对不能置之不理。

年幼的皇帝和太后被这样的急报吓坏了，手足无措。宰相范质和王溥首先镇定下来，筛选该由谁去抵抗北方大军。三位顾命大臣和枢密使吴廷祚，都是文臣或文吏出身，都没有临阵指挥作战的经历，当然也无法率军出征，只能在禁军中挑选大将了。后周禁军多年征战，自然将星灿烂。但真正有资历、有威信、有能力挂帅出征的高级将领，也并不是很多。李重进算一个，他外号"黑大王"，是后周首任殿前都指挥使，又长期担任侍卫亲军都指挥使这一禁军的最高级军职，是后周资历最深、地位最高的禁军统帅。但是，李重进在离京遥远的扬州当节度使。同张永德一样，他也是被朝廷贬出去的，说不定已经不跟朝廷一条心了，是不能用的。韩通也算一个，他早年跟随郭威创业，是后周的开国元勋之一，一直深得郭威和柴荣的信任。世宗临死前，还专门下令：禁军军政，多由韩通负责。但周世宗出征，大多数是由韩通驻守京城，他实战经验并不多。另外，他的性格鲁莽，脾气不好，在军中人缘不好。那么，最合适的人选就是时任宋州节度使、殿前都点检、检校太尉的赵匡胤。赵匡胤虽然年轻，资历浅，但这几年一直跟着周世宗南征北战，武艺高强，为人厚道，深受将士们的爱戴。

几位顾命大臣经过慎重考虑，一致向太后建议：殿前都点检赵匡胤智勇双全，勇冠三军，可命他为统兵大元帅；副点检慕容延钊骁勇善战，是一员悍将，可以命他为先锋；再命各镇将军会合，一同北征。全国军队，统一归赵匡胤一人调遣。这样一来，定能打败来犯之敌。侍卫亲军副都指挥使韩通则出任"在京巡检"，留守京城。

此时，符太后也把赵匡胤当成救命稻草。她毫不犹豫地代恭帝颁旨：赵匡胤做统兵大元帅，慕容延钊为先锋，调度全国各镇兵马，会师北征。凡出征将士，统一归赵匡胤节制指挥。

符太后所说的"全国军队，统一归赵匡胤一人调遣"，也就是说，赵匡胤对全国的军队都有调动权。史书上没有记载赵匡胤此时是什么想法，这是真正的实权在握了。

赵匡胤如同以往领受圣命一样，对后周小皇帝柴宗训行了君臣叩拜大礼，然后，接过那道发兵的诏令，连呼万岁，表示必不负圣望，御敌于国门之外，誓死捍卫大周的基业。

范质、王溥等一班文臣大为感动，小皇帝柴宗训走下御座，搀起跪地接旨的赵匡胤，十分感激。

赵匡胤谦恭地离开大殿，口中连呼万岁告别了皇帝，场面十分感人。

小皇帝又继续陶醉在佳节的欢乐之中了。

赵匡胤领圣旨之后，立即对人员和部队进行周密部署。高怀德、张令铎、张光翰、赵彦徽等率部随自己出征。石守信、王审琦留守开封。命先锋慕容延钊率领前军先行，正月初二离开开封，开拔前线。他自己率领大军，初三随后出发。

此时，京城内盛传兵变即将发生的谣言，甚至有士兵在市中公然宣称"将在出军之日，策立点检为天子"。

赵匡胤带领军队开拔之后，皇宫里几位顾命大臣和太后都非常放心，都想着过不了多久赵匡胤就会凯旋。只有韩通的儿子韩微心中顾虑颇多。韩微，因年幼时生病，落下终生残疾，成了驼背，人称小诸葛"橐驼儿"。可他心明眼亮，一眼就看出赵匡胤必将成为后周和韩家最大的克星。他屡次劝父亲除掉赵匡胤，韩通终于为之所动，就在赵匡胤出征前一晚向他辞行时，让儿子带着一批士兵埋伏在家中。最终，韩通没有杀赵匡胤，他非常矛盾。"出军之日，策立点检为天子"本身是个传言，并不可信。韩通和韩微并没有证据，如果动手杀死了当朝的殿前都点检赵匡胤，那只能证明韩通想造反。再说了，赵匡胤本身武艺高强，就算他一个人进了韩府，外面肯定有强将接应。韩通思考再三，还是放弃了。赵匡胤顺利地从韩通府上走了出去。韩微的刺杀虽然没有付诸行动，赵匡胤得知消息之后，还是恨死了韩微，注定了韩通父子在兵变中被杀的悲惨命运。

小皇帝年幼无知，符太后身处深宫大院，哪里听得到外面的流言。无风不起浪，这不仅仅是谣言，肯定有阴谋。"橐驼儿"直心慌，但赵匡胤大军已经出京，他有什么能力阻止呢！

据说，赵匡胤听到这些风声之后，心里也很紧张。他这紧张不是来自对强敌的畏惧，而是来自对前途的疑虑，因为一场兵变即将爆发。为了缓解自己的紧张情绪，他选择了回家征求母亲杜氏的意见，他问母亲道："外面到处都是我要兵变当皇帝的谣言，我该如何是好？"此时，他的妹妹正在厨房里做饭，不知怎么听到了赵匡胤的话，就拎着擀面杖，从厨房里冲了出来，追着自己的哥哥就打，边追边喊："男子汉大丈夫，大事临头，应当自己来决断，回家来吓唬女人们干什么呢？"

经后人分析，这种谣言很有可能是赵匡胤集团故意散布的。前一回利用木牌事件，挤掉了张永德。这一次，正好借着木牌事件，制造舆论。众口铄金，不管是真是假，一传十，十传百，最后都成了真的。

后周显德七年（960年）正月初三，赵匡胤率领大队人马一路向北进发。令人奇怪的是，部队出城之时风风火火。出城之后，行军速度却明显放慢，似乎并不急着赶路，好像是在等什么。到下午太阳快要下山的时候，才走了四十多里路，来到一个叫陈桥驿的地方安营扎寨，等第二天再行赶路。

正因为赵匡胤出兵这种不紧不慢的状态，才让后人怀疑定州、镇州的加急情报到底是不是真的。这已经成为宋朝的疑案之一。然而，宰相范质和王溥当初接到情报时并没有怀疑它的真假，这就注定为赵匡胤发动兵变篡位提供了有利条件。关于这次辽国出兵，如此大的军事行动，《辽史·穆宗纪》中找不到一字记载。辽国有许多对中原政权的军事行动，《辽史》均有记载，而且可以和其他史料相印证，唯独这次没有。只有在宋人编著的史书中出现了辽国联合北汉南下侵犯的记载，如《宋史》、《旧五代史》、《新五代史》、《资治通鉴》等。

# 陈桥兵变，黄袍加身

获得了军权的赵匡胤夜宿陈桥驿，等待着第二天行军。然而，这个晚上，并不安静：他的部队里人声嘈杂，彻夜不眠，正在酝酿着一次惊天的政变。而今夜的京城却已经进入了沉静的梦乡，丝毫都没有察觉在经历着一次历史性的变迁。

流浪生活，磨炼了赵匡胤的意志；战场经历，锻炼了赵匡胤的胆量；官场经历，更让他懂得驭人之术。他和手下铁杆兄弟们做导演，后周禁军将士们稀里糊涂做起了最卖力的演员。这一场戏，充分显示了赵匡胤超强的导演能力，以及高超的演技。这场戏，按照当年郭威拥兵自立的套路，有条不紊地进行。这就是"陈桥兵变"。十年前的澶州兵变把郭威推上皇帝宝座。十年后，赵匡胤及其追随者依样画葫芦，导演了陈桥兵变，将赵匡胤推上皇帝宝座。不同的是，前者是自发行为，后者则是蓄谋已久。

陈桥，唐朝的时候叫"板桥"，设在当地的驿站名叫"上元驿"，也写做"上源驿"。拉开五代序幕的"上元驿事件"——朱全忠突然袭击李克用，就发生在这里。赵匡胤兵变为何选在陈桥驿？一方面，必须把军队拉出去，才能远离皇帝、太后和宰相们。出城之后，"将在外，君命有所不受"。赵匡胤作为北面行营都部署，握有全军的指挥大权，就可以名正言顺地控制全军。谁敢抗命不遵，赵匡胤当即就可以军法从事。另一方面，陈桥驿在京城外四十多里，不远也不近。历代兵变，最讲究的就是要迅速。太远了，在回京途中容易走漏风声，后周朝臣会有所准备，赵匡胤以及兵变士兵的亲属们有可能会遭劫。从京城抵达陈桥，按照当时部队正常的行军速度，只需要一个白天的时间，这就刚好为兵变留下夜间发动的充足时间。而从陈桥回师京城，加速前进，京城根本来不及作出反应。

军校苗训，此人号称通晓天文。他见太阳的下边又有一日，日中有黑光闪动许多，便指示给赵匡胤的亲近官吏楚昭辅观看，并且说："这

陈桥驿

是天命。"

到天黑的时候，赵匡胤的许多亲信分头在军中串联和鼓动。点燃第一把火的，是殿前司殿前诸班直的散员都指挥使王彦昇、散指挥都虞候罗彦瑰、内殿直都虞候马仁瑀、殿前指挥使都虞候李汉超等人。这几员虎将，白天看着苗训装神弄鬼的表演，早就按捺不住了，个个都想抢拥戴的头功。他们争先恐后，四下散布说："当今皇帝只是个小孩子，弟兄们再拼死拼活地卖命打仗，他也不知道。不如先立赵点检当皇帝，然后北上御敌，也为时不晚。"

李处耘也在行动，他在军营里转了一圈，随便和人聊了聊天，漫不经心地说着"点检作天子"的传言。李处耘在禁军中还有点威望，所以一大群军官蠢蠢欲动。大家都在商议："今皇帝幼弱，不能亲政，我们为国效力破敌，有谁知晓。不若先拥立赵匡胤为皇帝，然后再出发北征。"赵匡胤的其他幕僚也在军中各个角落谈论同样的事情。

将士们的情绪被煽动起来了，见时机成熟，即将此事报告给赵匡胤的弟弟赵匡义。赵匡义当时不过二十二岁，他对这次兵变最为热心，于是召集将士。将士们有了赵匡义撑腰，也敢公开闹事。他们就由赵匡义领着，找到赵匡胤的掌书记赵普。赵普早就料到这个场面，他看到众将士情绪激动，心中暗喜，却假装正经地拍案而起，指着大家说："赵匡胤对皇帝忠心耿耿，肯定饶不了你们这帮家伙。"他又说："不过，我们应该先把契丹人打退了，然后再回来废掉柴宗训。"听了赵普的话，将士们都不敢再做声。过了半晌，他们纷纷拔出刀剑说："在军中谈论这个话题，本来就是灭族的罪名。咱们今天说定了，有进无退，由不得赵匡胤不干。"

赵普看大家的意见相当统一，便佯装镇定地劝说道："策立这样的大事，需要周密谋划，轻举妄动成不了事！"众将士表示，都愿意听赵普来"周密谋划"。赵普激动地说了一番大道理，大概意思就是说，拥立新君，既顺应天意又合乎人心，赵匡胤当皇帝合法而神圣。再说，识时务者为俊杰，现在后周气数已尽，将士们为这样的朝廷卖命只有死路一条，跟着都点检干，这次策立成功，大家的前途就有保障了。

众将士听了赵普的话，仿佛看到了赵匡胤坐上皇位后自己的美好未来。大家纷纷表示，都听赵普的。赵普和赵匡义见这些军官已经被拉拢，就安排他们分头去鼓动其他人。另一方面，他们派人去京城通知留守的石守信和王审琦，谈妥了接应事宜。此时的赵匡胤，一反常态地喝醉了酒，正躺在床上呼呼大睡。

这整整一夜，除了赵匡胤，将士们都没有睡觉。第二天，天还没有大亮，将士们就在赵匡胤帐前大喊。守门侍卫说："都点检还在睡觉，你们不要吵。"有将士就说："今天是吉祥日子，都点检要做天子，你不知道吗？"

赵匡义听到外面的吵闹声，就推醒了赵匡胤。赵匡胤披衣走出大帐，看到这样一幅场景：一排排将士个个手执兵器，列队于帐前，呼声四起。看到赵匡胤出来，他们齐声喊道："诸将无主，愿策点检为天子！"还没等赵匡胤开口，将士们就把他簇拥到帐内厅堂。这时，有人把一件早已预备好的黄袍罩在赵匡胤的身上，然后众人高呼"万岁"，跪拜于地上。

赵匡胤心中有数，但依然表现得很勉强，再三推辞。赵普上前说道："主帅素来爱兵如子，此次拥立如不应允，这些将校兵士将会落个大逆不道的罪名，死无葬身之地，主帅还是应允了吧！"

赵匡胤见此情景，知道时机成熟，便装做无可奈何地说："你们立我为天子，用意有两个。其一，是你们贪图富贵，想赢得一个更美好的未来。其二，你们衷心地佩服我。不管是何种用意，我都非常感激。

不过，没有规矩成不了方圆。你们如果接受我的条件，我可以做这个天子。不然，我不愿意当这个皇帝。"

将士们异口同声地说："我们愿意听你的！"

"那好，现在我宣布两条纪律：第一，返回京城，不得抢掠，扰乱百姓；第二，少帝和太后都是我所侍奉的，公卿大臣都是我的平辈，你们不能伤害他们。以往改朝换代，都要大杀大抢，你们不能这样。如有违反，格杀勿论！"

赵匡胤似乎就这样"被逼"披上了黄袍。他这一番言论，有两点意思。其一，树天子的威严，"天有二日"、"点检作天子"这些把戏不再有效，天子需要的是实在的威严。其二，树天子之德，不滥杀无辜，包括周朝小皇帝、太后、大臣和京城百姓。众将士听到这些话，对心地厚道的赵匡胤又多了一层敬意。

禁军中这场戏演完了，赵匡胤马上命令楚昭辅、潘美两人先行回京。潘美的任务是将"点检作天子"的事情通报京城的宰相们，楚昭辅则是去安顿家人，以防有人浑水摸鱼，害了家人性命。两人领命，带上人马飞驰而去。

如此看来，赵匡胤率师离京，就是为了黄袍加身。这本是一场精心策划的，又是赵匡胤长思久盼的拥立，终于圆满完成了。这就是"陈桥兵变，黄袍加身"。它一直为后人所津津乐道，因为赵匡胤集团准备得极为充分，组织得相当严密。所以，它基本上属于一场不流血的和平政变，创造了中国古代历史上"不流血而开创一个大王朝的奇迹"。宋神宗时，理学大家邵雍曾作过这样一首诗《观盛化吟》，来赞美宋太祖的陈桥兵变：

纷纷五代乱离间，一旦云开复见天。

草木百年新雨露，车书万里旧山川。

寻常巷陌犹簪绂，取次园亭亦管弦。

人老太平春未老，莺花无害日高眠。

明代一部流行很广的小说《飞龙记》中，也有这样一首诗赞美陈桥兵变：

五代干戈未息肩，乱臣贼子混中原。

黎民困苦天心怨，胡虏驱驰世道颠。

点检数归真命主，陈桥兵变太平年。

黄袍丹诏须臾至，三百鸿图岂偶然。

在后人们的眼里，赵匡胤从孤儿寡母手中夺得政权这不光彩的一面已经被忽视了，人们更看重的则是赵匡胤不流血而开创一个统一王朝这样的"致太平"之举。

但"陈桥兵变"历来被看做是"千古疑案"，疑点颇多。

第一，这不是偶然事件，而是精心策划。据《涑水纪闻》等书记载："及将北征，京师喧言，出师之日，将策总检为天子。故富室或挈家远避于外州，独宫中未之知也。"古诗言道："黄袍不是寻常物，谁信军中偶得之。"是啊，当时军队未到陈桥已有兵变之说，未见黄袍，已有天子之说，怎能不是预谋？

第二，"醉卧不省"，掩人耳目。赵匡胤是率军出征缴敌的主帅，刚刚出发上路，怎能在军帐"醉卧不省"？他再爱喝酒，也不能对军国大事如此掉以轻心，看来，"醉卧"是在演戏，意在掩人耳目。

第三，太后之语，泄漏天机。《宋史·杜太后传》说，杜太后知赵匡胤黄袍加身后，说："吾儿素有大志，今果然。""吾儿生平奇异，人皆言当极贵，又何忧也。"本来朝廷有天子在，赵匡胤却篡位夺权，当受祸灭九族之罪，而其母杜太后却不惊不慌，谈笑自若。明眼人一看便知，赵匡胤夺帝位是早已存心。杜太后说他有"大志"，不是当节度使，而是当皇帝。

第四，"紧急军情"，亦为谎言。一首古诗说："千秋疑案陈桥驿，一着黄袍便罢兵。"当时赵匡胤领兵出战，是因边境告急，临危受命。而黄袍加身后，不费一兵一卒，"紧急军情"就没了？战事就平定了？这不明摆着此事情全系谎报！谎报的结果是，赵匡胤轻易地掌握了禁军的兵权。而且能制造出在陈桥驿之夜，众将士给他"黄袍加身"的机会，凡此种种，都足以证明兵变自始至终都有人在精心策划。

其实，持有不同说法的人士也为数不少，他们认为"疑案不疑"，认为"军情并非谎报"。首先，《宋史》、《续资治通鉴长编》、《契丹国志》等史书都记有镇、定二州的急报：北汉勾结契丹入寇。其次，镇、定二州节度使不是赵匡胤集团的人，他们或是"追感周主因恩遇，时复泣下"有异心的人，或是在宋初乞解官归山，又欲拥兵自重的人，他们绝不会为陈桥兵变造假情报。再次，清代赵翼认为，五代诸帝，多由军士拥立，相沿成袭。赵匡胤之前，已有周太祖郭威、唐废帝李从珂、唐明宗李嗣源由军士拥立，这是唐代藩镇割据后军士擅废立之权而留下的遗风，是下凌上替，祸乱相寻的反映。因此，赵匡胤的"黄袍加身"很可能真是军士拥立的。

总之，陈桥兵变、黄袍加身确实令人起疑。

# 兵不血刃，和平夺权

赵匡胤作为柴荣曾经最为倚重和信任的将领，他和柴荣有着很多的共同点，他们都体恤民情，不希望发生战争。出身于普通士族的两人年轻的时候都曾经为了生计而四处奔波，所以深知民间疾苦。在乱世之中，柴荣知道只要自己一死，手握重兵而又觊觎帝位的武将们肯定不少，以李重进、张永德等人的权势肯定也会对柴宗训母子不利。他在最后的时刻还是选择了最信任赵匡胤，将殿前都点检一职交给了他。如果柴荣是对于"点检做天子"的谶语有所忌惮而要罢免张永德，那么继任点检之人也会检验这预示的真假。所以，也许柴荣在临死之前已经相信了这句话，也明白后周的江山势必会旁落他人之手，如果这一切是真的，他宁愿是落在和自己志趣相同的赵匡胤手中。

想当年，赵匡胤以亲兵的身份拥立郭威时，也许没有想到十年后，他会把这一切圆满地复制过来。赵匡胤小心翼翼、步步为营，发挥自己的聪明才智，集手下人才的智慧，成功地设计了这场黄袍加身的兵变。他尽可能地将流血降低到最小，在兵变中不杀一个人，在返回京城登基时，他也要做到不流一滴血。

这天上午，阳光格外好。身穿黄袍的赵匡胤，骑在骏马上，昂着头，脸上跟阳光一样平和。想到即将回到京城，他的心里泛起了小小的涟漪：以厚道取得周世宗的信任，一度被周世宗视为好兄弟，而今却侵占了他的江山。不过，他又想到五代以来军阀割据，大大小小的权力争夺，战事连绵，百姓苦不堪言，他从小习武，又跟随周世宗南征北战，为的不就是统一天下，让百姓安居乐业吗？世宗英年早逝，统一大业未竟，七岁的周恭帝又怎能延续？这统一天下的大任，需要一个有实力的人担当起来。他想自己一定能够完成。想到此，赵匡胤又微微地笑了，望着京城的方向一路前行。

在京城里，殿前都指挥使石守信、殿前都虞候王审琦早已把城门牢牢控制在自己手中。得到兵变成功的消息之后，他们立即调兵遣将，以殿前都点检公署为据点，把皇宫围得水泄不通。后周的宰相、韩通和公卿大臣正在皇宫中上早朝，不知不觉中就成了瓮中之鳖。

这边，赵匡胤在陈桥驿重新编制了禁军队伍，突然又想到周世宗在世之时对自己的亲切嘱托，神情逐渐变得凝重起来。赵普在旁看到，便进言说："皇上，周世宗曾经立志要平息战乱，让天下变得太平清静，但是未能如愿。如果我们可以将这一目标达成，不也是回报了先帝之恩德了吗？"

109

赵匡胤点点头，说："先帝在世之时，时常教诲我要爱惜百姓。这一次我若得遂心愿，一定要遵照他的想法，将他未竟的事业完成。"

赵普说："要想成功，目前的情势最为关键。现在军队已经修整结束要回到开封，有四件事是最重要的。"

赵匡胤忙问："哪四件事？请先生明示。"

赵普说："虽然在陈桥驿军心整齐，但难免会有节外生枝，现在拔营回京，这一路之上要多加小心，一定要严明军纪，不能发生任何变故。"

赵匡胤闻言，便命人传令给负责前锋的慕容延钊，要求他确保返京这一路上几十里地一定要确保将士们听从调度。等到了京城外，赵

第六章 陈桥兵变，黄袍加身

匡胤又命所有的将士都回到营房，不许到处走动骚扰百姓，甲士归营确保安稳。

在石守信和王审琦的配合下，京城城门很快便打开，让赵匡胤等入城。赵普说："现在我们要面对的就是第二件事了。"

赵匡胤问道："现在将士们只是守在城外，只有一小部分人随从我们进京，难道先生还觉得不稳妥吗？"

赵普说："现在京城之人看我们，已经是叛军了。京城禁军的皇帝是姓柴的，但我们部队的皇帝是姓赵的，所以在他们眼中我军就是敌人，万一相遇，必定要生出不少事端。这些争执虽然不大，但却会成为引发争斗的由头，所以应该极力避免两军在街头相遇发生冲突。"

赵匡胤说："这一点你可以放心，潘美回京向石守信等人报信的时候，他们就已经安排好了京城的卫士。虽然韩通等人也执掌着一部分禁军，但相信不会引起纷争。"

赵普说："如此甚好，但还是要以小心为妙。"

赵匡胤说："那么，还有两件事分别是什么呢？"

赵普说："接下来的两件事至关重要，一是符太后和皇帝，二是文武百官。"

赵匡胤说："接下来要面对的就是这件事了。"

两人商议了一番，确定好了计划，赵匡胤便骑马回到点检将军府，闭门不出。

其实，这一切早在举事之前，赵普、苗训、石守信等人已经做好了安排，现在只不过是根据当前的情势来稍微做一些调整。赵匡胤作为这件事情的主谋，已经成为符太后和小皇帝的头号敌人，虽然已经掌握了主动权，但躲在府中不露面，而让拥戴他的众臣去进宫面见太后和皇上，也算是一种迂回的策略。

赵普等人作为赵匡胤的使者来到皇宫，符太后和皇帝已经又惊又气，看到赵普等人不由得泪如雨下。赵普等她一番痛斥之后，便耐心地分析形势，让符太后明白在这种乱世之中小皇帝是掌握不了这么大的局面的，还不如就此禅让。与其将帝位给其他那些野心勃勃的将领，还不如交给敦厚的赵匡胤。赵普说："点检将军深受先帝重恩，君臣契合，情谊深厚，所以一再命令三军不许与太后和皇上为难，要善待周世宗一族。如果皇上愿意禅让，将军许诺保柴家一门荣华不断，分封柴宗训为郑王，分封符太后为周太后，享受皇家供养。"

　　符太后在赵普的一番劝说之下，只好抹干了眼泪，将小皇帝抱在怀里，无奈地点点头。

　　这时，正躲在府里忐忑不安的赵匡胤听到赵普带回来的消息，长舒了一口气，说："我终究是不用做出对不起世宗的事了。"

　　此时，赵普却说："此时还不能高兴得太早，现在才到了最难的一关：文武百官还都在朝堂之上，他们是否会拥戴您可还不确定呢！"

　　赵匡胤说："此事就让我来亲自处理吧！"

　　赵匡胤在众人的簇拥之下，来到崇元殿。由于众臣在早朝的时候听闻赵匡胤叛国，都集聚在这里商议着对策。宰相范质羞愤交加，激动地抓着王溥的手臂说："仓促点将，这都是我的过错，我的过错啊！"手指甲抓得王溥的胳膊都开始流血，而范质却还浑然不知。

　　赵匡胤来到大家的面前，竟然泪流满面地对范质说："我受了世宗的恩惠，才有了今天。但没有想到被将士们所迫，居然做出了这样的事，实在是惭愧至极！"

　　范质鄙夷地一笑，正想说什么，站在他身旁的散指挥都虞候罗彦瓌拔剑上前，厉声喝道："我辈无主，今日须得天子！"

　　赵匡胤佯怒，示意他退下，罗彦瓌不仅不退，反而持剑逼近范质。

众臣眼看着大殿之外一众带刀的勇士环立，范质也一样嗫嚅不言，不知道该如何面对这种情况。在这样的情况下，谁抵抗谁就是自寻死路。

王溥是个识时务之人，知道自己已经别无选择了，立刻俯身磕头称呼万岁。范质纵然有天大的不满，但一看那直指眉心的刀锋，也跪拜在地上，跟着王溥连呼"吾皇万岁！万岁！万万岁！"众臣见状，也都伏拜在地上，山呼万岁。

赵匡胤赶紧亲自扶起两位宰相："我是粗人，不懂得国家大事，治理天下的重任，还希望两位大人鼎力担当啊！"赵匡胤说出这样谦虚的话，也就是表明即位之后，范质和王溥可以官任原职。

范质便问道，如何处理幼君。赵普站出来说话："请幼主效法尧禅舜之事，将皇位禅让给点检。"

赵匡胤补充说："我已经下令军中，对于太后和幼主，任何人不得侵犯。我对他们永远以臣礼侍奉，绝不食言。"

范质听了，不再发话，王溥表示由他们来安排禅位仪式。已经是下午，天快黑了，将士们点燃火把，整个大殿如同白天般明亮。可当文武百官排列已毕，禅位仪式即将开始时，赵普却发现没有准备禅位诏书。这时，翰林学士陶谷从怀中掏出一张草稿，说道："诏书已拟好了。"大家都松了一口气。兵部侍郎窦仪从陶谷手里接过诏书，展开当众宣诏：

天生烝民，树之司牧，二帝推公而禅位，三王乘时以革命，其极一也。予末小子，遭家不造，人心已去，国命有归。咨尔归德军节度使、殿前都点检赵（匡胤）：禀上圣之姿，有神武之略，佐我高祖，格于皇天，逮事世宗，功存纳麓，东征西怨，厥绩懋焉。天地鬼神，享于有德，讴谣狱讼，附于至仁，应天顺民，法尧禅舜，如释重负，予其作宾。呜呼钦哉！祗畏天命。

诏书大意就是说：政权兴亡，都要由天命决定，周朝如今气数已尽，而赵匡胤功绩卓著，应天顺民，我畏惧天命，决定效法历史上尧把王位让给舜的做法，自愿把皇位禅让给赵匡胤。

窦仪宣读完毕，赵匡胤退至北面，拜受禅位诏书。仪式完毕，赵匡胤由宰相陪同，戴上皇冠，换上黄袍，至崇元殿，正式登基。在范质和王溥的带领下，文臣武将行跪拜礼，高呼"万岁"。

传说那个在赵匡胤小时候逃难时，见过赵匡胤的陈抟老祖，骑一头驴子经过开封，听说赵匡胤这天受禅代后周做了皇帝，高兴得从驴背上摔下来，拍掌大笑道："天下从此太平了！"说罢，从地上爬起来，翻身上驴，扬长而去。

公元960年正月初五，赵匡胤接受后周恭帝柴宗训禅让，登基称帝，以宋为国号，改元建隆。因赵匡胤即位前任归德军节度使，镇府治宋州，所以诏定国号为宋，赵匡胤从此成了大宋王朝的开国之君，庙号宋太祖。这一年，赵匡胤三十三岁。

延续了三百多年的宋王朝由此粉墨登场。

赵匡胤称帝作为有史以来政权交替之中的一个典型，而被史家称道，因为这次政变不仅没有让百姓遭殃，更是有史以来流血最少的一次政权交接。一改五代以来改朝换代势必殃及百姓的陋习，真正做到了鸡犬不惊。赵匡胤跟随柴荣多年，学习到了他的治国方略；而宋的很多武将文臣也都是后周遗臣，因此，可以说柴荣为宋三百多年的江山打下了最坚实的基础。赵匡胤从小行走江湖，善于随机应变，对待朝臣又使出浑身解数，这些为了避免纷争而做的努力可以看出他本性淳朴，不愿看到流血，不愿打扰百姓，希望天下太平。从这一点上来说，他也算对得起柴荣了。

赵匡胤从陈桥驿兵变到崇元殿禅代，只有三天的时间。这三天是赵匡胤的一生中最辉煌的三天，也是唐末以来从分裂走向统一的开端。宋王朝的建立结束了小朝廷频繁更迭、割据政权犬牙交错、政治经济混乱不堪的局面。赵匡胤称帝后没有让这场不流血的兵变再染上鲜血的颜色。他封后周小皇帝为郑王，符太后为周太后，迁居西宫，依旧让他们过着养尊处优的生活。又大赦天下，内外马步军士都大加封赏。又命官员祭告天地，表明天授皇权，天使之然。遣中使传谕天下，诸道节度使也分别诏赐。

　　但这一切，对还不懂事理的后周恭帝柴宗训来说简直像一场梦。禅让本是古代明君的让贤之举，可他却根本不知道禅让是怎么回事，更不知道那件印着皇帝玉玺的禅诏是怎么出笼的。从皇位上被赶下来，又进入西宫当了大宋的郑王，统统是一片混沌。

　　然而，赵匡胤却是十分清醒的。他敏锐地观察着形势，稳稳地控制着政局，他要按照他的意志，一扫前朝弊政，振兴天下，改善民生，以谢天下！

# 唯一血光，韩通丧命

　　后周太祖郭威也是被将士拥立，黄旗披身成为一代开国君主，这与赵匡胤的陈桥兵变非常相似。但不同的是赵匡胤身披的是锦绣的黄袍而不是简陋的黄旗，这正是仰赖于策划者周密的安排。此次兵变不仅实现了政权交替的目的，而且没有动百姓一草一木，最大限度地避免了波及无辜，这对于经历了多年战火的百姓而言，真是一大福音。在这场号称没有流血的政变之中，唯一的一道血光来自于后周侍卫亲军副都指挥使韩通。

韩通，山西太原人，从小就是个当兵的好料子，受到刘知远的赏识，被收到身边做了侍卫。等到刘知远当了后汉皇帝，韩通升为检校左仆射、奉国指挥使。韩通作战勇敢，而且为人老实忠厚，被郭威看中了。当时还在担任着后汉官职的郭威，要到河中地区平定李守贞的叛乱，就把韩通调到身边。韩通非常卖命，一仗打下来，身上居然中了六处刀箭之伤。李守贞被消灭了，韩通不仅凭着军功升官加爵，更重要的是，他从此成为郭威的心腹。

郭威称帝后，建立了后周王朝，韩通的军衔已经是刺史级别了。到周世宗柴荣时，韩通就顺理成章地成了为柴荣所倚重的一员武将，他忠诚而又勇猛善战，在战场上建立了不少功勋。柴荣为了确保宫禁之内自己家眷的安全，让他统领着禁军侍卫。在柴荣去世之后，成为托孤大臣之一，正是希望他能以忠诚保卫好符太后和柴宗训母子。

在接到契丹入侵定州、镇州的消息之后，王溥、范质将赵匡胤点将出征。韩通对此便持有异议，他找到王溥问："赵匡胤这一次出征带的是精兵，禁军有十之六七都被他带走了，全部赶去讨伐契丹。那京师万一出了什么事，谁来保护？"

王溥说："赵匡胤是值得信任的，先帝对他也一样青睐有加，韩将军不必这么疑虑。"

韩通说："领重兵在外，君令往往都不能到达。先帝在时，赵匡胤确实是听话的，但现在他手握重兵，一旦有了不臣之心，二位难道能够担当得起这个责任吗？"

范质对韩通的话感到有些不悦，便说："先帝将国家托付给了我等，是要在关键的时刻让我们保护国家安危。现在北方有难，如果为了戒备赵匡胤而不让他出征，难道要等着契丹攻到京师吗？"

韩通见两人一点都听不进自己的劝告，只能无奈地进宫求见符太后，将事情的严重性再重申了一次，但符太后却说："北方边境是我们大周的重患之地，先帝的功业不能毁于我手中。现在契丹来犯，非重兵无以压制，所以才让赵匡胤带领着禁军前去镇压。相信他这一去，契丹一定不敢再来相犯。"

韩通说："太后为先帝之心，固然可鉴。但如果重兵在握，赵匡胤有反心的话，又该怎么办？"

符太后闻言，沉默了良久。其实这个问题她也想过，但是如果真出现这种情况，她又能奈何呢？只好无奈地说："赵匡胤为人忠信，深受先帝信任，我相信他不会辜负先帝，辜负大周的。"

韩通对于这个无力的理由非常不满，还想再说，符太后疲惫地挥挥手说："我累了，你就不用再说了。"

韩通一颗炙热的忠心和满腔诚挚的担忧，符太后深深了解，但是他的问题，符太后又确实给不出答案，只好遣退韩通，将这个问题交给上苍，听天由命。谁知道上天并不垂怜这对孤儿寡母，赵匡胤果然率兵反叛而来。

崇元殿中，早朝还没有退去，便传来赵匡胤率军反叛已经返京的消息。众臣闻言一个个噤若寒蝉，王溥、范质为自己没有审慎地面对情报和点将而深感懊悔，但现在事已至此，他们已经没有丝毫挽回的余地，只能聚在一起，商议如何应对。

韩通见状，朗声道："大周世宗对赵匡胤不薄，他却做出谋逆之事，这等逆臣，人人得而诛之。你们现在在这里互相埋怨也没有任何用处，倒不如出去和他决一死战，也算对得起先帝的重托了。"

韩通说着，便冲出大殿，策马直奔宫门外而去。众人看着他远去的背影，不知道此时自己还能做什么。

韩通来到自己的府邸，拿出武器，对儿子韩微说："现在赵匡胤谋反，正是你我报效国家的时候，你带领家将们随我出兵前去诛杀这个逆臣。"

韩微领命，披甲上马追随其父韩通，想要与赵匡胤决一死战。而赵普遣潘美送信给石守信，让他掌控城中禁军。此时的赵匡胤回京之后已经躲进了自己的府邸。

当时，勇将王彦昇担任先锋官，已经在大军前边先行入城。京城的父老曾深受郭威兵变之苦，他们见到赵匡胤大军所到之处，竟然是纪律严明，秋毫无犯，纷纷奔走相告，前来欢迎。得民心者得天下，赵匡胤胜局已定。

王彦昇带领铁骑，一马当先冲进城。而此时的韩通策马企图冲进赵府，在大街上正好与王彦昇相遇。王彦昇眼见韩通气势汹汹单枪匹马冲过来，便深深地为赵普的深谋远虑感到钦佩。正是因为赵普想到韩通可能会反抗，所以早就命王彦昇全副武装准备拿下他，谁知道他居然自己送上门。王彦昇上前大声对韩通说："韩将军匆匆前来，莫非是要接驾天子的吗？"

韩通一听，怒火中烧，大声叱道："天子当然是在宫禁之中，这里又哪儿来的天子！你们这帮逆贼，不思报国尽忠，只知道贪图富贵篡逆夺权，有何面目存活在天地之间！"

韩通说着便挥刀直砍王彦昇，王彦昇早有准备，禁军环立左右，韩通以一敌百，不一会儿便觉得支持不住，居然被王彦昇抓住破绽，从身后砍了一刀。他儿子韩微见状，远远来救，竟被禁军阻住，乱刀砍死。

看到自己的儿子被杀，韩通万般悲痛，却又不敌一众禁军的不断进攻，只能策马回奔。王彦昇在其身后紧追不舍，追出几条街之后，却被熟悉京城道路的韩通给甩掉。气急败坏的王彦昇只好回去将此事汇报。

赵匡胤听到赵普汇报说韩通来杀自己，却被拦回的事，虽然有点吃惊，但马上就平静下来了。他说："满朝文武之中，韩通一向秉性刚烈，如果会有谁敢于反对我，那绝对就是他了。"

赵普说："现在我们正是需要震慑群臣的时候，如果不能将韩通镇压住，势必会让朝中的大臣效仿他，到时候就难办了。"

赵匡胤点点头说："虽然我不希望看到流血，但如果有人执意阻拦我，那也就只能杀了。"

赵普体会到了赵匡胤话中的含义，来到府外，对王彦昇说："韩通既然决意反对陛下，我们就不能留他，你立即带人前去搜捕吧！"

王彦昇领命，对将士们说："韩通虽然能藏在街市之中，但他的府邸却是跑不了的。"说着，便带众人直冲韩通府邸，但搜遍每个角落，都没有找到韩通。残暴的王彦昇便将一众没有反抗能力的老幼妇孺尽皆杀死，三十七口人无一生还，才策马返回。

赵匡胤在安抚了周恭帝和符太后之后，盛装出府，打算去崇元殿之中接受禅让和百官的朝拜。车马行进到入宫的大道之上，忽然听到一声暴喝："乱臣贼子，速速回头！"众人大骇，忙回头一看，一个浑身血迹的将军策马直冲过来，正是逃脱的韩通。

韩通来到刀剑林立的赵匡胤车马前，厉声大喝："赵匡胤，先帝待你不薄，你竟然有了叛逆之心，这等奸佞小人，天地难容！"

赵匡胤被浑身是血的韩通吓得一怔，看清是他，不由得一阵惭愧，只能说："韩兄，我实属无奈啊。"

韩通说："你是乱臣贼子，我是忠臣义子，你我今天不能两立。"

谋
占
九
鼎

宋朝开国奇谋

说着，便挥剑直冲过来，赵普忙令王彦昇护驾。王彦昇是石守信手下一名勇猛的小军官，残忍多力，善击剑，号称"王剑儿"。只见王彦昇策马上前，一刀正中韩通后心，将他砍下马来。

赵匡胤在进京之前，便下令严禁三军出现杀戮，但此时王彦昇杀死韩通，出于情势所迫，他只能无奈地摇摇头，对赵普说："韩通忠诚义勇，将他厚葬吧！你派人好好安抚他的家人。"

在一旁的王彦昇以为自己立了大功，正沾沾自喜，听赵匡胤这么一说，便得意地说："韩通一家已经全都被我杀了！"

赵匡胤闻言大怒，厉声呵斥王彦昇："你……你怎么能杀他全家？韩大人乃朝中重臣，你居然杀戮他的全家？来人，将杀死韩大人的凶手就地正法！"

王彦昇看他发怒，吓得不敢回话。赵匡胤道："我严令不许侵犯朝廷官员和任何百姓，你杀死韩通是迫不得已，可你杀他家人便是违抗军令。我不杀你，无以平民愤！"

赵普等忙求情："陛下，现在大事未成，先杀自己人，恐怕会动摇军心，请皇上深思。"

石守信也忙为他的属下求情，说韩通都已经死了，何必还要流血呢？

赵匡胤听后，命人将王彦昇关押起来，待事后再作处理，并下令对他"终身不授节钺"。自己先直奔明德门，去崇元殿登基了。不过，韩通对后周皇室忠心耿耿，出兵之前，他们父子还摆鸿门宴，即使韩通不死，一定不会降服，还是得用武力解决，结果还是一样的。开国后，赵匡胤急着用人，就让王彦昇接替了韩通"在京巡检"的要职。至于韩通，赵匡胤佩服其忠心。侍卫亲军的主力都跟随赵匡胤出征，韩通还率领家中那十几个人与殿前军抵抗，即使是以卵击石，但显示他对周朝忠心耿耿。赵匡胤便追封韩通为中书令，令人厚葬之。

　　自古以来，帝位相争都免不了杀戮，可以说每一个登上皇帝宝座的开国君主手上都沾满了鲜血，那条登基之路也都是用尸骨铺就。而赵匡胤此次事变，力求避免出现任何的流血现象，可是为了确保这条路能够走得顺畅，对于执意不肯降服的韩通，也只能痛下杀手。但同时也确实起到了警示其他人的作用，告诫他们不要轻举妄动，以免付出惨重的代价。

　　经过这次和平演变之后，后周的接力棒终于送到了赵匡胤的手中，他坐上了自己向往已久的龙椅，享受着百官的朝拜。而他也没有忘记周世宗柴荣一直怀有的梦想，以统一天下、太平盛世作为自己的奋斗目标。虽然从伦理上来说，赵匡胤是背叛了柴荣，但是从历史的发展角度来看，赵匡胤也可以算是柴荣事业的接班人，因为他将自己的全部精力都投注到了柴荣未竟的事业之中，这也是大宋、乃至历史发展的幸事。

# 第七章
## 恩威并施，慑服众臣

　　俗话说：创业难，守成更难。赵匡胤要驾驭群臣，尤其是那些为他出生入死，在战场上立下卓越战功的功臣宿将，仅凭皇帝九王之尊的身份和高高在上的地位是不够的，还需要一些权谋。但是，如何做才能实现统一大业并为子孙后代留下一个稳固的江山呢？赵匡胤选择了"恩威并施"来慑服众臣。他这种一硬一柔的手腕，可谓是高超至极。

# 建立大宋，安抚人心

赵匡胤在"陈桥兵变，黄袍加身"时，看起来是那么顺理成章，轻而易举。实际上，新王朝建立起来并不容易。赵匡胤儿时练武，少时流浪，青年驰骋疆场，做人小心谨慎，在低调不张扬的性格下，才能如此稳妥地谋划了自己的前程，最终才建立大宋帝国。后周到大宋，这几乎是中国历史上最完美的改朝换代。但是，没有像韩通这样的后周忠臣公开反抗，并不代表后周每个文武大臣都像范质、王溥等人一样对宋太祖心服口服。前朝旧臣心若不能统一，大宋王朝仍将处于危险境地。因此，对赵普等开国功臣的加封很重要，而对后周旧臣的安抚更重要。

赵匡胤登基后，第一件事就是改国号。因为他曾经担任过归德军节度使，属地在宋州，故取宋州的"宋"字，称新朝国号为"宋"，年号定为建隆。宋朝开国第一年为建隆元年，也就是960年。这一年，赵匡胤三十三岁。赵匡胤就是宋太祖，因为《尚书》中将开国君主称为"艺祖"，宋人便称宋太祖为"艺祖"，后代民间则多称其为"赵太祖"，也称"太祖武德皇帝"。

第二件事就是安抚好小皇帝柴宗训。赵匡胤遵守承诺，取消恭帝称号，改封其为郑王，符太后改称周太后。同时，安排人将他们从皇宫中迁出，搬到西宫去住。符太后心中凄然，柴宗训并不懂得不能做皇帝的真正含义，只是看着符太后不高兴，他也不敢说话。这七岁的儿童，哪里能理解符太后的心思：柴家江山是断送在自己手中啊！不过，赵匡胤还算仁义，依然按照后周的标准，给予他母子二人皇家的一切待遇和礼遇。对周室宗庙，赵匡胤仍然派人守护，按时祭祀。符太后也只好顺从安排。柴宗训后来由洛阳移居房州（今湖北房县）。宋太祖担心地方官对他照顾不周，还专门派自己的老师辛文悦前去担任知州。开宝六年（973年），柴宗训去世的时候，宋太祖又亲自为他穿孝服发丧。

除柴宗训外，周世宗还遗有三子，比柴宗训还年幼，最小的还在襁褓之中。后周恭帝柴宗训是周世宗柴荣三十二岁时得的儿子。此前，柴荣的三子，都被后汉隐帝刘承祐杀害。柴宗训的母亲是柴荣侍妾。柴荣后来又得四子，宗训居长，故得以继承皇位。

赵匡胤代周时，宽容大度地保全了柴宗训三个皇弟性命，并特许承袭封爵。这一方面是赵匡胤未忘周世宗之恩，更重要的是为了帝位的巩固。

赵匡胤对后周宗室的宽容和保护在后周官僚中产生很大影响。他们认为，后周宗室既得保全，他们这些前朝旧臣也不会遭到厄运。他们希望得到信任和录用，并心甘情愿地为新王朝效犬马之劳。

身着黄袍的赵匡胤确实没有令后周旧臣失望。刚一即位，他便首先考虑到后周旧臣的去留问题。这位知人善任的大宋皇帝经过一番深思熟虑之后，一改历来开国君主的作为，采取了非常大度的怀柔之策：原有官员全部录用，还给重臣权相加了官。最大的恩泽首先降于范质、王溥、魏仁浦三人。

范质、王溥、魏仁浦三人在后周皆为平章事之职，位列宰辅。范质是司空平章事，王溥是礼部尚书平章事，魏仁浦是刑部尚书平章事，三人都供职枢密院事务，是后周政权的核心人物。赵匡胤为六师拥戴兵变还京后，他们虽被迫接受了这一事实，但未真正归心，仍与新王朝貌合神离。

但赵匡胤没有对这三位前朝老臣采取敌视态度，而是让他们官居原位，并加赐新职：范质加兼侍中，王溥加兼司空，魏仁浦加兼尚书省长官右仆射。但是，他们都被罢免参知枢密院事。枢密院总理全国军务，与中书门下共掌文武大权，号称东、西二府，三人皆罢参知枢密院事表明宋太祖虽对他们原职录用，也仍加以小心的限制。赵匡胤对三位宰相的继续任用，就是为争取后周的文官集团效忠大宋新朝。这对形势的迅速安定，减轻政局的动荡，发挥了极其关键的作用。

三位前朝老臣还是心满意足的。如果不是遇上宋太祖这样的宽厚仁义的君主，他们早已是阶下之囚了，身首异处、诛灭三族也难说，哪里还敢奢望今日之高官继作、富贵安享？特别是范质，当初听说赵匡胤发动陈桥兵变，曾与王溥执手愤然叹息，深悔不该仓促遣将，让赵匡胤率兵出征，竟将王溥的胳膊掐出血来。他被迫就范之后，并非口服心服，明眼人一看就明白，而今他也受到宽大重用，怎不使他感恩戴德？

对张永德的安置是赵匡胤怀柔之策的得意之笔。张永德在赵匡胤代周以后有些不安。他是赵匡胤的前任都点检，即便自己不因被取代而耿耿于怀，也难免会被无端猜疑。想到这些，张永德心情复杂地等待着赵匡胤的处置。

然而，张永德的担心是多余的。赵匡胤既然能让范质等官居原职，岂会冷落了这位曾经玉成他好事的人？这天，赵匡胤将张永德召至后苑，设宴款待，而且还像当皇帝以前那样，尊称他为驸马，不直呼其名。这样，张永德心中悬着的石头落了地。接着，张永德加官侍中，授武胜军节度使。

后周的其他文武百官，只要不是顽固与新王朝为敌的，也都原职录用。这样，几乎是后周朝廷的原班人马又成了大宋新王朝的官员，鹄立

宋朝皇宫

于赵匡胤的文武排班之中。他们感恩戴德，一朝天子一朝臣的恐惧和担心已经涣然冰释，他们脱去了旧朝服，换上了新朝服，喜气洋洋地上朝议事，无忧无虑地享受荣华富贵，先前效命后周的往事也渐渐淡忘，他们只知道自己是大宋王朝的臣子，他们拥戴的是大宋王朝的皇帝。

对这一切，赵匡胤非常得意。因为妥善安置了这一批后周旧官，便成功地化解了新朝廷与旧臣子的矛盾，平息了两股势力激烈的对抗，有效地巩固了新政权。

赵匡胤不弃后周旧臣，更重元勋故旧。他论功封赏，分别授予他们不同的官职。

赵普、刘熙古、吕馀庆、沈义伦等人首批被提升官职，刘熙古由归德军节度判官提升为左谏议大夫；吕馀庆由观察判官提升为给事中、端明殿学士；沈义伦由摄观察推官提升为户部郎中；赵普则由掌书记提升为右谏议大夫、枢密直学士，进入了权力极大的枢密院。

禁军在兵变中起了主要作用，宋太祖即位后即"优赏"禁军军士。

对于立下汗马功劳的各位武将，都予以越级提拔。石守信由殿前都指挥使升为侍卫马步军副都指挥使；高怀德由马步军都指挥使提升为殿前副都点检；张令铎由步军都指挥使提升为马步军都虞候；王审琦由殿前都虞候升为殿前都指挥使；张光翰由虎捷左厢都指挥使升为侍卫马军都指挥使；赵彦徽由虎捷右厢都指挥使升为侍卫步军都指挥使，并拜节度使。不但晋升这些将军，还特意规定他们的"官爵阶勋并从超等"。当时外地还有两支禁军，一支由韩令坤统率，一支由慕容延钊率领。赵匡胤"受禅"后，便迅速派人向他们通报了情况，许以高官厚禄，以取得他们的合作和认可。这样，韩令坤成为侍卫司最高统帅——马步军都指挥使，慕容延钊则成为殿前司统帅——殿前都点检。

赵匡胤为了取得民众的支持，下令废除以前每年开浚河渠需民工自备粮食的规定，改由政府发放粮食。又命令在京城大规模搜捕兵变时趁火打劫的"闾巷奸民"，全部斩杀，并由政府出面赔偿受害人的损失。对于知识分子的怀周情绪，赵匡胤也表现出了非常宽容的态度。

翰林学士李昉就是一个例子。李昉，字明远，深州饶阳人，后汉乾祐年间考取进士，是周世宗亲自发现的人才。

显德二年（955年），周世宗命李谷率军征战淮南，当时，李昉是随军记室，也就是代为起草奏章的秘书。周世宗在阅处李谷军中呈送的奏章时，发现每篇都写得有章有法，光彩照人，由此思贤若渴。后来在相国寺翻看《文英院集》，才知道李昉的诗写得也不错，称赞不已，立即晋升他为知制诰、集贤殿直学士。显德四年（957年），周世宗亲征淮南，又把李昉安排在身边。很快又将他提升为屯田员外郎、翰林学士。

"士为知己者死"，周世宗对李昉有知遇之恩，李昉对周世宗和后周的感情都很深，对赵宋新政权怀有敌意也是可以理解的。据说，赵匡胤统领禁军时，"人望已归太祖，而昉不附，王师入京，昉又独不朝"，颇有些知识分子的骨气和傲气。

然而，宋代后周后，赵匡胤没有治他的罪，让他在朝中任职。

翰林学士王著，在后周朝深为周世宗所赏识，也是周世宗"每呼学士而不名"的人物。

王著对篡周自立的新王朝不抱好感是必然的，因而赵匡胤举行宴会时，他便乘醉喧哗。赵匡胤皱皱眉头，没有表示出不快，还很客气地让人将他搀扶离席。但王著不但不要人扶，反而移近屏风，掩袂痛哭不已。次日，御史台上奏，称王著的所作所为是"逼宫门大恸，思念世宗"，请求给予严厉处分。赵匡胤宽厚地一笑，对御史台官员说："此人不过一酒徒，在柴荣幕府，我就了解这一点。何况一书生哭世宗，又有什么值得担心的呢？"于是不闻不问。

赵匡胤这种宽容对于争取知识分子的合作确实起到了作用。李昉在新旧政权交接之际，以"不附"、"不朝"来表明自己的态度，宋朝以后却依然干得很卖力，曾多次出任知贡举，为皇帝选拔天下英才，虽没有多大政绩，却因"小心循谨"，得以在太宗朝出任宰相。官位显赫，舒舒服服地活到了七十二岁。

对于地方上的各个节度使，宋太祖也都承认他们在新朝的地位，只是要求他们必须进京朝拜，以表明政治态度。绝大多数节度使俯首听命，只有潞州的李筠和扬州的李重进举兵反抗，二人在后面文中将会细说。

赵匡胤把新功旧勋都安排好之后，才开始尊祖崇母。而按照惯例，新皇帝登基后，要做的第一件事是尊祖崇母。但是，赵匡胤却把这项工作推后了一下，先安排朝中的旧臣，以防发生其他变化。一人做了皇帝，祖上全都追尊为皇帝，同时建庙，建立祭祀制度，这就是尊祖。宋太祖从他父亲开始，将他的祖宗一个一个地列出来，逐一追封。崇母，就是尊他的母亲杜氏为皇太后，还要接受文武大臣的朝拜。封后，就是封皇后。赵匡胤原配贺氏，在显德五年（958年）病逝，生有一子德昭和二女。他续娶的是彰德军节度使王饶的女儿王氏，太祖册立王氏为皇后。其他的，太祖封妹妹为燕国长公主，赐居宫中，赵匡义、赵匡美为皇弟，分别改名赵光义、赵光美。

此外，还有定都一事。通常情况下，作为都城，既要适应当时政治、国防中心的要求，又要满足经济上的需要。具备这些条件而能被选为都城的地点，在宋初当属开封。太祖怀念洛阳，他幼年生活在洛阳，对那里的一草一木，街上的角角落落，都再熟悉不过。但综合考虑，还是开封更合适。开封被定为大宋的都城，主要原因有四点。

第一，开封位居中原，是我国开发最早的区域之一。尤其隋朝开通的大运河，经开封入江淮，使这里成为锁控南北水路交通的咽喉重地。到了唐中后期，北方藩镇割据，战乱频仍，经济中心移至南方地区。五代时，梁、唐、晋、周等先后在此定都。经历代帝王悉心经营，城市规模宏大。特别是经过周世宗时期的扩建，开封城高池深，建筑规整有序，道路宽阔，商业繁荣，已成为全国最大的城市，颇具帝都风范。而且，开封周围运河密布，"有惠民、金水、五丈、汴水等四渠，派引脉分，咸会天邑"，尤其是处于连接东南的汴河之上，避开了三门等险阻，极大地缩短了漕运的距离。

第二，开封的地形没有山川，虽然不利于守，却利于攻。以四战之地取攻防要枢，纵横捭阖，无论南下还是北上，进退自由的开封城都显得利兵利战。开封在运河交通上的优越地位，为北宋集权收兵提供了雄厚的物质基础。至于地理上不利防御的弱点，太祖和大臣们认为，在主观上可以利用京师驻屯重兵的措施加以弥补。

第三，太祖是通过"禅让"形式实现改朝换代，后周旧臣在开封居住已多年，定都开封符合多数大臣的心愿，甚至可以说是顺应民心。

第四，长安和洛阳虽然也是有多朝定都，但由于连年战乱，受到极大破坏，经济凋敝不堪，不适合刚刚建立的大宋建都。所以，开封是建都的首选城市。开封号称七朝（魏、梁、晋、汉、周、宋、金）古都，但作为南北统一王朝的都城，仅见于北宋一朝，由此也标志着中国古代政治中心东移趋势的完成。

等一切都安排妥当之后，宋太祖坐在高高的崇元殿上，满意地看着满朝文武，他就这样用怀柔政策建立了政权，也建立了一个完整的官僚机构。各取所需，满朝文武皆得自己满意之位，也都颇有信心地投入到自己的公务之中。宋太祖有信心，大宋王朝的强大之日即将到来，由他开创的壮丽恢弘的盛世传奇即将开始……

# 严惩新贵，毫不留情

赵匡胤为了保证对后周旧臣的笼络和收买的成功，对于那些仗势欺凌旧臣的新贵，处理起来毫不留情。京城巡检王彦昇，是当时兵变入城的先锋，又是赵匡胤的心腹，按说应该有资格得到赵匡胤的重赏和重用，但这个人先是"弃命专杀"了韩通一家，后又自恃有功于朝廷，横行不法。一天半夜，王彦昇竟以巡检为名，私自闯入宰相王溥家中，王溥慌忙出门迎接，接着又让王溥摆酒为他接风，乘机敲诈了一大笔银子。接到王溥的告状，赵匡胤大为震怒。赵匡胤本来对王彦昇擅杀韩通一家就十分恼怒，扬言要对他军法处置，此事发生后，赵匡胤对他严厉处分，将其贬为唐州团练使，并对他"终身不授节钺"。可见赵匡胤在获取后周旧臣的合作支持上是不惜一切代价的。但是，赵匡胤这种怀柔政策只是暂时的和表面的。骨子里的东西，赵匡胤从不轻易示人。

宋建隆三年（962年），宋太祖将郑王柴宗训，迁居于房州。宋开宝六年（973年），柴宗训突然不明不白地死于房州。公元964年正月，范质、王溥、魏仁浦三相曾两次要求辞官，显然是面对功臣们咄咄逼人之势而自己身处尴尬境地的识相行为，赵匡胤后来十分爽快地接受了他们的请求。而在韩通问题上，赵匡胤的用心可谓尽人皆知。赵匡胤虽对韩通父子以礼葬之，表面上尊敬韩通的为人，但有次出幸开宝寺，见墙上赫然悬挂着韩通父子的画像，顿时勃然大怒，立即下令捣毁，可见其内心对韩通非常厌恶。

赵匡胤以宋代后周，因事出突然，各地节度使虽然一时来不及反应，但也未轻易作出效忠的表示。宋王朝建立之初，赵匡胤就派出许多使者，前往各地，传达新朝廷的诏旨。但是，要让那些手握重兵的节度使们俯首帖耳，恭顺地接受新王朝的统治，比驯服朝内的那些手无寸铁的文官们要困难得多。

但在这些强藩中，情况也不相同。因为其中某些人本来就和赵匡胤关系不错，就像忠武军节度使张永德和天雄军节度使符颜卿（其一女为周世宗之皇后，即符太后，另一女为宋太祖之弟赵光义之妻），他们接到新皇帝的诏书后，表示归附。还有少数人，对赵匡胤建立的新王朝没有摸底，但他们的信条是识时务者为俊杰，于是承认了既成事实，接受了赵匡胤的统治。至于另外一些人，同后周有着多方面的联系，又拥有重兵，自然不甘心赵匡胤爬到自己头上，于是明里暗里同新王朝作对，甚至走上了公开反抗的道路，企图推翻赵匡胤。李筠和李重进便是他们中间的代表。对于这些死硬分子，赵匡胤也就毫不客气，断然诉诸武力进行解决。

# 恩威并举，亲征李筠

尽管宋太祖赵匡胤已经建立了大宋，小心地安抚了人心，且对新功旧勋都加封了。但是，人心难测，新立的皇帝要想完全笼络住旧臣的心，还是有一定难度的。赵匡胤也发觉到自己的龙椅坐得并不安稳，而是摇摇晃晃的。因为，他必须妥善地解决三个矛盾，才能彻底地让朝局稳定：其一，新朝廷与后周旧臣的矛盾；其二，皇帝与功臣宿将的矛盾；其三，皇权与节镇的矛盾。前两个暂时得到解决，旧臣得到安抚，功臣也得到加封；而最后一个，那些强大的藩镇，跋扈的节度使，才是最致命的威胁。

新建的宋朝只控制了京城开封及周边部分地区，各地节度使大多还在观望局势变化。对此，太祖采取了不同的政策。对那些态度不明朗的政敌，采取收买和监视的手段，暂时稳住。当然，只有安抚是远远不够的，强硬的手段有时是必需的。特别是在一个新的王朝刚刚建立的时候，前朝的反抗势力必须坚决消灭，不能让他们有死灰复燃的可能。尤其对明目张胆的反抗者，必须采取武力镇压。驻守潞州的昭义军节度使李筠，是第一个站出来公开反抗的，也是太祖第一个用兵消灭的对象。

李筠，本名李荣，后为避周世宗柴荣之讳，改名李筠，并州（今山西太原）人，勇健有力，善骑射，后唐时应募军中，隶属秦王李从荣部下。后来李从荣发兵反叛，李筠预感到事情不会成功，所以没有参与。

潞王李从珂继帝位后，李筠复应募为内殿直，迁控鹤指挥使。后晋开运末年，契丹进犯汴京（今河南开封），后晋将领赵延寿闻李筠骁勇，召到帐下，乘契丹主北归死于栾城之机，逐契丹。后汉时，高祖刘知远很赏识李筠，任命其为博州刺史。郭威代汉后，认为李筠是有功之臣，所以任命他为昭义军节度使，加检校太傅，同平章事。周世宗时，加兼侍中。恭帝即位，加检校太尉。在整个后周朝廷中，论资历、威望和权力，文臣武将中无人能及；若要篡权，他的条件要比他人优越得多。但李筠念及周太祖郭威的恩情，义字当先，不愿做对不起后周的事情。没想到赵匡胤竟然以宋代周，李筠自然十分不满。宋太祖即位后，认为李筠权势极大，武艺超群，又据太行之险，便决计除掉他。但又畏于李筠的勇猛，不敢轻举妄动，便拿出惯用的手段，加封李筠为中书令，遣人使宣谕。

李筠作为一个老资格的后周开国功臣，很看不起赵匡胤，所以在赵匡胤代周称帝后没像其他藩镇那样迅速表明归顺之意，而是傲慢地坐待赵匡胤对他的任命。他非常自信地认为大宋天子一定会对他礼遇有加。

宋太祖赵匡胤对李筠的骄横难制是早已了解的，所以他对李筠的态度一如后周重臣：加官晋爵，怀柔制之。

赵匡胤登基不久即派使者前往上党，向李筠通报了代周受禅之意，并加其官为中书令，希望他承此好意，站到自己一边，与他和睦相处。哪知李筠自认手头实力雄厚，对区区一个虚衔根本不屑一顾。他也梦想着逐鹿中原，看看龙椅是个什么样子。

这天，赵匡胤派出的专使来到潞州，李筠竟要把使者拒之门外。后经过左右幕僚的竭力劝说，才勉强答应接旨，但态度极为不恭。随后，照例要举行酒宴，庆贺新皇帝登基。李筠心情烦闷，无心喝酒，正在大家欢声笑语开怀痛饮的时候，李筠突然吩咐手下拿出郭威的一幅画像，高挂在堂前，哭个不停："先帝啊！你在世之日，是何等英勇神武，大周正在国力鼎盛之时，你却英年早逝，留下孤儿寡母，受小人欺凌，凤巢反被雀儿占。臣不能保护幼主，完成你未竟的大业，臣对不起你呀！"

这件事很快传到北汉统治者刘钧的耳朵里，北汉刘钧因为高平大战记恨赵匡胤。刘钧看到李筠和赵匡胤之间的矛盾难以调和，觉得有机可乘，便秘密给李筠写了一封信，要和李筠联兵攻宋。李筠接到来信，大为高兴，虽有心与北汉合兵，但还是感觉时机未到，便将书信上报朝廷。由于双方还没有公开决裂，赵匡胤虽知道他并非出于真心，但还是特意亲笔写了封回信，将李筠安慰了一番，同时任命他儿子李守节为皇城使。

宋太祖此举的意图是：麻痹李筠，使其在战备上有所松懈，同时将李守节调离上党，削弱李筠的力量。心怀不轨的李筠也感到有机可乘，他将计就计地接受了朝廷给李守节的任命，让李守节入朝，以借机窥探朝廷的动向。

李守节此时心情是忐忑不安的。他心里很矛盾，进也不是退也不是左右为难。他实不愿充当奸细，冒险进京，但又难违父命，不得不遵从父亲的嘱托。

宋太祖精明机智，对李筠的意图和李守节的心情早有了解。故而他在宫中接见李守节时，开口便问："太子，你远离朝廷到此干什么？"李守节大惊失色，急忙叩头道："陛下何出此言？看来是有人离间。"赵匡胤说道："我已经听说你苦谏你的父亲，但他不听。我现在若杀你，还不如让你回去转告他，在我未做天子时，任由他随便怎么做。但如今我已做了天子，难道他就不能让我一点么？"李守节返回潞州，把赵匡胤的话转告给了李筠。但李筠却没有悬崖勒马，他见阴谋已被戳穿，干脆公开干起来。

宋建隆元年（960年）四月，李筠正式举起了反宋的大旗，他发布宣战檄文，历数赵匡胤的罪状，拘捕朝廷派来的监军使周光逊等人，向北汉称臣纳贡，请求派兵支援。同时派兵袭击泽州，擒杀宋将张福，占领州城。北汉刘钧闻报大喜，亲自出马同李筠商议联兵事宜。

李筠见刘钧仪卫单薄，认为刘钧没有帝王之气，心中懊悔不已。李筠念念不忘周室的恩情，也使得刘钧心中非常不高兴。李筠回去后，刘钧又派卢赞前往泽潞监军，更加引起李筠反感。于是，双方在开始联合时便为争权夺利而钩心斗角，难以真正同心协力。

李筠起兵之后，有三条计策可用。一是利用天然的山险。因为潞川地处宋与北汉之间，地势险要。其南面的泽州有天井关，关南便是太行山。如果李筠固守潞泽，养精蓄锐，以不变应万变，然后待机反攻，事尚有可为。较之这一保守的计策，幕僚闾丘仲卿提出了更为积极的建议："西下太行，直抵怀孟，塞虎牢，据洛邑，东向而争天下，计之上也。"可是，骄狂无谋的李筠没有采纳这一正确的建议。而是采用了留李守节守潞州的下策，自己亲率三万兵马南下，企图直捣开封，一举灭亡宋朝。

其实，李筠起兵，本是为了实现个人野心，因此尽管他号召大家讨伐叛逆，但此时原后周军队早已控制在赵匡胤手中，所有将领也都是赵匡胤的人了，所以朝廷内响应李筠号召的寥寥无几。北汉也不十分可靠，并不是可以借重的力量。实际上，李筠是在孤军作战，失败是必然的。

但是，李筠也太自不量力了，他对自己的力量估计过高。他手下有一爱将，名叫儋圭，有勇有谋，喜欢用枪；他还有一匹好马，叫"拨汗马"，号称日驰七百里。他对人说，有此"儋圭枪"和"拨汗马"，必将无忧于天下。

除此之外，李筠还把自己的三千匹战马作为所能依靠的资本。他"辟鞠场阅习，日夜谋划为寇"。李筠正是在这种既不知己又不知彼的情况下开始反叛。

李筠叛乱的消息传到开封以后，宋太祖赵匡胤并没有惊慌失措。他冷静地分析了这一突变的形势，迅速召集谋臣，商议对策。

宋太祖赵匡胤的准备与李筠的仓促起事相比，要周密得多。

首先，采纳枢密使吴廷祚的建议，制定作战方针。吴廷祚认为："潞州岩险，李筠如果固守，未可以岁月而破。然李筠一贯骄横无谋，宜速引兵击之，彼必恃勇出斗，但离巢穴，即成擒矣。"

吴廷祚的判断考虑了潞州地势、李筠的性格特点及作战经验，所以比较符合当时的实际情况。这一分析的要点是：其一，速战速胜；其二，引蛇出洞，调虎离山。

135

其次，完成战略部署。咎居润被派赴澶州巡检，防止契丹南下；令潞州团练使郭进兼任本州防御使和西山巡检，授给他军事指挥之权，以防备北汉。赵匡胤选择侍卫马军副都指挥使石守信和殿前副都点检高怀德作为统军将领，两人均是自己信得过的亲信；同时，命驻屯真定的殿前都点检慕容延钊、彰德军留后王全斌从东路与石守信部会合；并准备亲征。

兵马未动，粮草先行。户部侍郎高防、兵部侍郎边光范任前军转运使，保证后勤供应；并责成三司使张美高征集兵粮。

完成军事部署的同时，又对京城的事情作了安排。吴廷祚被任命为东京留守，派吕馀庆协助，皇弟、殿前都虞候赵光义为大内都点检，侍卫马步军都指挥使韩令坤率兵驻守河阳。赵匡胤这种安排是大有深意的。吴廷祚一直是个厚道之人。史书上讲他是"严谨、敦厚、少言寡语",在李筠问题上有独到见解,因而被信任;而且在周世宗北征时,他也是东京留守。赵光义控制近卫军队,不会发生大的变故。以韩令坤驻河阳,进可攻李筠,退可防止东京发生变故。可见河阳是一条分界线,倘若失败,可据占河阳以东地区,以图东山再起。

可见,这是一场关系到宋王朝命运的重要战争,但同时也可看出赵匡胤作为一名军事家的深谋远虑和长远的战略目光。

泽州,居太行山之脊,是李筠未依靠北汉之力而取得的一处战略要地。独立攻占泽州不仅显示了李筠的实力,也反映了他抢占战略要地的指导思想。

泽州,乃是河朔咽喉之地,十分重要。往北,可直抵太原,进而可攻取河朔;往南,出太行则抵孟、怀,进逼京城。赵匡胤对此十分清楚,他给石守信、高怀德下的命令是:"勿纵筠下太行,急引兵扼其隘。"也就是说,宋军必须把李筠部队控制在泽州一带予以歼灭,否则,后果不堪设想。

四月十九日,石守信、高怀德率领前锋先期出发。石守信遵赵匡胤之命,自孟津渡过黄河,经怀州疾驰,抢先将要地天井关控制了。李筠率兵三万屯于泽州之南。五月五日,在长平驿与石守信部宋军相遇。两军第一次交锋,宋军大胜。

五月十九日,赵匡胤率军亲征,留赵光义等人坐镇开封。二十一日率军从开封出发,二十四日抵达荥阳。

西京留守向拱(原名向训)迎谒至汜水。向拱劝说宋太祖不要停留,应迅速进攻。宋太祖的近臣、枢密直学士赵普也持相同意见,宋太祖采纳了他们的建议,在荥阳没有迟滞,率大军直上太行。

太行山区山路险峻,影响了宋太祖的前进速度。为了及早进入作战地域，宋太祖屈帝王之尊，亲自带头以战马驮石开路，群臣和六军将士备受鼓舞，人人踊跃，个个争先，当天便把乱石嵯峨的山路平整为大道，顺利与石守信、高怀德的前军于泽州城南会合。

五月二十九日，宋军与李筠叛军的决战开始了。双方摆开阵势，擂鼓进击。经过十分激烈的交战，宋军破李筠三万余众，降者三千余。北汉派到李筠军中的监军卢赞被杀，北汉前军将领河阳节度使范守图在支援李筠的途中被擒，李筠带领余众，退守泽州。他下令将城门紧闭，运集木石，并将余部分成数队，准备据城坚守。宋军追至城下，安营扎寨，等待着破城的机会。六月一日，宋太祖至泽州城下督军，指挥三军将士对泽州叛军发动了猛烈的攻击。

这时，奉命进攻北汉西北境，进而牵制北汉军的永安节度使折德康，已破北汉之沙石寨。北汉主刘钧见卢赞、范守图的前军大败，后边又有折德康的牵制骚扰，于是不敢轻举妄动，从太平驿退还。

泽州城虽然很小，可城防设施却很坚固，加之李筠的拼死防守，使宋军攻城受阻，连续围攻了十多天都没有攻克。这时，李筠的部下王全德来降，形势才有了好转。王全德是吐浑府留后汾州团练使，他在泽州城南战败后即逃入潞州，准备和留守在潞州的李守节固守此城。当他知道是宋太祖亲自率大军前来围攻泽州后，十分恐慌，于是率部来降。这样，便使李筠叛军愈益孤立，军心也大受震动，拼死的防守慢慢松懈下来。

宋军的攻城却在继续着，而且攻势逐渐加大。赵匡胤恨其久攻不下，又担心这么多的部队久在泽州将会面临着诸多困难，所以决计全力破城。六月十三日，赵匡胤召集众将商议攻城之计，控鹤左厢都指挥使马全义请求并力急攻，以为迟缓恐生变故。马全义的话正合赵匡胤之意，他高兴地说："此吾心也！"赶快率兵击之。

马全义是军中有名的勇将，后汉时在李守贞帐下。及至李守贞叛乱，周太祖郭威征讨，马全义屡次率敢死队夜袭郭威营垒，多有杀伤。城陷后，马全义隐姓埋名，逃匿山间。后被郭威召见，授殿前指挥使。周世宗时，曾随驾战高平，征淮南，战功赫赫，迁殿前都指挥使，周恭帝时为铁骑左第二军都校，领播州刺史职。

宋太祖素闻马全义忠勇，便让他组织敢死队攻城。马全义带领数十名敢死士攀援城堞向上，突破李筠的坚固防守。登城战斗中，马全义的胳膊被流矢射中，血流不止，遍身殷红，可他依旧冲锋陷阵。宋太祖则亲率卫兵紧跟其后，泽州城最终被攻破。李筠急得如热锅上的蚂蚁，不知如何是好。侍妾刘氏劝李筠投降。李筠哭丧着脸说："降是死，不降也是死啊！"横竖都是死路一条，投降宋朝又能怎样？李筠把自己关在屋里，点火自焚而亡。

北汉刘钧听闻赵匡胤御驾亲征，潞州被宋军攻克，李筠举火自焚，早已吓破了胆，连夜拔寨起兵，逃回北汉去了。

第二天，赵匡胤乘胜进攻潞州，李守节见大势已去，举城投降。李筠叛乱，至此平定，前后不过六十四天。在宋军攻取潞州之时，李守节就献城投降。太祖本不想开战，确实是李筠所逼，和平归附最好不过，虽然李筠与朝廷作对，但对其后人另当别论。而且李守节确是诚心归降，又是一个难得之才，鉴于拉拢和用人两个目的，太祖赦免了李守节的罪，并命他为舜州团练使。李守节心中感激，便逐渐忘却父亲被逼死之事，安心做赵宋朝的臣子。

# 分而治之，重进自焚

　　赵匡胤讨伐李筠，打响了保卫"胜利果实"的第一仗。从开始讨伐到结束，用了两个月的时间。太祖御驾亲征，让李筠节节败退。这种气魄和气势，也震撼了其他节度使。虽然平了李筠，但还是有很多实力强大的藩镇，宋朝内部的统一道路还很艰难。不过，太祖已经下定了"致太平"的决心，就一定要扫清所有阻碍统一的势力。

　　除了李筠之外，淮南节度使李重进也是后周残余势力的代表。李重进是周太祖郭威的外甥，不仅年龄比柴荣要大几岁，而且早就手握重兵，战功卓著，有自己的班底和显赫的威望。此人心高气傲，绝不愿屈居人下。郭威临死前，要立柴荣为皇储。他知道李重进肯定不服气，便特意在正式场合当着朝臣的面，命令李重进向柴荣下跪朝拜，以确立柴荣的继承人身份。

　　李重进心里很不受用，他认为，无论从功劳上还是从亲疏关系上，自己都不输给柴荣。君臣有定分，郭威既然这么定了，他也无可奈何。

　　周世宗时期，李重进战高平、征淮南屡立战功，但他却没有居功自傲，对柴荣十分忠诚。柴荣对李重进是颇为信赖的，任命他为侍卫亲军马步军都指挥使。周恭帝柴宗训即位，李重进加检校太尉，改淮南道节度使，出守扬州，但仍任侍卫亲军马步军都指挥使。

　　赵匡胤早就对李重进有了防范，登上皇帝的宝座后，他首先解除了李重进对禁军的指挥权，委任韩令坤取而代之，给他加封了一个中书令的虚衔。

李重进为探知新天子对自己的真实态度，接受新王朝的任命之后，便立即派人向赵匡胤致意，请求以节镇身份入京朝见，祝贺太祖登基，感谢皇帝恩封。

当然，赵匡胤肯定不愿意看到这个怀有敌意的危险分子来到京师，便婉言拒绝了。当然，复信的措辞，出自名家手笔，其理由也非常正当。李重进从婉约的辞令中，看到自己终将不会被容于新王朝。于是在扬州筑城浚壕，招兵买马，增强实力，伺机反抗。

正当李重进准备反抗赵匡胤之时，李筠在潞州举起了反叛的大旗。李重进听到这个消息，心里乐开了花。他立即派亲吏翟守珣前往潞州与李筠联系。

平日里，李重进十分看重翟守珣，一直引为知己，所以将此重要使命托付于他。可李重进做梦也没想到，翟守珣自赵氏代周后便因形势所迫，见风使舵。如今，他已是身在曹营心在汉，虽口头上接受了李重进的重托，但心里却早已拿定主意。在他从潞州归来时没有直接去回禀李重进，而是前往开封，奔赴他向往中的光明之处。

翟守珣和枢密承旨李处耘非常熟悉，过去有过交往，这日，翟守珣秘密来到李处耘家中，对他说："我有事欲奏圣上，兄能为引见否？"李处耘见其神色诡秘，又听说是刚从潞州归来，心中已猜得八九不离十。他微微一笑道："既有要事，在下岂敢耽搁？且请稍候，我即速进宫禀报圣上！"

翟守珣过去认识宋太祖，当初周世宗北征时，周世宗不用李重进统兵而用赵匡胤，翟守珣这个谙熟官场政治的政客已经对赵匡胤产生了一种莫名的敬畏之意，心里明白周世宗此举显然是为了制约李重进，赵

谋占九鼎

宋朝开国奇谋

匡胤前途不可限量。今天，翟守珣见到宋太祖，尽其所知，将李重进谋反的经过和盘托出，并把他怎样携密信去潞州，二李如何准备南北策应的事说了一遍。此时赵匡胤同李筠交战十分激烈，在获得这一消息后，害怕自己受到南北夹攻，两线一齐作战。于是决定对李重进施以缓兵之计，先稳定南方，待集中力量除掉李筠后，再收拾李重进。

赵匡胤厚赐翟守珣，许以官爵，让他回到扬州后，想尽一切办法劝说李重进"稍缓其谋"。得到赏赐和即将得到爵位的许诺大大地鼓励了翟守珣，他果然没有辜负赵匡胤的厚望，返回淮南后，一方面假意劝说李重进要"养威持重"，多作准备，另一方面，又力劝不可轻易采取行动，免得仓促行动而失败。

李重进就这样被一介小臣所左右，白白丧失了宝贵的机会，进而丧失了战争的主动权。潞州方面，李筠出师受阻，连续失败，大志难伸已成定局。面对这种形势，李重进深悔自己动手已晚，又埋怨李筠疏于筹划，用兵不慎，同时他又很庆幸，庆幸尚未与李筠结成联盟。

七月，宋太祖攻灭李筠后，即自潞州归京城，开始着手处理扬州之事。宋太祖先颁布命令徙李重进为平卢节度使，移镇青州。正当李重进一筹莫展的时候，忽有侍者来报："朝廷派人来了！"

来者是六宅使陈思诲，此人是横海军节度使加检校太傅陈思让之弟，他们的父亲陈审确在后唐至后晋期间曾当过八个州的刺史，而陈思让则任职方镇多年。

陈思诲此次来扬州负有十分重要的使命。他带来了皇帝赐给李重进的铁券，券上丹书由本朝著名文士、翰林学士加中书舍人李昉书写。这券文当然是十分优美的，所云如同海枯石烂而永不变心的盟誓，又像是子孙后代都将兑现的许诺。但李重进却对此满腹疑虑，他不相信这铁券丹书是真的，难道皇帝会把他当近臣对待，推功免罪，并恩及子孙？

陈思诲见李重进疑虑重重，就对他说，新朝始建，百业待兴，当今皇帝力行安定为本之国策，对前朝旧臣全都录用。如此宽广的胸怀，发兵潞州，征讨叛逆，实属迫不得已。陈思诲劝李重进勿存狐疑，忠心侍奉新主，共建大宋。

李重进动心了。他决定打点行装，随陈思诲入朝，向皇帝表达顺从之意。但是，就在李重进即将成行的时候，事情又发生突变。这一天，一群部下亲吏蜂拥而入帐内，异口同声说，皇帝所赐铁券，仅仅是安慰人心的表面文章，根本不能兑现，万不可轻易相信。还有的说，这是圈套和陷阱，贸然进京只能自食其果，且给部下亲吏带来灭顶之灾。

李重进被你一言我一语的劝阻搅得心乱如麻，他摆手让大家退下，说："诸位好意，我已知之，请容我再想想！"这天晚上，李重进整夜都没有合眼。他和几个最亲近的部下绞尽脑汁商议对策，直至东方破晓。最后的决定是：拘捕陈思诲，固城防，缮甲兵，遣人求援于南唐，与宋朝分庭抗礼，拼个你死我活。李重进还和亲信们同饮血酒盟誓，表示齐心协力，同生共死。赵匡胤心里很清楚李重进"终无归顺之志"，然而表面上仍派陈思诲做特使，赐给李重进铁券。这一套欺世盗名的做法，无非是要让天下人尤其是后周旧臣知道："我对周室旧臣无所猜疑，重进不体谅我这番苦心，心怀反侧，自寻死路，那就怪不得我赵某心狠手辣了。"

果然，李重进不愿离开扬州，将朝廷派来的特使拘禁，并派人到近邻南唐搬请援兵。此时南唐国势日衰，自顾不暇，不仅拒绝了李重进的要求，还劝说李重进勿反。但李重进反意已定，听不进劝告，决意举兵反宋。

此时，李筠已败，南唐不助，看来李重进只能孤军奋战了。不过，李重进来到扬州的时间并不很长，根基未稳，所统辖的淮南，正是当年被他征服的南唐臣民，自然也不会跟着他冒被抄家灭族的风险。尚未起兵，李重进的军中就已是四分五裂。在扬州监军的安友规，看到李重进反意已决，便同几个亲信逃出扬州。李重进大怒，很快逮捕了几十个平日对他不服气的军校。这些人愤愤不平，大声抗议。李重进听不进去，一气之下将他们全都杀掉。这样，李重进不仅外无盟友，内部也是不得人心，众叛亲离，成为一个孤家寡人。

宋建隆元年（960年）九月二十二日，朝廷得知李重进反叛的消息，赵匡胤立即部署征讨事宜，命令侍卫马步军副都指挥使石守信为扬州行营都部署、兼知扬州行府事，殿前都指挥使王审琦为副都部署，宣徽北院使李处耘为都监，率领禁军南下扬州。扬州地区，地势开阔，除淮河外，没有能够坚守的屏障。李重进的失败只是迟早的事，但赵匡胤决定速战速决，以避免叛乱的扩大和蔓延。于是，赵匡胤又一次亲征。

在决定发兵扬州的时候，赵匡胤首先问计于谋臣赵普。这几个月来，赵匡胤对赵普已经有了更进一步的了解。在过去的印象中，赵普富于智慧而不知兵事，但通过征泽潞之役，赵匡胤对赵普的看法完全改变了。倍道兼行，攻其不备，各个击破的计谋是赵普提出的，及至赵匡胤御驾亲征，赵普请随行，赵匡胤曾笑他未必能胜甲胄，然而师还论功，赵匡胤却佩服地说："普宜在优等。"遂迁兵部侍郎，充枢密使。

十月二十一日，赵匡胤下诏亲征。以皇弟赵光义为大内都点检，吴廷祚为东京留守。自将李筠平灭后，开封为东京，洛阳为西京。东京城有他们镇守，赵匡胤非常放心。

十月二十四日，赵匡胤的大军从东京开封出发。百官六军分乘多艘战船沿汴河东下，千帆竞进，浩浩荡荡。经过十多天水路行进，至十一月八日，到达汴河入淮处泗州。然后，舍舟登陆，赵匡胤命诸将鼓行而进，向东南直奔扬州。

大兵压境的扬州城陷入一片恐慌之中。李重进没有料到宋军会来得这么快，也没有想到扬州城形势会是如此的危急。他本想先发制人，却因其决断缓慢而行动迟缓，李重进尝到了优柔寡断的苦果。

扬州即将被攻破之际，左右臣僚建议将陈思诲杀掉，李重进此时已万念俱灰："我今天全族都要赴火而死，杀他又有什么用！"说完，就自焚而死。不过，陈思诲最终还是被李重进的部下所害。

进城之后，赵匡胤大开杀戒，李重进的同谋者数百人被杀。兄长李重兴，当初听说弟弟违抗诏命时就自杀了。弟弟李重赞和儿子李延福，被拉至街上斩首示众。除恶务尽，对于足以引起祸患的乱臣贼子，赵匡胤毫不留情，予以坚决镇压。自然，赵匡胤也说话算数，为平定李重进之乱立下汗马功劳的翟守珣，被补为殿直，不久又升为朝廷的供奉官。

二李反叛的相继平定，对于刚刚建立的赵宋政权有非常重要的意义，它等于是杀鸡骇猴，明明白白地告诉那些手握兵权而又对宋持怀疑观望态度的节度使们，必须老老实实地接受赵宋王朝的统治，服从赵宋王朝的命令，除此之外别无选择。赵匡胤借此敲山震虎，最终实现了稳定政权的目的。

其实，若李重进和李筠同时起兵，且不论结局如何，势必会让赵匡胤无暇两顾。但赵匡胤抓住机会，利用翟守珣进行离间，有效避免了这种局面的出现。李重进之乱其实并未造成任何影响，严格来说是被赵匡胤遏制在萌芽期。将这两大军事巨头都消灭了之后，那些后周遗臣蠢蠢欲动的反心终于安分了，不敢再兴起任何风浪，因为他们已经见识到宋军的力量，认识到还是做一个顺民比较安稳。

宋太祖赵匡胤就这样通过又打又拉的两手策略，在他即位的头一两年内，将后周旧臣一一分化瓦解，使他们成为了大宋王朝的顺从臣民。此后，赵匡胤又采取了一些军政措施，最终把过去节度使掌管的兵权、政权、财权收归中央，加强了中央集权。至此，宋政权已稳如磐石，难以轻易动摇了。

第七章　恩威并施，慑服众臣

# 第八章
## 加强集权，崇文尊儒

　　赵匡胤统治时期，吸取唐朝宦官专权、藩镇割据导致灭亡的教训，削夺了武官的权力，从而重文轻武，加强中央集权，使宋朝没有宦官专权、藩镇割据的问题。宋太祖大力兴办儒学，增加科举取录的名额。与历史上其他著名的王朝相比，宋太祖所创建的宋朝以其鲜明的文人政治特色而登上中国文治盛世的顶峰，可谓中国君主专制史上最开明的一个王朝。尽管其长期积贫积弱，但在民间却享有盛誉，并对后世历代产生了深远影响。

# 杯酒释兵，加强集权

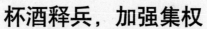

宋太祖赵匡胤在心腹诸将的协助之下坐上了皇帝的宝座，深刻认识到五代以来乱世形成的原因正是由于武将专权。他身为军人，经过长期的南征北战，也深知皇帝掌握军权和军队的重要性。长时期的军旅生活，让他的性格里养成了一种政治上的残酷和冰冷。从一个流浪儿到小校，到高级军官，再到坐上皇帝宝座，经历五代之乱的他深深明白，谁拥有强大的兵力，谁就可以实现野心。他借鉴于郭威称帝，凭借武将的威势和统兵将领的身份自导自演了一场拥兵自立、黄袍加身的好戏。他不敢保证，他的武将将来不会做出同样之事。因此，他一上台，就着重对军队进行整顿，力求把军权牢牢地控制在自己手中。

建隆二年（961年）七月，宋太祖赵匡胤用"杯酒释兵权"的手段，巧妙地解除了石守信等元老重臣的军权，从而大大加强了中央集权。

唐安史之乱以来，节度使的势力日益增强。他们拥兵自重，割据大片土地，还拥有当地的民政权和财赋权，形同土皇帝。唐朝末年，军阀朱全忠废去唐帝，自任皇帝。延续到五代十国，时常发生大臣夺权篡政的事，政权更迭像走马灯一样。宋朝建立之后，如何避免这种局面的出现，成为朝廷考虑的首要问题。

一天，赵匡胤与赵普谈论天下事，赵匡胤问道："唐末以来，皇帝更迭频繁，连年争战，百姓苦不堪言，我应该采取什么措施来杜绝这类事件的发生呢？"赵普回答说："天下之所以战争不断，就是因为节镇权力太大，只要稍夺其权，天下自然就会安定了。"从此赵匡胤下定了削夺节镇兵权的决心。

赵匡胤初即帝位时，除了四方节镇各掌本镇兵权之外，执掌禁军兵权的，在内是石守信、王审琦等人，他们都是赵匡胤的心腹，都是发动陈桥兵变，助他成就帝业的功臣。在外的还有两个，一个是殿前司副都点检、镇宁军节度使慕容延钊，另一个是镇安节度使、侍卫马步军都虞候韩令坤。赵匡胤为获得他们的支持，曾对他们进行了破格升迁，以韩令坤为侍卫马步军都指挥使、天平节度使、同平章事，慕容延钊为殿前都点检、昭化节度使、同中书门下二品。殿前都点检是禁军总统领，赵匡胤便是从这个职位篡夺皇权的，如今授予别人，心实不安。建隆二年（961年）闰三月，在平定维扬李重进的叛乱以后，便免除了二人在禁军的全部职务。改任慕容延钊为山南东道节度使，韩令坤为成德军节度使。而且，将殿前都点检一职，控于己手。当赵普告诉他"节镇权力太重"，应该"稍夺其权"的时候，他已经走完了削夺节镇兵权的第一步。

石守信等人都是赵匡胤的亲信，是他们把赵匡胤扶上皇帝宝座的，照理应该信任他们。但赵普曾屡次建议削去石守信等人的兵权，起初赵匡胤也不能理解，说："这些人不会背叛我的，你为什么对他们不放心呢？"赵普道："他们不是将才，不会驾驭部下，一旦部下作乱，他们会身不由己。"赵匡胤恍然大悟，决定首先收回禁军兵权。

七月某日，晚朝后，赵匡胤特地留下石守信等人宴饮。酒过三巡，赵匡胤忽然长叹，闷闷不乐。石守信等人问他何故，赵匡胤屏退左右，说道："若不是你等全力扶持，我如今也难得做皇帝，我一辈子也忘不了你们的好处。可是，做皇帝也不是件容易事，我常常寝食难安。比较起来，还是做节度使更快乐些。"石守信等人不解道："如今天下太平，皇帝为何这等忧心？"赵匡胤道："其实我所忧者你们也不难理解，你们想，做皇帝在众人眼中是何等风光，这个宝座有多少人日夜想夺取它。稍有不慎，不但皇权丢失，只怕身家性命都不可保，叫我如何不忧？"石守信等人听了，吓得目瞪口呆，齐跪倒在地，连声说道："陛下为何要这样想，如今天命已定，天下皆知，天命既定，没有人再敢违天命造反的。"

赵匡胤即位以后，自己称帝说是天命的安排，其实还不是欺负恭帝孤儿寡母，用武力得来的。陈桥兵变后，赵匡胤出行，遭人伏击，跟随的仆人被箭射伤，左右大惊，要他回辕，赵匡胤却大笑说道："让他射吧，天子有天命，他射不着我，如果他也有天命，就让他做天子好了。"为了了解下情，他常常微服私访。大臣劝告他，这样做太危险了。他说："帝王的兴起，自有天命，不能强求，不能拒绝。周世宗时，有方面大耳的将官都被他杀掉，防范可以说是严密。我整天在他身边，他还不是毫无办法？所以天命规定他应该做皇帝，谁也奈何不了他，如果没有做皇帝的天命，即使天天躲在家里，照样会被杀头。"又常说："谁都可以任意来坐这皇帝的位子，只要有天命，我绝不禁止。"但其实他也害怕皇帝的位子被别人抢去。

赵匡胤听了群臣的话后，继续道："我知道你们各位当然没有异心了。但是，如果你们手下的将领有人贪图富贵，你们怎么办？一旦他们把黄袍披到你身上，拥立你们为帝，你们虽然不想当皇帝，又能有什么办法？"这明明是将以前石守信等人做过的事来挤对他们。事实上，石守信等人以前虽曾做过逼赵匡胤黄袍加身的事，但赵匡胤南征北战多年，是何等的精明，自己若不愿意夺取皇位，有谁敢在军中胡来？石守信等人闹到中帐中，他始终"沉醉"不醒，只是当时没有人揭穿他的诡计，他不但不感激，倒反咬一口，自己登上皇位，却将造反的帽子加在别人的头上。不过石守信等人此时已无法分辩。假若不说是他们所做，"推戴"的功劳不是全付之东流了？本来可以回答说："若不是你有天命，我们又如何能把黄袍加在你身上？"一句话便可以搪塞过去。但石守信等做大臣已久，也明白此事争辩也是没用的。皇帝今日既绝口不提天命，必有"深意"，于是一边磕头，一边哭道："我们都太愚蠢了，没有想到这些。陛下就可怜我们，给指出一条活路吧！"

赵匡胤等的就是这句话，于是直截了当地说："人生在世，如白驹过隙，稍纵即逝。忙忙碌碌，不过是为'富贵'二字。何谓富贵？还不是要多积聚金帛财物，以使终生享受不尽，而且使后世子孙永不贫乏。既然这样，你们不如解除兵权，选择一个繁华富庶的地方，出守边镇。在那里可以多多置买土地园宅，为子孙后代建立殷实的家业，再多买上些歌妓舞女，寻欢作乐，安享晚年，难道不是美事一桩？我今天跟诸位约定：世代与你们的子孙通婚。我从此也不用担心你们会黄袍加身，你们也可以完全信赖我，咱们君臣之间两无猜忌，上下相安，该有多好！"石守信等人追随赵匡胤都很长时间了，深深了解他的脾气和性格。他既如此说，那是无法挽回的了。因此一齐拜谢道："陛下为臣等想得这般周到，真是生死之交，骨肉之亲啊！"第二天，这几员大将宣称因身体有病，不能胜任繁重的军务，请求解除在朝廷的军权。七月三日，以侍卫都指挥使、归德军节度使石守信为天平节度使（治宋州，今河南商丘）；殿前都指挥使、义成军节度使王审琦为忠正节度使（治所为东平府，今山东东平），殿前副都点检、忠武节度使高怀德为归德节度使（治所寿春，今安徽寿县）；侍卫都虞候、镇安节度使张令铎为镇宁节度使（治澶渊郡，今河南濮阳）。让他们都离开都城，仅保留节度名号，但削去其禁军的职务，到镇就任，还给他们许多赏赐。只有石守信还兼有侍卫都指挥使的职务，但兵权已不在他手里。从此，连殿前副点检的职务也不再设置了。

乾德元年（963年）二月，赵匡胤想让符彦卿掌管禁军，赵普执意不同意，理由是符彦卿名位已高，不能再掌兵权。但没有得到赵匡胤的赞同，他把批准符彦卿统领禁军的文件"宣"，强发了下去。赵普将这份"宣"揣在怀中去见赵匡胤。赵匡胤已猜出其来意，说："若还是为符彦卿的事，就别来见我！"赵普道："有其他事情。"等到把"别事"启奏完毕，赵普又拿出了那件"宣"书。赵匡胤道："果然还是为了此事。你难道敢违抗朕命吗？"赵普不慌不忙说道："陛下既命臣处理政事，我有理由和陛下说个清楚。唯愿陛下衡量清楚此事的利害，以免以后后悔不及。"赵匡胤很自信地说道："究竟是因为什么使你如此怀疑符彦卿？我对他这么好，他一定不会辜负我！"赵普见已无转圜的余地，便不再拐弯抹角，直截了当地说道："你确信符彦卿不会辜负你，当初周世宗不是也确信你不会辜负他？结果如何呢？世上的许多事是无法预料的，为防止遇到措手不及的打击，应该现在提早预防。"这席话说得赵匡胤哑口无言，只得作罢。

之后，宋太祖为了履行与功臣们互结婚姻的诺言，将自己的两个女儿分别许配给石守信和王审琦的儿子，又让其弟赵光美做了张令铎的快婿。被解除兵权的众兄弟，既感激皇上让他们长保富贵，以终天年，又敬皇上言而有信，一诺千金，何况还与皇上做了亲家，虽然没有实权，但心里并无怨言。

因此，在宋太祖收缴兵权的过程中，没有一员大将死于非命，没有一员大将丢官罢职，没有一员大将对皇帝心存芥蒂，确实是一次和平的、完美的收兵权行动。

此次收兵权，是宋太祖第一次对自己生死与共的兄弟摆起皇帝架子。做皇帝，比做普通人难，心存妇人之仁，就可能会葬送掉辛辛苦苦打来的江山。宋太祖是仁厚的，他心中感谢每一个帮助过他的人，但他不能因为感谢他们而忘记了自己作为皇帝的使命。普天之下，不知道有多少人惦记皇帝这个位子。痴心妄想毫无实力的人不用说，就当是做白日梦。但是，很多有谋略、有实力的人，巴不得自己强皇帝弱，好制造夺权的机会。防患于未然，预防才是最明智的做法。

针对赵匡胤"杯酒释兵权"之事，历来众说纷纭，而赞赏者居多。皆因中国古代社会之中"家天下"的统治形式，导致皇帝将天下作为自己的私产，因此对于所有具备威胁条件的人都不会手下留情，兔死狗烹、鸟尽弓藏，对曾经协助过自己的功臣们斩尽杀绝是惯用手法。古来不杀功臣的也不过两三君，赵匡胤就算一位，因此他的这种做法赢得了很多赞誉。

从赵匡胤释武将兵权开始，宋王朝便确立了一个重要的指导思想，对于武将的任命慎之又慎，在军中担任重要职务的，要不然是文官，要不然便是根基不深的年轻将领。但不管是文或是武，都是国之大器，要想让一个国家得到长治久安就必须要二者相辅相成，它们之间的关系是不可分割的。终大宋一朝，军事上一直都相对孱弱，自始至终都被周边辽、金、蒙古等少数民族政权所威胁。整个赵宋基业虽然三百多年来都屹立不倒，但同时也飘摇不定，摇摇欲坠，给后世留下了积贫积弱的印象。

# 削弱藩镇，消除隐患

在经历了"杯酒释兵权"的宋廷之上，赵匡胤终于看到了自己所

希望的局面：文官接任了武将的职权，负责禁军的统领、在军中有威信的将领们都主动隐退，让皇帝可以放心。这一局面的出现在一定程度上缓解了赵匡胤的焦虑，五代以来的皇权隐患似乎已经削除了一大部分，赵匡胤深信只要让文官和自己的亲信掌握着兵权，大宋的皇位就可以稳固了。

赵匡胤想加强中央集权，改变五代以来"君弱臣强"的局面，他虽然和平解除了同生共死过的开国功臣的兵权，但地方藩镇割据仍是让宋太祖头疼的一个问题。

建隆二年（961年）七月，宋太祖赵匡胤采纳赵普的建议，开始了削藩活动。

五代时，藩镇强横，地方势力强大，节度使的职位往往是父死子继，皇帝的诏令经常受到地方势力的抵制。朝廷如果要调动节度使，总是先派出军队防备，然后才能下诏书。宋初，沿袭五代的惯例，带有王爵和宰相称号的节度使有几十人之多。他们拥兵自重，形同土皇帝。赵匡胤采用赵普的计策，逐渐削夺节度使的权力，以消除节度使反叛的隐患。

赵匡胤在平定各割据政权和反叛节度使的时候，没收了他们所统领的州县，由朝廷直接管辖。建隆四年（963年）他下诏将各节度使驻扎州以外所兼领的支郡都收归朝廷直属，皇帝直接任命州官，州官直接向皇帝奏事，不再受节度使的管辖。各州设知州管理行政事务，另设通判为其助手，两者地位平等，州的文书必须有知州和通判连署，才能生效，以达到二官互相牵制的效果。

而这些州官全部都由文人充当，对节度使有很大的牵制作用。譬如天雄军节度使符彦卿长期在大名（今河北大名）任职，其亲吏刘思遇贪污不法，用大斗收取百姓租税，百姓苦不堪言。

赵匡胤派一个文官去大名担任常参官，管理收租税的事，从此当地的斗量才公平了。

本来，各节度使总是截留地方赋税的大部分，只将极少的部分上供朝廷。管理场院关市的人也都是节度使的心腹，收入全部归节度使。为了剥夺节度使的财权，赵匡胤再次听从赵普的意见，于乾德三年（965年）三月下诏，要求各州的赋税收入，除留下必要的开支外，其余全部调送到汴京，各地的场院关市，由朝廷委派文臣管理。又在州以上行政区域设置了转运使，掌管财政税收及水陆转运事务，转运使一般都是京官。所有地方官员，包括节度使、防御团练使、观察使、州刺史等，都无权干预钱粮之事，如此一来，节度使聚敛的源流被切断，国家的财政收入也得以增加。

五代时，地方的司法权也被各地节度使控制。节度使任用将校担任马步都虞候和判官，兼管刑法狱讼，称马步院，朝廷不能干预，赵匡胤说：“五代藩镇跋扈，无视法纪，甚至随意杀人，草菅人命，朝廷也不加处理。人命关天，对节度使也不能姑息。”为此，他颁布诏书，各州凡是审理的杀头案件，一律将案卷抄送刑部，由刑部审查批复，以此来杜绝地方官吏随意杀人。开宝六年（973年）七月，赵匡胤下诏罢免所有由地方任命的马步都虞候和判官，改马步院为司寇院，担任司寇参军的是新及第的进士、九经、五经等文官，由他们掌管各州的刑法。

赵匡胤一方面解除节度使对禁军的控制权，另一方面又让文臣任武职，削减节度使的数量。最先是以左补阙辛仲甫担任西川兵马都监。赵匡胤对赵普说：“五代时，方镇暴虐残酷，百姓苦不堪言。我要任用干练的文臣，去治理那些大节度使的藩镇。这些人即使贪污，祸害也会远远低于武将。”于是，赵匡胤抓住一切机会，用文臣代替武将。例如，当节度使病死时，不许其子孙袭职；让文官继任调任武官以及年老武官退休后的职位。开宝二年（969年），凤翔节度使王彦超以及其他节度使到京城朝见，赵匡胤设宴招待他们。酒足饭饱后，赵匡胤假装说："各位都是国家的旧臣元勋，长期在各重要兵镇任职，日理万机，事务繁重，不能体现我体恤贤能的思想。"王彦超知道皇帝的言中之意，跪奏道："为臣没有什么功劳，却长期得到这么多的荣誉和宠信。现在年事已高，身体也大不如前，请皇上准我回家安享晚年！"同在宴席上的安远节度使武行德、定国节度使白重赟、保大节度使杨延璋等人不满王彦超的做法，各自列举出自己赫赫战功以及镇守边防的辛苦。赵匡胤不为所动，只是冷冷地说："这些事已经成了过去，说了又有何用！"于是，在第二天下诏罢免了王彦超、武行德等人的节度使之职，给他们每人一个奉朝请的虚衔。以后，凡节度使去世，就不再任命新的节度使，所以节度使数量减少，权力下降。

经过一系列努力，赵匡胤如愿以偿地限制和削弱了节度使的权力，由朝廷直接控制了州县官的任免，将地方的行政权、财政权和司法权全部收归朝廷，极大地加强了中央集权。更重要的是赵匡胤从根本上解决了唐末五代以来的军阀割据混战的问题，使社会安定下来，社会经济也开始蓬勃发展起来。

削夺兵权的决定是赵匡胤通过吸取五代以来藩镇之乱的教训而形成的，这一举措有效地巩固了帝位，通过和平手段夺权再一次体现出赵匡胤非凡的政治才能，不仅善于驭人，更善于谈判，让双方可以达成双赢的结果，保证安定。但过分削夺武将兵权、让文官担任武职的做法也存在一定的弊病，文人统军导致军事不振，积弱局面从此开始逐渐形成。自赵匡胤之后，武将纷纷以保身全名为大幸，因此宋代没出现几个名将。不过从长期来看，削夺兵权的一系列措施还是有效地保证了宋的稳定统治，结束了动荡的局面，依然有其积极意义。

# 崇文尊儒，以文治国

　　赵匡胤在通过各种手段实现了对地方权力的削减和对军队的控制之后，宋王朝的根基逐渐变得稳定起来。通过征伐而取得功勋的将领们，如慕容延钊、石守信、赵彦徽等人，都不再手握大权，赵匡胤对这些人也不再加以重用，反而大量开始提拔文臣。用文臣来治理国家，提倡儒家思想，在各地建立儒馆，修复孔庙，以鼓励教化。

　　赵普以半部《论语》来帮助赵匡胤治理天下，深知教化对于人的重要性，通过宣扬儒家思想，倡导诵读儒家著作，让百姓归心，更利于统治。他曾经对赵匡胤说："乱世用武，治世用文，以前的文臣只是被当做摆设一样，并未能起到真正的作用，但要保证国家的长治久安，就必须要有文臣为官，才能倡导社会风气向好的方向发展，保证百姓都信奉忠诚。"

　　其实赵匡胤在建宋之初就很重视以文治国，他自身虽是武将出身，但很重视读书。但凭借武力起家的五代统治者，却很轻视文化和文人。当初，赵匡胤在军中手不释卷，周世宗就问他："作为武将，你应该致力于整治军备，训练士卒，读书有什么用？"后汉大将史弘肇也说："削平叛乱，安定朝廷，要的是长枪大剑，而不是毛笔。"他最讨厌文人，说："文人太难相处，竟然把我看成个大兵。"他崇尚暴力治国，无论罪行大小，抓住全都杀头。"

从防止出现割据，巩固统治的国策出发，赵匡胤建宋后，一反五代时重武轻文的陋习，重视文化，重用文人。即位以后不久，赵匡胤就聘请了饱学之士郭无为，到崇政殿给他讲授经书和史籍，并且把这件事作为一种制度定下来，后任皇帝都必须有专门的侍讲官，史称崇政殿说书。在读书的过程中，他颇受启发，读《尚书》中的《尧典》和《舜典》，他感慨地说："尧、舜对四凶的处理，只是把他们流放到边地了事，与之相比，现在的刑法太严酷了。"于是他授命制定新刑律——《宋刑统》，将自己的有关诏令编辑成《建隆编敕》，使刑罚在一定程度上有所减轻。他要求自己的亲属努力读书，说："帝王的子弟，要饱读经书，明白治乱兴衰的道理。"建隆三年（962年），他还向开国功臣们发出号召，说："武将应该读书，以便能了解更多好的方法来治理国家。"

赵匡胤大力提倡儒学教育，用儒家思想去兴国安邦，用儒家经书去培养治国人才。他曾下令增修最高学府国子监的房舍，重塑孔子、颜渊等先圣和哲人的像，并亲自撰写对孔子和颜渊的颂辞。建隆三年（962年）六月，国子监建成，他又任命左谏议大夫崔颂为判国子监事，聘请经师，招收生徒，并对国子监的学生予以褒奖。从此以后，社会风气慢慢起了变化，大臣与百姓都以读书为荣。

古代文人读书的动力就是做官，与此相应，赵匡胤为根除军阀割据这一毒瘤，实行的一项重大措施，则是重用文人，以文替武，削夺武官的许多权力。他从实践中深知治理国家需要大量的文人。建宋之初，百废待举，担任太仆令的翰林学士卢多逊为他制定规划了一系列的礼仪制度和有关仪仗，并把他的目的和"礼"所能起到的作用向皇帝进行了具体的解释，赵匡胤非常佩服，说："选宰相要用儒者。"建隆三年（962年），赵匡胤想更改年号，他吩咐宰相挑选从来没有出现过的年号，宰相挑选出"乾德"二字，于是"乾德"便成为新年号。乾德三年（965年）初，宋军平定后蜀。宋太祖阅宫人之镜，发现镜背面有"乾德四年铸"字样，于是召学士陶谷、窦仪问之。窦仪说："这一定是蜀国之物，蜀王衍曾用过此年号。"赵匡胤于是叹道："宰相还是要选读书人呀。"

为了壮大文官队伍，赵匡胤一方面要求各级官员向朝廷推荐人才。开宝三年（970年），有人讲酸枣（今河南延津西）处士王昭素学识渊博，品德高尚，赵匡胤便召他上殿，让他讲乾卦。讲到"九五飞龙在天"一句时，赵匡胤说："普通人怎样才能见到这种现象？"王昭素回答："这本书里的说法，只有圣人出现时才能符合其中的卦象。而陛下正合其卦象。"

赵匡胤对他的解释颇为满意，于是向他了解民情。王昭素详细陈述了民间疾苦，并旁征博引孔子、孟子的话劝谏皇帝。赵匡胤又向他讨教治世养身的办法，王昭素说："治世的关键是爱护民众，养身的秘方是寡欲。"赵匡胤觉得这句话非常深刻，便将它写在屏风上，并任命他为国子博士。

另一方面，赵匡胤非常重视科举制度，他主张用考试的办法，发现和选拔优秀人才。当时，取士分为三科：一是贤良方正，敢于进谏；二是经术优深，可为师法；三是详娴吏治，达于教化。科举面向社会，不论是内外职官，还是平民百姓，不分门第、乡里，都可以来应试。由专门的考官考论三道，再由皇帝亲自考核后决定是否录取。为了防止滥竽充数，赵匡胤要求很严，除了亲自主持殿试外，还限制进士数量，每科仅取八至十名。另外，他对于被录取者的具体情况也详加询问。乾德六年（968年）三月，权知贡举王祐录取了十名合格进士，其中包括翰林学士、南郊礼仪使陶谷的儿子陶邴。第二天，陶谷上朝谢恩。赵匡胤对左右的人说："我听说陶谷对其儿子管教并不严，陶邴怎么能考中进士？"于是下诏让中书省官员对其进行复试，结果仍然合格。于是，赵匡胤颁下诏书，指出："士人的选拔，并不是要去树立个人的恩惠。做大官的人，对自己应该严格要求，不应该徇私枉法，相互包庇。考试作为国家选拔人才的重要手段，不能有冒充者和私自滥予！从今以后，录取的进士，凡是大官的子弟，只有通过中书省的复试，合格以后才可以赐第。"荆湖川蜀诸割据政权平定以后，参加科举的人数增多，朝廷要求各县供给赶考经过该县的举人吃食。

许多举人多加考试不能及第，开宝三年（970年）三月，赵匡胤下诏礼部，查阅各州推举参加过十五次以上考试的举人名单，恩赐他们本科出身。这种以皇帝特恩的名义录取，也是赵匡胤网罗人才的一项新举措。开宝五年（972年），主持科举的翰林学士李昉作弊，把不合格的人员录取进来。赵匡胤殿试时，进士武济川、刘睿回答得非常混乱，赵匡胤当殿废除了他们的进士头衔。正好李昉凭关系人情进行取舍被人检举上诉，赵匡胤于是亲自召见落第者三百六十人，从中挑选了一百九十五人，由殿中侍御史李莹等人为考官，当殿对他们进行诗赋考试。从中录取进士二十六人，开元礼七人，五经四人，三礼三十八人，三史三人，三传二十六人，明法五人，学究十八人，全部赐给及第，并设宴招待。李昉因此受到处罚。赵匡胤高兴地说："过去许多有钱有势的人家垄断了科举，现在我革除了这一弊病。"

通过科举等各种途径，许多有学问的人才被朝廷录用，充实到从中央到州县的各级政权机构，庞大的封建官僚体制由此而建立起来，使政权得到了巩固。

科举制度的复兴一方面是为了提倡教化，让百姓推崇儒学；另一方面也是为了统治需要，大量提拔文臣。这一措施让宋代在文化方面获得了长足的发展，其诗词歌赋以及经义研究都达到了顶峰，涌现了大量学者、诗人，学术成就硕果累累。赵匡胤的继任者将这一政策持续贯彻，两宋的军事实力虽不能快速提升，但在文化领域取得的成就足以傲视历代。

赵匡胤建立的以皇帝为中心的中央集权政治制度，成功地解决了绵延百年的藩镇割据问题，使政权得到巩固。这有利于社会的安定和经济的发展。但是，其防止军阀形成的军事体制，将不知兵，后不识将，使军队的战斗力受到严重的削弱。官僚机构庞大而互相牵制，办事效率低下。所以，之后宋朝国力渐弱，在对外战争中被动挨打，内部阶级矛盾激化，阶级斗争时有发生。

另外，赵匡胤在进行一系列内政改革的同时，也开始了统一全国的行动。

第八章　加强集权，崇文尊儒

# 第九章
## 南征北战，平定天下

　　自古以来，凡是有一点野心的帝王，便会希图可以吞并天下，成为华夏大地之上唯一的主人。只有那些不思进取之辈，才愿意和别人平分天下。诚然，光有这样的野心还不够，还要有能力、有实力。因此，当赵匡胤储备足以一统天下的能量时，他开始"动手"起来：南下荆州、征讨后蜀、征讨北汉、出兵南汉、灭掉南唐……

# 南下荆州，平定荆湖

宋太祖赵匡胤在夺得皇位、巩固统治之后的下一个目标便是统一全国了。

北宋建立之初，天下四分五裂。北方有契丹族所建的辽和辽支持的北汉政权；西北部为党项族所控制；南方则遍布着后蜀、荆南、南唐、南汉、吴越、福建陈洪进与湖南周行逢政权。宋太祖面对此种局势，在广泛征集大臣意见后，定下了"先南后北"、"先易后难"的统一策略。

宋建隆四年（963年），赵匡胤开始了统一全国的战争。

在北方的是契丹族所建立的辽，控制了燕云十六州和长城以北广大地区，早有入主中原之雄心，是宋王朝的劲敌。

在西北，党项族正在崛起，威胁中原王朝的端倪也显露出来。夹在两者之间的北汉政权，以太原为中心，占据河北、山西、陕西部分地区，长期以来，有契丹辽国的撑腰，与以前的后周和现在的宋王朝公开敌对。

在西南，后蜀政权占据了四川全境，一度把势力范围扩展到汉中盆地和甘肃东南，自后唐以来，一直与中原王朝敌对。

江淮以南的吴越政权以杭州为中心，控制了浙江和苏南的太湖流域；而南唐政权控制着以金陵为中心的长江流域；此外，荆南、湖南、南汉、漳泉等割据政权分别占据湖北、湖南、广东、广西和福建等地区。

军阀之间，虽然各有固定的地盘，但钩心斗角，互有吞并之意，今日"连横"，明日"合纵"，干戈不息，弄得民不聊生。

而宋太祖赵匡胤本人从邺都投军到开封称帝的十余年中，他事奉过两代君主，经历过多次战争。在他的推动下，郭威建立后周王朝，但也是因为他，后周被颠覆。后周三帝，除了末代皇帝柴宗训外，赵匡胤对太祖郭威和世宗柴荣都怀有极大的敬意。这不仅仅因为二帝对赵匡胤信任有加，而且因为二帝的雄才大略和文治武功使他不由得肃然起敬。尤其是世宗柴荣，一方面致力于内政的改革整顿，一方面又冒着生命危险，到处作战，致力于统一大业。

遗憾的是，周世宗柴荣英年早逝，壮志未酬。

宋太祖赵匡胤并不是后周王朝的继承人，可他在称帝伊始便下定决心继承柴荣未竟的事业，即平定天下，完成统一。在赵匡胤看来，这不仅仅是一种事业的延续，而且也是新王朝的需要。唐末以来的分裂割据阻碍了经济文化的发展和繁荣，这种局面如果继续下去必将严重地威胁大宋王朝的安全，这是赵匡胤决不愿看到的。

然而，四周的局势也让宋太祖赵匡胤忧虑重重。为此，赵匡胤在采取何种统一方针上还是颇费周折，一时难以决定。

首先，赵匡胤也像周世宗一样，向近臣问计。他首先向被他亲切地称为"驸马"的武胜军节度使张永德密询进攻北汉之策。张永德认为，进攻北汉大大不妥，原因是，北汉兵少但很强悍，并且有契丹的援助，不易进攻。他的想法是，"每岁多设游兵，侵扰北汉的农耕"，再"离间北汉与契丹的关系，让契丹不会援助北汉"。对此骚扰离间之计，赵匡胤表示赞同，但又下不了决心。

过了没多久，赵匡胤又对宰相魏仁浦说起打算攻打北汉之事，魏仁浦回答说："欲速则不达，请陛下谨慎考虑。"这番话引起了赵匡胤的深思。

宋太祖在平灭李筠之后，曾就出兵攻打黄河以东的事召见了华州团练使张晖，张晖认为，鉴于泽潞战争创伤尚未痊愈的情况，不如收兵育民，等时机成熟再图进取。

可见，宋太祖赵匡胤在制定统一大计的过程中，曾一度想将北汉作为首要的进攻方向，然而，在经过多次征询朝臣的意见和深思熟虑之后，他渐改初衷，开始通盘设计统一方略。

后来，宋太祖赵匡胤直到在走访了谋臣权相赵普之后才最终下定决心。

建隆二年（961年）冬天一个大雪纷飞的深夜，宋太祖和弟弟殿前都虞候赵光义冒着严寒敲开了赵普家门。皇帝雪夜来访，赵普深为惊异，询问原因，宋太祖如实相告："一榻之外，皆他人家也！"于是三人席地而坐，商量统一的对策。赵匡胤说："我想收复太原。"

赵普大吃一惊，道："我不知道陛下怎么有这种想法？"

宋太祖忙问为什么，赵普道："陛下想先攻下太原，我认为万万不可。太原势强，一时难下，况且太原当西北二边，即便一举攻下，也将独守边患。我想，我们不如先易后难，先南后北，待削平南方诸国，太原这个弹丸之地，如何能够逃脱？"

宋太祖道："言之有理，你真是王朴再生啊！

赵普道："臣不敢妄比王朴，只愿能够尽心效忠陛下。陛下推重王朴，一定是因为那篇誉满天下的《平边策》，但您欲先收太原的念头，与王朴的谋略可谓南辕北辙，臣感到难以理解。"

宋太祖听完赵普的这一席话，正式放弃首攻太原的念头。

然而，他又不愿在赵普面前丢了面子，便笑道："我的意思与您相同，只不过想试试您。"

赵普道："陛下的英明神武，不是我所能比的。"

这次长谈之后，宋太祖终于将考虑已久，并多次征求谋臣意见的统一方略确定下来，即先南后北。

实际上，这个战略方针的制定，也根基于赵匡胤君臣对当时各方实力的冷静思考。战争，首先是交战各方军事力量的较量。宋和辽虽然都是当时力量最强的政权，可相比起来，辽的经济、军事实力又显然占据了优势。仅从军力方面讲，辽有军队三十万，擅长骑射的骑兵是军队主力；宋初军队只有十九万三千人，大多数是步兵。就在燕山以南华北的旷野平原上作战而言，辽军不仅在数量上，而且在兵种构成上，均处于有利地位。而北汉，兵力虽少，却精悍无比，又有辽朝作为后盾，也是很难攻取的。在这种情况下，如果贸然将兵锋北向，不仅毫无取胜的把握，而且还有可能损兵折将，动摇新建宋王朝的根基。对此，宋太祖不能不认真考虑。

战争，还是双方经济实力的较量。宋政权虽有后周所奠定的良好基础，但由于中原地区受到唐中叶以来战祸的影响，使生产的恢复和发展比较慢。而这个时期的南方，由于军事冲突少，或者是战争规模比较小，对社会经济的发展影响也比较小。加上长期以来人口南移，经济重心向南转移，南方的经济实力胜过北方。但是，南方各政权政治腐败，军力衰弱，容易攻取。赵匡胤选择了南方，是顺理成章的。

何为"先南后北"战略？赵匡胤本人对此作过较为完整的表述，他说："自五代以来，中原地区战乱频仍，国库空虚。必先取巴蜀，其次取广南、江南。这样，国家贮藏才能丰厚。北汉与辽接壤，如先攻取北汉，那么我们就必须独自抵挡辽国，还不如先让北汉继续存在，作为我们的屏障，等到我财用富足后，再攻取它，也为时不晚。"这一战略的着眼点是先弱后强，也就是先易后难，北守南攻，待取得南方雄厚的人力物力资源后，再集中力量对付北面的强敌。在实施这一战略的过程中，精明的赵匡胤还根据环境以及主客观条件的变化，不断对其进行调整。

赵匡胤这一战略的实施，是从荆南开始的，荆是指荆南高氏政权。后唐时的高季兴，被封为荆南节度使、南平王，辖治荆（今湖北江陵）、归（今湖北秭归）、峡（今湖北宜昌），其地方狭小，兵力薄弱。宋初高保融任荆南节度使。据史书记载，此人比较迂腐迟钝，所以把其辖区的大小事情，全都推给他的胞弟高保勖。建隆元年（960年）八月，高保融去世，高保勖掌握了政权，并接受了宋朝南平节度使的封号。高保勖有两大毛病：一是纵淫无度。二是大兴土木工程，建造亭台楼榭，无止无休。建隆三年（962年）十一月，荆南节度使高保勖死，留下遗训传位给侄儿高继冲，即高保融的长子。当时荆、归、峡三州老百姓对高氏政权非常不满，宋朝出兵灭高氏完全顺应民心。

自后唐开始，湖南也形成了割据局面，当时马氏据有湖南二十余州。那时所说的湖南，包括今日的湖南省大部，以及广西、广东省的部分地区。后周太祖时，南唐把马氏灭掉。到了周世宗的时候，这地区的统治权落入武平节度使（治朗州，今湖南常德）周行逢手中。而所辖地区除全州（在今广西境）外，都在今湖南的范围内，约有十州大小。周行逢为政清廉、兢兢业业，也很俭朴节约，但他生性多疑，动不动就杀人，以致他的夫人严氏不肯和他住在一起，而独自在乡下务农。严氏说："你如此嗜杀，必定会大失民心，早晚有一天要大祸临头。住在乡下，也许能躲过祸事。"因此周氏的失败也有其必然性。

总而言之，荆、湖地区的高、周二氏割据政权，地面狭小，力量薄弱又失去民心，宋朝进行统一战争时，他们首先被灭掉是自然而然的事。

建隆三年（962年）九月，武平节度使周行逢生命垂危。在将要死去的时候，把几位亲信将吏召到病榻前嘱咐说："我出身于一个庄户人家，与我同时做团兵又一起打天下的十人，大多数凶残而不服管制，几乎全被我杀掉了，只剩下一个张文表。我死之后，文表一定会造反。如今我把我的儿子保权托付给诸公，希望你们能尽心辅佐他。万不得已时，可以举家归附宋朝，不能落到文表的手中。"

周行逢死后，张文表果然叛乱。当时张文表为衡州刺史（治所在今湖南衡阳），听到周行逢死了，其子保权继位，十分生气，说道："我与行逢同样是自贫贱中挣扎出来的，立下无数战功，才达到今天这个地步。如果在周行逢的手底下，那也就罢了，凭什么要我听命于周保权？"于是准备叛乱。

建隆三年（962年）十月，周保权派兵去永州，接替在那里戍守的士卒。路过衡阳时，张文表便威胁这些士兵发动叛乱，让每人穿上孝服，伪装成去武陵（即朗州，今湖南常德）奔丧。道经潭州（今湖南长沙）时，廖简为知潭州留后。他一贯轻视张文表，周行逢遗言中已经指出张文表一定会造反，但他毫不在意。张文表带兵过潭州时，他正在宴请客人，部下呈报说："张文表率兵到城外。"廖简对座上宾客吹牛说："谅他不敢入我潭州城，诸君只管痛饮。只要他走进城中一步，我将把他生擒过来给诸君祝酒。"众人哄堂大笑。不久，张文表率兵直入刺史府，廖简已喝得酩酊大醉，见张文表走来，急取弓矢，双臂毫无力气，已不能把弓拉满，只能破口大骂。张文表杀死廖简连同十余名座上客。搜出刺史印符后，自称权知潭州留后，并向周保权呈递文书，说明了这件事，还扬言要直取朗川灭绝周氏。周保权派大将杨师璠率领朗州的全部兵马讨伐张文表。当时周保权才十四岁，出发前，哭着对杨师璠说："我父亲很有先见之明，临死的时候就预言张文表必然造反，如今坟土还没有干，他的话便应验了，文表果然反叛。军府安危，就在此一举了。望诸君看在先父份上，费心辅佐我。事情过后，诸公给予我的好处我绝不会忘掉。"小小年纪，竟说得感人至深，杨师璠不禁落泪。他对军士说道："你们见过新继位的周大人的儿子吗？小小年纪，贤德如此，真是天下少有。"当下重复了周保权的话。军士也备受感动，士气猛增，誓死要报效少主。周保权仍担心战争可能难以胜利，又遣使向宋求援。

此前，赵匡胤在卢怀忠奉命出使荆南的时候，吩咐他："察看江陵地方的山川地形，人情世事，汇报给我。"这时他已有出兵荆南的打算。卢怀忠出使回来就向赵匡胤奏报说："高继冲的军队虽然装备整齐，但人数较少，不超过三万人。虽然年景较好，谷物收获不错，但由于赋税沉重，百姓仍然异常贫困。江陵东、南、西三边强敌环绕，它北边的国家又有向我国纳贡称臣的意图，它的形势岌岌可危，要想灭他，易如反掌。"恰于此时，周保权请求出兵援助的文书来到，一个"假道灭虢"的行动计划便在赵匡胤心中酝酿而生。他召见宰相范质，与其商议道："江陵四面皆敌，四分五裂。我们先向其借道进攻湖南，回师时趁其不防备，一举灭掉荆南，必然会成功。"

十二月四日，宋封武平节度副使、权知朗州周保权为武平节度使。

二十一日，宋太祖又命中使赵璲带着诏书到湖南调解潭、朗之间的争执。告诉张文表，朝廷愿意接纳他入汴京。同时命荆南高氏发兵援助周保权。

乾德元年（963年）正月七日，赵匡胤提升山南东道节度使兼侍中慕容延钊为湖南道行营都部署，枢密副使李处耘为行营都监，率安州（今湖北安陆）、复州（今湖北沔阳）、郢州（今湖北钟祥）等十州兵马向荆南进发，讨伐张文表。

二十七日，赵匡胤任命荆南节度使、权知军府事高继冲为荆南节度使。高继冲无论如何也想不到，朝廷一面给他加官晋爵，一面又用一张大网罩向他。

二月一日，荆南高继冲得知朝廷要派兵讨伐张文表，想大军通过荆南时，肯定得花一大笔钱。于是以"供应王师"为名，在境内加紧征集钱粮，搜刮百姓，赵匡胤得知后，下令禁止此事的发生。

高继冲继位以后，将境内的行政赋役等事都交给节度判官孙光宪处理，让衙内指挥使梁延嗣掌管军事方面的事务，对这两人异常信赖，常常对人说："凡事只要能使孙梁二人满意就行。"

李处耘奉命讨伐张文表，来到襄阳城，而慕容延钊正疾病缠身，虽然受命为湖南道行营都部署，却已无法动身前往。赵匡胤命人用轿子把他抬到襄阳城，李处耘先期派遣阁门使丁德裕去通知荆南的高继冲，大军讨伐张文表，要路经江陵，军中军粮充足，只要稍稍准备点柴草和茶水就行了。高继冲召集军队来商议此事，僚佐们一致建议拒绝宋军入境。于是高继冲以"百姓惊恐"为理由，只答应在城外百里处招待大军，还说："不但可以供给薪和水，还可以供给军粮"。李处耘怀疑高氏对他们的意图已有所察觉，但君命难违，只好再次派丁德裕前往，说服孙光宪、梁延嗣二人，务必请他们允许大军借道。荆南兵马副使李景威私下对高继冲说道："宋军拒绝我们如此优厚的条件，执意要进入江陵城，借收复湖湘为幌子，其真实意图是要灭我们荆南。我愿为主公效劳，您拨给我三千人马，让我去险要处伏击宋军，让他们插翅难逃，您另派一支人马攻入湖南，活擒张文表献给朝廷。否则，主公您恐怕要面临灭族灭国的危险。"

高继冲迟疑很久才说："我每年都按时向朝廷进献贡物，并没有什么差错，朝廷也许不会对荆南下手。何况，即使打起来，我们也不是慕容延钊的对手，我们是无法阻止他们强攻江陵的。假如他们没有夺取江陵之意，我们妄加猜测，引起兵端，岂不坏事？"李景威又想用天命鬼神说服他："咱们荆南地区有个古老的故事：江陵各处一共有九十九个洲，一旦满百，就有王者兴起。武信王初起时，江心深处就曾忽然生出一洲，成百数。现在这个洲渐渐消去，可能要发生危险之事，我们怎能不加倍小心？"孙光宪听了，很不以为然，对高继冲道："圣人都不敢妄说天道，李景威一介草民，哪里懂什么天数？中原自周世宗时已经有统一天下的志向。宋朝建立以后，所有的计划安排，都是围绕统一这个中心的。如今兴兵南下讨伐张文表，必定会马到成功。湖南平定之后，宋王朝岂有再借我们的路回去的道理！我看，不如早点向朝廷自献疆土，既可以使荆楚免受一场兵祸，也可以让主公仍然享有荣华富贵。"高继冲认为此话有理。李景威见荆南的灭亡已不可避免，伤心欲绝，扼颈而亡。

李景威的死，并没有惊醒高继冲，他仍命梁延嗣和他的叔父高保寅，带着牛肉、烈酒前往宋营犒劳士卒，一面暗中观察宋军的意向。

九日，宋军驻扎在荆门（在今湖北境）。李处耘会见梁延嗣等人的礼节十分周到全面，并告诉他们第二天可先回江陵。梁延嗣等人十分高兴，暗想：宋军若是有其他想法，必然要扣留他这样的荆南要人，现在他们不但没有拘留他，而且礼数周全，看来是我们多虑了。于是命人向高继冲报告说："一切正常，只管放心。"荆门距江陵大约一百里，当晚，慕容延钊设盛宴招待梁延嗣，宾主同欢，非常热闹。与此同时，李处耘亲率轻骑数千人，火速赶往江陵。

高继冲得到梁延嗣的使者送来的报告，正在暗自庆幸逃过一劫，不料，忽有亲随来报："宋军一支骑兵，直奔江陵而来。"高继冲闻言大吃一惊，赶紧命令部将布置防务，自己打马出城迎接宋军，以期给城中多争取些准备时间。在距城十五里处与李处耘相遇，尚来不及寒暄，李处耘先发话道："高将军，慕容将军有重要事与你相商，请吧！"话未说完，他的背后便窜出两人，抓住了高继冲的马缰。而李处耘则率领部众冲进城中。城中队伍还没有集结好，李处耘已登上北门城楼。将近晌午，慕客延钊才与大队一起缓缓向江陵而来。高继冲回到江陵时，江陵已尽在宋军控制之下，他只好投降，并将归降朝廷的消息传达给归、峡二州，宋军兵不血刃便占领了荆南三州十七县的地盘。一仗没打，荆南就这样平定了。

在荆南平定后，赵匡胤增派枢密都承旨王仁赡为荆南都巡检使。高继冲官居原职，仍然是荆南节度使，但已没有实权，大权落入王仁赡之手。后又加封原高继冲的大臣梁延嗣为复州防御使，孙光宪为黄州刺史，五昭济为左领军卫将军，并下诏抚恤了李景威的家属。

荆南的收服，是宋军准确意义上的第一次对外战争，这次所取得的胜利也没有耗费宋军太多的兵力，但取得了良好的效果。首战告捷为赵匡胤的南征计划更增添了信心，从此，宋军开始了他们期待已久的收复战争，向着统一南方迈进。

到了二月十日，宋收复荆南后，挑选荆南三州中的精壮者入伍，然后昼夜不停地向朗州进发。此时，周保权的部将杨师璠已攻入潭州，张文表被杀，反叛宣告平定。于是周保权赶忙遣使臣请宋朝止兵，但志在必得的宋军岂肯空手而返，仍按原计划继续南下。周保权闻讯，不知所措，召见观察判官李观象商量对策。李观象道："前些时向朝廷请援，是为了讨伐张文表。张文表已被诛杀，朝廷不肯班师回朝，意在夺取湖湘，如今荆楚已经降宋，朗州无法独拒朝廷兵力，不如俯首称臣，也许还能保住荣华富贵。"周保权犹豫不决。指挥使张从富等武官反对降宋，商议如何阻止宋军。

慕容延钊于军队到达朗州之前，便派遣丁德裕到朗州宣布安抚诏书。这使得朗州城君臣议论纷纷，不知是应该投降还是应该抵抗，最后张从富等武臣力排众议，拆除境内桥梁，堵塞交通，沉没船只，坚决抵抗。丁德裕只好退回待命，慕容延钊把这种情况报告了朝廷。

赵匡胤得知湖南情势后，先以发兵救援周保权讨伐张文表为由，威胁周保权让宋军入境，但周保权为武将挟持，未能满足朝廷的要求，于是赵匡胤下令讨伐。慕容延钊先命战棹都监武怀节等分兵攻岳州。在三江口一带，大败湖湘兵，岳州被宋军攻下。

三月份，张从富军在澧州城南与宋军遭遇。未曾交战，张军已经溃逃。李处耘率兵追杀，到敖山寨，张军又弃寨逃走。宋副将李处耘命令部下，将俘虏中的几十名肥胖者杀死，吃尽他们的肉；少壮者在脸上涂矾刺字放回。这些被黥面者回到朗州城，说起宋军吃食俘虏肉的情景，听到的人都恐慌之极，纷纷逃亡，无人守城。宋军长驱入城，湖南又被平定。宋军占领荆州湖南以后，左为南唐，右是后蜀，南接南汉，形势对宋军来说越来越有利了。

三月十日，宋军进入朗州，在西山下张从富被宋军活捉斩首。周保权及其家属在将领汪端的保护下逃走，躲在澧江南岸的一个庙中。李处耘得到消息后，将其捕捉。这样周氏灭亡，湖南十四州、一监，共六十六县全部归顺宋朝。

但是，湖南还有一个很棘手的问题：有许多少数民族聚居在这一带，主要有僚族、瑶族、苗族等，他们时常骚扰边郡。周行逢在湖南统治时用的是笼络政策，广封南蛮酋长为司空、太保等号。赵匡胤平定湖南以后，他急需寻找一个熟悉少数民族情况以及少数民族聚居区地势的谋略之士，来管理这些地方。瑶族人秦再雄，身材高大，足智多谋，

谋占九鼎

宋朝开国奇谋

族人非常信服他，并且在周行逢时，他就曾立下赫赫战功，正好符合赵匡胤的要求。他被赵匡胤召到京城，任命为辰州（今湖南沅陵）刺史，并给他刺史诸佐官的任免权，州租赋的征收权，以及大量的财富。秦再雄感激涕零，表示誓死报效朝廷。到辰州任所后，他精心训练士卒，选派校官到各少数民族聚居区劝其首领归顺朝廷。由于他在少数民族中的威信，各首领纷纷向朝廷递上降表表示愿意归顺。赵匡胤因此特意把秦再雄召到京都，当面予以奖励，提拔他担任辰州团练，负责辰、锦、溪、叙、巫等五州地区的治安。秦再雄尽心尽力，终太祖赵匡胤一朝，这地区再没有出现边患。这虽说是缘于秦再雄的武勇有谋，但更深层的因素还是赵匡胤用人有方。

至此，荆湖被全部平定。荆湖的平定为大宋灭后蜀、南汉，甚至南唐，奠定了很好的基础。更助长了赵匡胤"奔赴边疆，扬我国威"的愿望。

# 征讨后蜀，收获颇丰

五代时期，北方政权不断更迭变换。然而，以成都为京师的蜀国坐拥天府之富，居然静享了数十年的和平，成为真正远离战火的天府之国。

后蜀是据有今四川地区，以成都为都城的一个腐朽的割据政权。后蜀开国皇帝为高祖孟知祥，其后传位给第三子孟昶。蜀中皇帝孟昶于明德元年（934年）即位。其实，他在继位之初，孟昶可谓年轻有为，他十多岁便做了皇帝，却并没有因此骄躁，而是励精图治，穿着布衣奔走在蜀国各个地区，督促生产，兴修水利，注重农桑。同时为了让国力提升，给百姓生存空间，制定了与民休息的政策，减免了税赋，在短短的几年之中，蜀国便成为南方最强盛的国家。其疆域也一再扩大，北方边境一度扩张到长安。进入壮年的孟昶本该更有作为，但他却忽然变得沉湎于酒色，不思朝政，生活也开始变得奢侈无度。原来那个衣着朴素的蜀王开始穷奢极欲，后宫之中三千粉黛，连一个夜壶都要精工打造，遍镶珍宝。在这样的君主领导下，蜀国也开始逐渐变得衰微。由于当时中原灾害连连，国力不强，孟昶便以四方之地大，而日渐奢侈。他任用王昭远、伊审征、韩保正、赵崇韬掌管机要，统理军政大事。

湖湘被宋军平定后，蜀中宰相李昊对孟昶说道："臣见宋朝建立以后，所作所为与后汉、后周都不相同。他们有可能会完成天下统一大业。不如早向中原称臣纳贡，以保持蜀中安定，免受战争之苦。"孟昶欲接受他的建议，而王昭远极力阻止，孟昶遂决定在峡州一带驻重兵，截断入川的通道，防止宋军入境。赵匡胤得知后，认为现在应该立即伐蜀，不给蜀中以准备的时间。赵匡胤就派张晖任凤州（今陕西凤翔县东）团练使，专门负责探知蜀中虚实，察看地形。赵匡胤根据张晖绘制的后蜀山川形势以及军队部署地图，制定了进军路线和作战计划。

这期间蜀山南节度判官张廷伟向知枢密院使王昭远献策说："枢公长期在皇帝身边，皇上知道你有雄才大略才破格任用你，使你掌管军政大权。固然你会得到皇帝的信任，但你久居高位，却没有大功，如何能堵住众人的悠悠之口？现在应该与北汉联盟，请他们发兵南下；咱们以全蜀自黄花谷、子午谷北上出兵响应，两面夹攻赵匡胤。那时，要想占领关中之地是不难的。"王昭远从役使变成大臣，掌握枢密要职，最怕人瞧不起他，张廷伟的一番话正中他的下怀。于是他说服孟昶遣使臣孙遇秘密进入北汉，相约双方从南北两面联合攻宋。没有料到随从孙遇的后蜀军校赵彦韬将孟昶写给北汉的蜡丸书直接送给赵匡胤。赵匡胤得此蜡书，喜出望外地说："这下子出兵有理由了。"

赵匡胤自决定伐蜀以后，对蜀中的动静非常关注，以待机出兵。他亲自召见从蜀中回来的密探，详细询问了蜀中发生的任何事情。有一次，一个密探说："听说成都近年来满城都在诵读朱长山的《苦热》诗，其中有两句'烦暑郁蒸无处避，凉风清冷几时来？'更是人人皆知。"赵匡胤听了，喜道："这是蜀中百姓受够了孟氏的残暴统治，希望我出兵讨伐，解救他们。"又有一人名叫穆昭嗣，他是荆南高氏的御医，宋军灭荆湘以后降宋。赵匡胤命他担任翰林医官，数次召见他询问蜀中的地理情形。穆昭嗣说道："如今荆南已被皇上征服，部队从水路、陆路都可以入蜀。"赵彦韬的蜡丸书为赵匡胤提供了攻打蜀中的借口。

乾德二年（964年）十一月二日，他任命忠武节度使王全斌为西川行营凤州路都部署，武信节度使、侍卫步军都指挥使崔彦进为副都部署，枢密副使王仁赡为都监。这一路从北面入川。又派江宁节度使、侍卫马军都指挥使刘光义为西川行营归州路副都部署，枢密承旨曹彬为都监，率领队伍从东面进入四川。又任命给事中沈义伦为随军转运使，主管北路军需；东路军需由西南面转运使、均州刺史曹翰操办。行前，根据军事地图进行战争部署，赵匡胤指着地图上的夔州（今重庆奉节东）对刘光义说："江上有锁江工事，你不可先用水师与他一决胜负，而应首先使用步骑趁其不备发动攻击，待到他们退却，再用战船夹击，必定能取得胜利。"同时，又发布文告，劝谕军士弃暗投明，并奖赏投诚者。命令宋军不得烧杀抢掠，否则按军法处置。赵匡胤料定此次大军一出，蜀主孟昶必降。

十一月三日，王全斌等人辞行，赵匡胤大设酒宴为他们饯行，根据将官等级赏赐财物，并将军用地图及入蜀方略等物授予他们。席间他问王全斌道："你以为这次出兵，前景如何？"王全斌郑重回答道："我们一定会几天就攻下蜀中的！"有一个部将上前说道："那西川要是在天上，咱们是对它毫无办法。只要它是在地上，咱们就有法去，平定他们是轻而易举之事，皇上只管放心。"赵匡胤又对王全斌道："凡攻陷城寨，把器甲、存粮登记入册就行了，其余财物全都分赐将士，蜀中这块土地才是朕唯一想要的。"王全斌等人一一答应了，拜别之后，上马向西进发。

十一月三十日，蜀主孟昶得知宋军分两路入川，也分别调兵遣将迎击。他以王昭远为北面行营都统，大将赵崇韬为都监，山南节度使韩保正为招讨使，李进为副招讨使，领兵迎敌。

王全斌率领北路宋军在十二月十九日接连攻下数座蜀军营寨，兴州城也被攻陷。兴州刺史蓝思绾退保西县。王全斌又接连攻下二十多个寨，一路猛追过去。

后蜀招讨使韩保正得知兴州陷落，亦放弃兴元城，退保西县。宋军先锋将史延德率军首先赶到西县城下。韩保正看到宋军戈戟如树林般，早已心惊肉跳，遣兵万人出城，依山结营，与城中守兵成掎角之势。史延德先击溃城外兵，然后挥兵攻城。西县城被攻破，韩保正和副招讨使李进被生擒，后继而来的宋将崔彦进与马军都监康延泽乘胜追杀，一直追到嘉川城（今四川旺苍西南嘉川镇）。一路血流成河，无数蜀军命丧黄泉。后蜀主命烧毁栈道，退保葭萌县（今四川广元南）。

刘光义率领东路宋军进入峡路（长江三峡一带）以后，后蜀军的松木、巫山诸营寨接连被攻占，后蜀将领南光海等被杀。后蜀军的战棹指挥使袁德宏及士兵一千二百人被活捉，战船二百多艘被宋军俘获，蜀军水军六千多人被斩杀和俘虏。起初，蜀军在夔州架设一座浮桥，在夹江两岸用炮石对江面进行封锁。刘光义率船队来到此处后，按照行前赵匡胤所授方略，在离蜀设防三十里处上岸，沿着两岸前进，并夺取了浮桥。然后沿江而上，来到白帝城下驻扎。守城的宁江节度使高彦俦对副使赵崇济、监军武守谦说道："远道涉险而来的宋军急于决战，我军应当坚壁不出，等到宋军疲惫的时候，然后寻机破敌。"武守谦道："敌军已来到我们城下，此时不出击，更待何时！"十二月二十六日，武守谦率领千余名士兵出城迎敌。刘光义遣马军都指挥使张廷翰领兵与武守谦在猎头铺交战。武守谦大败，仓惶逃回城中。张廷翰尾随追击，登上城头。在激战中，老将高彦俦多处负伤仍奋力拼杀，但由于士卒四散逃跑，他寡不敌众，只得奔入节度使府。节度判官罗济劝他突围去成都，高彦俦叹息道："以前秦川之战，我战败弃城。如今又不能守住白帝城，即使皇帝不加罪于我，也无脸再见蜀中父老。"罗济又劝他降宋，高彦俦道："我全家老幼百余口人都住在成都，如果降敌，将会把我全家人的性命都葬送掉。到了这步田地，我只有死路一条了。"说完将兵符印信一齐交给罗济后，自焚而亡。

由于蜀人烧毁栈道，北路宋军无法行进，遂商议分兵而行：一路绕行罗川险隘，一路修复栈道，双方会兵于深渡。然后一路破敌，到大漫天寨。蜀军都统王昭远、都监赵崇韬引兵来战，但屡战屡败。王昭远只得率军逃回剑门。十二月三十日，王全斌率领宋军进入利州城（今四川广元）。

宋朝廷命西川行营发布文告被克复州县中的原蜀中官员和将士，逃往民间隐匿者，一个月之内向朝廷自首者免罪。

乾德三年（965年）正月初二日，宋朝廷命令：阵亡的蜀中将士，由宋朝的地方官负责把他们埋葬，不能让他们尸骸暴露在外。受伤的宋军将士，发给缯帛，表示抚恤。

蜀主孟昶得到前线传来的噩耗，心慌意乱，为守住剑门决定用重金招募士兵，共募得一万多人，并命太子孟玄喆到前线去当领兵元帅，武信节度使兼侍中李廷珪、前武定节度使同平章事张惠安二人为副元帅。

王全斌率大军从利州城前行，在距剑门关不远的一个名叫益光的地方安营扎寨，策马前往察看地形。见这剑门关名副其实，两侧奇峰插天，中间只有一条小路，果然是险峻无比。当晚召集诸将，商议破敌策略，他说："剑门可以说是'一夫当关，万夫莫开'，众将领可有什么破关的妙计？"这时末座一个名叫向韬的侍卫司的军头起身说道："投降的士兵牟进曾经说过，从益光向东翻越几座大山，有一条很窄的山路，当地人把它叫做来苏道。顺来苏道南行有一条江流，涉过江流后继续南行到青疆店与官道会合，青疆店位于剑门关南二十余里。到了这里，什么剑门之险就全无用处了。"王全斌听了大喜，说道："就让牟进领路，紧紧地盯住他，谅他也不敢撒谎。"于是由史延德率领一支轻兵，向来苏道飞奔而去。大军留在原地假装攻击，等轻兵到青疆后，两军相互呼应，夹击剑门。王昭远闻讯，急忙亲率蜀军从剑门南行，到汉源坡（今四川剑阁东）驻扎，想在这里把宋军阻挡住，只留一员偏将守卫剑门关。谁知还没走到汉源，剑门关已经被宋军攻破。听到这个消息王昭远胆战心惊。宋军很快追到汉源坡下，双方摆开阵势，王昭远见宋军气势雄壮，布阵严整，料到无法战胜宋军，早已吓得瘫软了。赵崇韬倒是毫不畏惧，上前迎敌，兵败被俘。王昭远见势不对，落荒而逃。王全斌率军一路追击，拿下了剑州城（今四川剑阁）。王昭远逃到东川（今四川东部），不久就被宋军俘虏了。

太子孟玄喆与李廷珪等人率军前行，刚到绵州，就传来剑门被破的消息，都惊慌失措，打算退保东川。到第二天，听说宋军已到东川，便弃军逃回成都。

蜀主孟昶听说剑门已失，太子逃归，惊得六神无主，召集群臣，商议对策。有一名老将说道："宋军远来，不能持久战争，我们就派遣军队在成都坚守即可。"孟昶听了，犹豫不决。宰相李昊劝孟昶投降宋军。孟昶只好应允，于是命李昊起草降表。正月初七，派宣徽北院使伊审征将降表递交到宋营中去。

正月初八，孟蜀已降的消息传到宋廷，便下令蜀中宋军行营所经过的州县长吏，犒劳将士。

正月十三，在魏城（今四川绵阳东北），王全斌举行了隆重的受降仪式。一面派遣先锋都监、通事舍人田钦祚火速入朝报告喜讯，一面遣康延泽赶赴成都会见蜀主，安抚成都军民。

东路军刘光义等人经夔川向西出发，一路收复万、施、开、忠等州。来到遂州（今四川遂宁），知州陈愈开城投降。刘光义打开府库，将金银财物全都分给将士。

曹彬严令禁止士兵烧杀抢掠，才免去了川中百姓的一场血光之灾。赵匡胤得知东路兵秋毫不犯，纪律严明，十分高兴，重赏曹彬。

正月十九，王全斌率北路宋军来到成都郊外的升仙桥。按亡国之君的礼仪，孟昶脱光上衣，用绳子缚了双手，背负荆条，向宋军请罪。王全斌以朝廷的名义给他松绑，免去罪过。孟昶又派他的胞弟保宁节度使、雅王孟仁赟到汴京向朝廷呈递请求宽恕和优待的表章。

正月二十四，田钦祚回到汴京，奉上孟昶的降表，表中要求关照他祖坟及老母。赵匡胤一一应允，并命令原西川的兵将、官吏和百姓像以前一样平静度日。

正月二十五，赵匡胤在蜀境内宣布大赦，对百姓拖欠的官税一律免除，赈济贫乏，降低盐价。宋朝灭蜀后得州四十六个，县二百四十个，百姓共五十三万多户。

自王全斌入成都，数日后刘光义率领的东路军也到达成都城。

虽然孟昶用同一礼数对待东、西两路军，朝廷也给予他们相同的待遇，但两路军由于争功，产生了矛盾。

北路将帅王全斌、崔彦进、王仁赡等在蜀，昼夜饮酒取乐，军政事务全部被抛到九霄云外了。其部下将士，四出烧杀抢掠，蜀中百姓叫苦连天。曹彬屡次请求撤兵回京城，王全斌都没有听从。

二月初二，参知政事吕馀庆被朝廷派往成都知府，枢密直学士冯瓒权知梓州。这两位官员都是非常有能力的，到任时，征蜀将士凭借战功，骄横跋扈，王全斌已无法管束他们。一日，成都药市刚刚开始，管理集市的官吏报告说：有一名宋军军校喝醉了酒，持刀抢夺了商人的货物。吕余庆命人逮捕该将并处以死刑。从此以后军士才有所收敛。冯瓒到梓州才几天，遇到原蜀军小校上官进纠集三千多逃亡的士兵，又驱使数万村民，乘夜攻城。当时只有三百多守兵在城中守城。冯瓒命将城门关闭，分兵把守。攻城的人数虽多，一时却也攻不进来。精明的冯瓒知道这些人只是乌合之众，想乘夜攻城，夺取一些财物，天明自然散去，于是命更夫将更次缩短，还不到半夜，已报了五更。城外的那些人以为天色将明，怕有援军赶来，便散去了。冯瓒乘机擒获了上官进，杀了他的头，对投降的人，不加计较，仍让他们耕种田地。成都、梓州百姓多亏了这两位地方官才安定下来。

二月十九，孟仁赟到达京城，把孟昶的表章呈上。赵匡胤颁下诏书，用语十分客气，不直呼孟昶的名字，称昶母为国母。他命孟昶快速起程入京，并命人妥善运送孟昶的行李，消除了他投降后的顾虑。又下令入川任职的文武官员，不许带族眷，随从仆使也要预先在枢密院登记，发给文卷后，才能起身，目的是怕蜀中百姓受到骚扰。

起初，投降的蜀兵入京城前，发给每人衣装钱，作为他们入京城的路费，但衣装钱被王全斌等私下里克扣，又怂恿士兵抢掠已经发出的衣装钱。蜀兵异常愤怒。三月，归京的蜀兵在绵州（今四川绵阳）揭竿起义，人数十余万抢掠附近县城，自称"兴国军"。恰好碰上原蜀将全师雄携带亲眷入京，路过绵州。由于他带兵打仗，在蜀中小有名气，所以被强推为帅。

王全斌闻讯，派遣马军都监朱光绪前往招安。朱光绪到绵州后，杀死全师雄的亲眷，强占其女为妾，还夺取他的财产。全师雄愤怒已极，他先率众攻打绵州，失败，转攻彭州（今四川彭县），州都监李德荣战败身亡，刺史王继涛负伤逃往成都。全师雄占领彭州后，成都周围十县起兵响应。全师雄自称"兴蜀大王"，设置官守；派出二十多名节度使，分别治理灌口、导江、新繁、郫县、青城等县的要害地区。崔彦进与步兵都指挥使张万友、先锋都指挥使高彦晖、通事舍人田钦祚等分头攻打彭城，全师雄把他们一一击败，其中高彦晖战死。王全斌又派马军都指挥使张廷翰、步兵都监张煦前往，但无功而返。宋军退保成都。全师雄势力更加强大，分兵把守绵州、汉州（今四川广汉），截断成都通往汉中的要道，还沿泯江设立营寨扬言进攻成都。从此十七州都起兵响应全师雄，切断与京城的联系，王全斌这才害怕起来，他害怕城中降兵会响应全师雄，遂将三万降兵全部杀死。

五月十五，孟昶一行到达京都，皇弟赵光义在郊外的玉津园迎接慰劳他们。十六日，赵匡胤在宫门前盛陈兵仗，孟昶与弟仁赞，子玄喆、玄珏，宰相李昊等三十三人，身穿罪人的素色服装，在明德门外等待皇帝降罪。赵匡胤不仅免除了他们的罪过，还赐给他们华丽冠服和大量财物，并在崇元殿接待了他们。

六月初五，封孟昶为开府仪同三司、检校太师兼中书令、秦国公；封其长子玄喆为泰宁节度使，伊审征为静难节度使。九日，次子玄珏被封为左千牛卫上将军；其弟仁赞为右神武统军，仁操为左监门卫上将军，仁裕为右监门卫上将军；李昊为工部尚书等。

六月十一，孟昶死，时年四十七岁，赵匡胤为表示哀悼，把这五天内的早朝都停了。追封他为楚王，以"孝恭"为其谥号，由官府负担他丧礼的费用。

乾德四年（966年），全师雄病死，谢行车被推为主帅。十二月康延泽攻败叛军，平定了叛乱。

乾德五年（967年）正月，赵匡胤下诏命令王全斌等伐蜀将帅回京。然后清算王全斌等罪过，将王全斌、崔彦进、王仁赡分别降职为崇义军节度观察留后、昭化军节度观察留后、右卫大将军。

与此同时，重赏了清正廉洁、做事谨慎的曹彬，加封他为宣徽南院使、义成节度使，奖惩分明，这也是赵匡胤的用人之道。

灭蜀以后，正如赵匡胤当初所料，果然从蜀中获得大量的财宝。这批财宝被赵匡胤命人分批从水陆两路运到京城，据史书记载，这些财宝花了数年时间方才运完。赵匡胤特命建立封椿库，单独存放。这对宋朝以后的统一活动起了一定作用。

自宋太祖乾德二年（964年）十一月，王全斌率兵南下，到乾德三年（965年）正月庚辰，后蜀孟氏将降表送进宋军大营，宋军共用了六十六天就灭掉蜀国，这在宋朝统一的过程中是一次比较重大的胜利。

平定蜀的战役，表现了赵匡胤运筹帷幄决胜千里的非凡指挥才能。

# 一征北汉，无功而返

南北方的收复平定都是赵匡胤必须要做的事情，他深信自己可以一

统天下。在将南方诸国收入囊中之后，北方政权也成为了他的新目标。

开宝元年（968年）八月，宋太祖赵匡胤下诏讨伐北汉。

在十国之中，北汉是唯一处于北方的一个政权，它原本是由刘知远所建立的后汉延续而来。郭威推翻后汉建立后周之后，刘知远的弟弟刘崇盘踞在山西中北部，于公元951年，以十二州为自己的地盘称帝，建立北汉。北汉立国后，统治着忻、代、岚、宪、石、并、麟、沁、汾、辽等十州，都城是并州，又称晋阳、太原府等，治所在今山西阳曲县。因为国土狭小且土地比较贫瘠，很难凭自己的力量与宋朝单独对抗，便投靠契丹，希望能得到契丹的援助。

宋太祖赵匡胤即位的那一年（960年）夏天，上党李筠叛乱，对外想得到北汉支援，便囚禁了宋朝泽潞监军周光逊等人，作为见面礼，对北汉俯首称臣。北汉主刘钧亲自到太平驿（今山西长治西北）与李筠见面，还派宣徽使卢赞带数千骑兵协助李筠。后来李筠兵败，卢赞被杀。被派到李筠营中干事的北汉宰相卫融被俘，刘钧仓皇地从太平驿逃到代州。

泽潞叛乱被平定后，赵匡胤曾打算以北汉支持李筠叛乱为借口，出兵北汉。因为"先南后北"的战略，所以李筠败后，宋朝没有对北汉用兵。

实际上，两军之间小规模战争却从未间断过。宋朝的守边大将荆罕儒就经常深入北汉烧杀抢掠。由于他异常凶猛，北汉的守城官员一听他出兵，就闭城坚守不出。建隆元年（960年）十月，他再次出兵，攻打到汾州（今山西汾阳）城下，大获全胜，满载而归。当晚在附近的京土原安营扎寨。北汉主遣大将郝贵超领兵前来拦截。荆罕儒在战斗中坠马而亡。这对宋兵是个大损失，皇帝悲痛不已，迁怒于他的手下部将，阎彦进等人被贬官，龙捷指挥使石进德等二十九人被斩。

建隆二年（961年）十二月，宋昭义节度使李继勋在院州（今山西昔阳）败北汉军，俘虏了辽州刺史傅廷彦的亲弟傅勋。

建隆三年（962年）二月，刘钧出兵攻宋晋（今山西临汾）、潞（今山西长治）二州，不敌守城士兵，大败而回。

乾德元年（963年）八月，宋将王全斌攻下北汉的乐平县，将之改名为平晋军。乐平是北汉辽州的治所，刘钧多次派兵援救，均被击败。

自从李筠失败之后，北汉主日不能食，夜不能寐，日夜担心宋朝大举讨伐，因此广招谋略人士，策划防御的事。他任命赵文度为宰相，从太原附近的抱腹山招来道士郭无为任吏部侍郎，参议中书事；又从五台山招了个和尚参议国家，枢密使段常和侍卫亲军使蔚进都封了同平章事。后来赵文度与郭无为不和，刘钧将赵文度贬知汾州，杀死段常，朝政为郭无为一人独揽。宋初，契丹曾表示愿与宋朝修好，刘钧协助李筠对抗宋朝，令契丹大为不悦，现在又杀了契丹的段常，契丹遣使责备刘钧道："你竟敢不遵我号令，犯下三条大罪：第一条是擅自篡改年号，第二是私下援助李筠，第三条是冤杀段常。你到底有何打算？"刘钧大惊失色，连连赔罪，契丹人对此却不予理睬。从此北汉派到契丹的使臣一概被拘留，不放回国。刘钧忧怒交加，最终得病，开宝元年（968年）七月亡故，年仅四十三岁。

刘钧死后，由其养子刘继恩即位。刘继恩懦弱，不果断，刘钧知道他没有济世之才，没有立他为皇子，只是刘钧死后，刘继恩自称继嗣，契丹予以承认，于开宝元年（968年）七月做了北汉皇帝。

开宝元年（968年）八月，赵匡胤下令征讨北汉。十五日命内客省使卢怀忠等二十二名将领率禁兵屯扎在潞州。十七日以昭义节度使李继勋为河东行营前军都部署，命侍卫步军都指挥使党进任副都部署，宣徽南院使曹彬任都监，率领河东诸州精兵分潞州和汾州两路北征太原。

面对强兵压境，刘继恩却念念不忘当年刘钧与郭无为商量是否立他为嗣时，郭无为没有赞美他几句，将他明升暗降为司空。刘继恩优柔寡断，为避免得罪宫廷侍卫，没有将自己在太原府衙门的亲信召进宫中，结果，供奉官侯霸荣率兵士进内宫刺杀了他。郭无为又率兵杀了侯霸荣和他的士兵，拥立刘继元为帝。

刘继元即位时，宋朝大军已进入北汉境，他匆匆派人到契丹请求援救，同时又派遣大将刘继业、冯进珂等人统兵扼守北上太原的要道团柏谷（又名团柏镇，在今山西祁县东南六十里）。刘继业本名杨崇贵，因其自幼追随北汉世祖刘崇，颇得信任，刘崇赐给他刘姓，改名刘继业。监军马峰与宋军先锋何继筠部遭遇，北汉军大败。宋军兵临太原城下。九月二十七日，北汉佐胜军迫使李琼投降。

北汉内部的争斗仍未停止，刘继元即位后，先以私嫌杀了刘钧皇后郭氏，又接连杀了刘崇的几个儿子刘镐、刘锜、刘锡等，只有刘铣因装傻而得以活命。

开宝二年（969年）二月十六日，赵匡胤带兵从京城亲征太原。第二天，因天降大雨，就驻扎在了潞州。这时北汉刘继业、冯进珂屯兵团柏谷，遣牙队指挥使陈廷山率几百骑兵前来打探消息，遭遇李继勋部前军，便降了李继勋。刘继业、冯进珂领兵退回晋阳，本意是想聚集力量，囤守京城，避免兵力分散，被宋军各个击破。刘继元不领他们的一番好意，怒发冲冠，剥夺了刘、冯二人的兵权。李继勋大军随后也到了城下。恰好契丹派来册封北汉主的使臣也到城下，刘继元乘着夜晚偷开北城门，将他放了进来，第二天便大设筵席，招待契丹使臣，北汉众臣也前往作陪。正在大家尽情欢乐时，宰相郭无为放声大哭道："宋朝大军压境，契丹上国的援兵不见踪影，满朝文武却坐在这里大吃大喝，与其等到城破被杀，还不如我自杀得了。"边哭边从侍卫胁下拔出佩刀，就要剖腹，却被身旁的人夺下。刘继元亲自走下堂阶，询问他该如何是好。郭无为道："为什么用太原这一座小小的孤城去对抗宋朝百万大军呢？"意即劝刘继元投降。刘继元沉默不语。

三月十五日赵匡胤从潞州出发，二十一日兵临太原城下。二十三日，命人在太原城四周修筑工事，意图长期围困。

二十六日，北汉宪州（今山西静乐）判官史昭文开城投降，赵匡胤当即命史昭文为宪州刺史，并赏赐了礼服、玉带等财物。二十八日，他在城的东南边巡视，见城下宋军尸体遍地，认识到自围城以来，损失惨重，而太原城仍然岿然不动。赵匡胤知道靠兵多强攻，虽然能够拿下城池，但伤亡也必然很大。精兵良将都死于太原城下，谁来攻打江南，平定南汉，如此统一大业岂不是化为泡影！就在赵匡胤不知如何是好之时，左神武统军陈承昭提出一条妙计，即用汾河水灌城，水攻太原，可以不伤一兵一卒，赵匡胤欣然同意，任命陈承昭负责办理。

二十九日，引汾水灌太原。

三十日，分兵四面逼城，城南是李继勋，城西是赵赞，城北是曹彬，城东是党进。万一汾水灌入城中，四面又有兵把守，岂不成了瓮中之鳖？城中人哪能不急。不等四面围严，便分别派兵突围了。首先从西门突围，赵赞奋勇作战，率众坚守，北汉兵死战不退。后来赵赞受伤，形势对宋军不利，在城西观战的赵匡胤焦急万分，幸亏东城党进派出伐木的队伍听到战鼓声，前往救助，才击退北汉军队。

刘继业率众从东门突围，受到党进的阻击，结果大败，刘继业跳进漆黑的城壕，党进不敢紧追，刘继业才侥幸得以逃脱。

当初，赵匡胤任命棣州防御使何继筠为石岭关部署，驻守曲阳（在今河北境），意在防备契丹。四月，赵匡胤得知契丹分兵数路援救北汉，经过石岭关，便急急召见何继筠，面授破敌计谋，并拨出几千精兵给他。

何继筠依计行事，契丹兵大败，武州刺史王彦符被活捉。何继筠缴获了大量的马匹和铠甲，然后派儿子何承睿去向赵匡胤报捷。赵匡胤命人将契丹军的铠甲首级悬挂起来给城中的北汉将士看，这彻底击破了北汉将士寄希望于契丹援军的美梦，北汉军心动荡。

二十九日，北汉麟州（今陕西神木）刺史等开城投降。

五月，契丹兵从定州（今河北定县）前来援救晋阳，中了义武节度使韩重赟的埋伏，契丹兵再次大败。

五月十二日，赵匡胤命水军驾船载弩箭攻城，横州团练使王廷义中箭而亡；十五日，殿前指挥使都虞候石汉卿又中箭落水而亡。

二十日，攻城西仍无功而回。他又派一支军队攻打岚川（今山西岚县），守官赵文度弃城投降。

二十六日，宋兵围城已经很长时间，城内得不到城外的救援，宰相郭无为想投降宋朝，便假意请求亲率士兵夜袭宋军。北汉主为他挑选了精兵千人，派刘继业、郭守斌作为他的副将，又亲自登延夏门为他送行。但当天晚上风雨大作，刘继业的马足扭伤返回，郭守斌迷路，郭无为一个文官，也只好返回城中。

闰五月初二，水从延夏门瓮城穿过外城的两重城墙，流入城中，城中大乱。北汉军见水口越冲越大，便纷纷用竹笆、木桩等物堵塞。城外宋军弓箭手对准水口，万箭齐发，使得北汉军民无法用竹笆、木桩去挡水。正值危急时分，却见一草垛自水上漂来，几个人将草垛推向水口，宋军弓箭射在草垛上，推草垛的人身在垛后，弓箭无法射到，这样水口被堵死。此时水深只差数米就要漫过城头，宋军也无可奈何。

北汉主再次拒绝郭无为投降的主张。宦官卫德贵乘机控告郭无为谋反。当时城中人心惶惶，惊恐不安，北汉主刘继元乘机杀死郭无为安定人心。

宋军自二月底围城，已历时近四个月。从赵匡胤来到太原，也已百日有余，将士伤亡很重。在一次攻城中，东西班都指挥使李怀忠中了箭伤，生命垂危。几个要好的朋友义愤填膺，殿前指挥使、都虞候赵廷翰率领诸班卫士叩头请战，愿意出生入死，率士登城，并请求派兵接应。赵匡胤道："你们都是我训练出来的勇士，一个人可以抵一百个人用。我宁可不要这太原城，也不忍心让你们冒着生命危险攻城。"将士听了，自是感激万分，趴在地上不停地磕头，口中连呼"万岁"。此时探事官报告说又有契丹援兵将要到达，太常博士李光赞奏道："河东蕞尔小国，弹丸之地，攻下它没什么光荣，攻不下也没有什么可耻，用不着陛下亲自征讨。请陛下速回京都，屯驻精兵于上党，夏天入北汉境抢收麦子，秋天抢收它的谷田。如此一来，过不了几年，北汉必灭亡。"赵匡胤便征询赵普的意见，赵普也表示完全同意，于是决定撤兵。

闰五月十六日，赵匡胤起身回京，第一次大规模讨伐北汉的战争就这样不了了之了。

北伐的失败，是宋军军心骄奢的必然结果，也是宋和辽的侧面交锋。志得意满的赵匡胤开始逐渐清醒，明白自己和辽的差距并没有因为宋收复了南方诸国而缩小多少，宋的实力也并不足以和辽国相对抗。从此赵匡胤又回到了自己最初时候的想法，不再对北汉投入兵力，一门心思将辽国作为自己最大的敌人，在封椿库中努力存钱，希望可以通过非军事手段来获得北方的和平。

# 出兵南汉，势如破竹

————— ❦ —————

从唐末开始，封州刺史刘谦在广西盘踞，刘谦卒后其长子刘隐继任，三年后又卒，传位于弟弟刘岩。刘岩在位的这段时间，他依靠着士人的力量，又通过开科取士大量任用文人，使得南汉得到了快速发展，占据了广东、广西、云南等大片土地，并以广州作为都城，开始了持续数十年的统治。及至刘岩卒，两个儿子刘玢和刘晟之间为了夺位，互相残杀，成为这一政权传续期间最动乱的时期。

在长期的发展过程之中，南汉的统治权一直都在刘姓手中传递，很大程度上避免了夺权战争的发生，而且统治者也吸取了北方政权更迭过快的原因，控制武将，而大力提拔士人为官。这种措施让南汉没有出现武将专权的局面，可是逐渐使国家的军事能力变得孱弱。再加上刘岩及其继任者都非常残暴，大兴土木，滥用酷刑，人民也不堪其苦。等到了刘晟之子刘鋹继位之后，南汉的政权逐渐陷入了宦官专权的泥潭中。此时赵匡胤已经夺得中原的统治权，并开始了他的南征计划，夺取荆南和后蜀、北汉之后，他的下一个目标便是南汉。

开宝三年（970年），宋太祖赵匡胤决定出兵南汉，夺取岭南。

南汉是据有现在两广及湖南南部，以广州为都城的割据政权。南汉主刘鋹昏庸荒淫，每天与宫人波斯女淫戏后宫，还以烧煮、剥剔、刀山剑等酷刑为乐，政事全由宦官龚澄枢和才人卢琼仙处理，政治黑暗至极，南汉政权腐败不堪，处于风雨飘摇之中。所以宋太祖早有出兵南汉，夺取岭南之意。

开宝元年（968年）九月，宋道州（今湖南道县）刺史王继勋上表说：刘鋹残暴昏庸，岭南百姓身受其苦。近年来屡次出兵，骚扰我国边境，请求朝廷派兵讨伐南汉。但赵匡胤认为对岭南地形不熟，士兵也难以适应岭南气候，不肯出兵，只令南唐主李煜劝降刘鋹。劝降遭到刘鋹的拒绝，言词很是无理，赵匡胤这才决定派兵南下使用武力征服。

开宝三年（970年）九月一日，赵匡胤任命潭州防御使潘美为贺州道行营兵马都部署，道州刺史王继勋为行营马军都监，朗州团练使尹崇珂为副都部署，约定最后会合在贺州城下。

九月二十九日，潘美向朝廷奏捷说："击败南汉一万多兵众，并把富州（今广西昭平）拿下。"

那时，许多南汉宿将皆遭诬陷而死，宗室也被杀戮殆尽，只有几名宦官可以带兵作战，国库钱财被挥霍一空，船只和器甲却没有得到修缮，军备非常差。等到宋军压境，对阵的贺州刺史陈守忠派使者告急，内外慌乱。刘鋹派龚澄枢往贺州慰问将士。久戍边境的士兵早已疲惫不堪，眼见战事将起，朝廷派重臣前来慰问，按例应该有一笔厚赏，不料盼来的却是一张诏书和几句空话，士兵哗然。宋军进军冯乘（今湖南江华西六十里），前锋军到达芳林渡（今广西贺县北）。龚澄枢乘船回广州，而宋军则于当月十五日兵临贺州城下。

刘鋹急忙召集大臣商议对策，大家一致推荐潘崇彻领军御敌。潘崇彻原是南汉旧将，战功赫赫，刘鋹即位时任西北面都统。刘鋹因听信谗言，对他非常不信任。开宝元年时，曾命专使郭崇岳调查他的"罪行"，并暗自吩咐郭崇岳："一旦发现他的可疑形迹，就地将其处死。"由于潘崇彻防范严密，才免遭毒手。但刘鋹还是剥夺了他的兵权，潘崇彻对此怀恨在心，现在让他冒着生命危险，带兵打仗，他自然摆摆架子。刘鋹见他推让不肯受命，一气之下任命伍彦柔率兵前往救援贺州。

宋军得知伍彦柔军来援贺州，后撤二十里，在南乡（今广西信都）附近的贺江岸两侧设下埋伏。深夜伍彦柔乘船到达贺江，士卒正在离船上岸，便遭到宋伏兵的袭击，部队一哄而散，伍彦柔被俘杀。宋军割下他的脑袋号令城中，城中人仍然坚守不降。随军转运使王明对潘美说道："现在应争取时间把城拿下来，否则再有援兵来到，与城中之兵一起对我军形成夹击之势，胜负就很难预料了。"其他将领怕强攻伤亡太大，犹豫不决。王明只身率领运粮士兵和几千名丁夫，填平壕沟，直攻到城门之下。城中人对防守已失去信心，遂开城投降。宋军声言要直取广州。刘鋹已是黔驴技穷，再也没有办法顾及自己的颜面，将潘崇彻加封为内太师、马步军都统。让他率兵三万，驻扎在贺江岸边，阻止宋军攻打广州。其实宋军只是虚晃一招，西出昭州（今广西平乐）城，才是其真实意图。

十月二十三日，潘美奏称："行营马军都监、道州刺史王继勋战死。"赵匡胤任命郴州刺史朱宪代理他的职务。宋军继续进发，先攻破昭州城外南汉开建寨，生擒其将军靳晖。昭州刺史田行稠见大事不妙，弃城逃走，桂州（今广西桂林）刺史李承进也望风而逃。昭桂二州被宋军轻而易举地拿下。

十一月，连州（今广东连县）也被宋军攻下，南汉招讨使卢牧退入清远县（在今广东省境）。宋军的下一个目标便是韶州（今广东曲江）城。

不久宋军兵临韶州（今广东曲江）城下。作为南汉北部门户的韶州，其战略意义非同小可。眼见宋军到来，都统李承渥率十万多兵卒，结营于城外的莲花峰山下，把作为依靠的象军也派了出来，打算与宋军决一死战。象军是南汉军克敌制胜的法宝，具体作战方法是让每只大象身驮十几名士卒在前面冲锋陷阵，步兵随后追杀。宋军早已想好破敌之法，他们用密集的箭射击大象，大象受惊，掉头往回跑，结果踏死大量的南汉军士，南汉军大败。宋军乘势追击，大获全胜。李承渥只身逃走，韶州陷落。留在城中的刺史辛延渥、谏议大夫邹文远等被俘。辛延渥遣使劝刘鋹投降，刘鋹没有反对，但遭到六军观军容使李托的坚决反对。南汉军民听说朝中在争论降与不降，军心动摇。刘鋹下令军士加固城壕，准备长期固守；并任命郭崇岳为招讨使，与大将植廷晓一起率领六万兵马，驻扎在马迳（在广州城北），以抗击宋军。从马迳到番禺（南汉都城，今属广州）大约只有一百里路。

开宝四年（971年）正月，宋军又攻下英（今广东英德县东）、雄（今广东南雄）二州，南汉都统潘崇彻眼见大势已去便投降了宋军。宋军自英州南下，到达泷头。泷头地势险要，路的两边都是高山，易守难攻。宋将潘美害怕中南汉军的埋伏。正在踌躇间，突然有人来报说，南汉遣使求和。潘美想："看来这里果然没有伏兵，不然的话怎会低声下气的求和。"但是为稳妥起见，命人把使者绑了，在马前引路。军士簇拥着汉使，顺利通过山口，正月二十七日，便到达栅口。二十八日来到马迳，这里地势比较高，可以俯视郭崇岳军的营盘。

可惜，郭崇岳没有将才，部下士兵大多是英州等州被攻占后逃回来的兵士，毫无斗志。面对宋军的游骑挑战，郭崇岳只是坚壁自守，不肯迎战，却在半夜三更祈祷神灵保佑他逢凶化吉。

南汉主刘鋹本想携金银珠宝以及妻妾逃走，但他平时不体恤下人，手下宦官将珠宝私自运走。刘鋹众叛亲离，只好投降。于是派右仆射萧濩、中书舍人卓惟休到宋军营前乞降。潘美将他们护送入汴京，去见皇帝赵匡胤。

刘鋹在宫中等候回音,左等右等,不见萧、卓二人回来。心中不禁害怕起来。急忙再次下令命郭崇岳加紧戒严。

二月一日,刘鋹又派遣胞弟祯王刘保兴率领封国内的士兵增援郭崇岳。植廷晓建议郭崇岳说:"宋军一路势如破竹,士气极盛不可抵挡。而我军人数虽多,但大都吃过败仗,如惊弓之鸟,不能抵抗敌人。应该用'置之死地而后生'的方法,把士兵放在一个凶险的去处,促使他们拼死一战,或许能有一线生路。"

于是,植廷晓在二月四日,把前锋军带列江边,准备背水一战。为防止士卒逃跑,由郭崇岳亲自殿后,但还是被宋军打败,植廷晓战败身亡,郭崇岳逃回,仍命令坚守不出。潘美巡视后对王明说道:"敌方营栅是用竹编成,若用火攻,他们必然被吓得手忙脚乱。我方大军称其混乱之机展开攻击,当可一战而胜。"是夜,宋军便按潘美的计划行事,果然大败南汉军,郭崇岳也在混乱中被杀。祯王刘保兴见势单力孤,也弃营逃归城中。龚澄枢、李托与内侍中薛崇誉等人商议对策,龚澄枢说:"宋军千里迢迢,攻打我国,他们想必是看中了国库的珍宝。不如一把火全都烧了,只剩一座空城,宋军自然退兵。"大家一起称赞说:"好主意。"于是放火烧掉府库和宫殿。宋军却仍是不退,并于二月五日(辛未)进军到白田。不得已,刘鋹开城投降请罪。潘美照例以宋朝廷的名义免去他的罪过,宋军进驻广州城。南汉平定后,将刘鋹、刘鋹的家属以及俘虏的南汉官员共九十七人安置在龙德宫集中看管。刘保兴起初逃遁出城,躲藏在民间,不久也被抓获。潘美一边命人张贴告示,安抚百姓,一边遣人入京城告捷。安排已毕,班师回朝。二月二十三日,回到京城。二十四日,群臣上朝祝贺,赵匡胤大喜,赐宴嘉奖众将。

自开宝三年(970年)九月一日点将发兵,到开宝四年(971年)

二月二十三日奏凯回朝，前后共一百七十一日。灭南汉后，得到州六十个，县城二百一十四座，户口增加了十七万二百六十三户。

宋太祖赵匡胤下令在原南汉境内州县免租赦罪，废除一切危害百姓的政令。四月七日，任命南面行营都部署潘美、副都部署尹崇珂同知广州；二十七日命令选择广州的英才担任知州。岭南逐渐安定下来。

潘美遣使押送刘鋹等去汴京，在经过公安县（今湖北境）时，管理县邸的官员庞师请求谒见。刘鋹问学士黄德昭："他是什么人？为什么来求见我呢？"黄德昭说："他是南汉的官员，自然要晋见陛下。"刘鋹道："我朝的官员，何以流落到此？"黄德昭道："多年来，高皇帝向中原大朝纳贡，均需途经这里，便命他在此设置官邸，打造车辆，转运贡品。"刘鋹感慨道："原来我国的领土本来就是大朝的土地，今返还大朝，我也没什么可怨恨的。"入京后刘鋹在京郊玉津园居住，赵匡胤派参知政事吕余庆审问说"为什么遣使请降后重又反叛？为什么放火焚烧府库宫室？"刘鋹把罪过全都推在大臣龚澄枢、李托、薛崇誉身上，自己原是一身"清白"。再问龚、李、薛等，三人只是不语。

到了五月一日，将刘鋹等人以帛系颈，牵入太庙，行了献俘礼。礼毕，赵匡胤命刑部尚书卢多逊就烧府库等事进行盘问，刘鋹以自己年幼，朝中之事皆由大臣掌管，再次将罪过推给龚澄枢、李托、薛崇誉。于是，赵匡胤命人将龚、李、薛推出去斩首，赦免刘鋹罪过，封为右千牛卫大将军，封恩赦侯，从此随朝伴驾，刘鋹也乐此不疲。

这次大破南汉，赵匡胤一直都是成竹在胸，因为他深知像南汉这样的政权，已经是外强中干，虽然占据着大片土地，但其混乱的内政早就让这个王朝形同虚设，只要一点外力便可以将其摧毁。

从刘谦盘踞广西开始，到刘鋹最终败亡南汉，这个王朝经历了六十五年，可以说贯穿了整个五代十国时期。虽然刘氏王族的统治一代比一代残暴，但战火却一直没能烧到这里，直到大宋的军队出现，才将它彻底收复。刘鋹统治期间，当地经济破败。为了满足统治者奢侈的生活，繁重的税赋已经让百姓不堪重负。等赵匡胤接管这里的时候，可以说生产生活都已经被破坏得满目疮痍。宋军的到来敲响了南汉灭亡的丧钟，而对于百姓而言却是带来了福音。

刘鋹本人心灵手巧，他所编制的珍珠玉龙让见多识广的宋太祖都叹为观止，胜过宫中最手巧的工匠。赵匡胤笑着说："你如果能将这份心思用到治国上，又何至灭国呢？"

在智商上，赵匡胤、刘鋹都是站在同一条起跑线上，可是因为他们各自所设立的目标不同，所付出的实践也是在不同的领域，所以赵匡胤能够成为一代开国君主，而刘鋹却只能成为胜过工匠的一个巧手亡国之君而已。

# 宋灭南唐，李煜败降

自从宋太祖赵匡胤平定了南汉之后，宋军在南方的声威顿时大振，渡过长江之后看南方诸国，取之犹如探囊取物。接下来的一个目标已经无须选择，那便是已经形成三面包围之势的南唐了。

宋太祖赵匡胤登基后不久，南唐国主李璟派遣使者带着绢布、银两等贡品到汴京朝见赵匡胤。那时宋朝在汴京城南的迎銮镇操练水军，准备平定李重进叛乱，李璟心中害怕，派遣儿子李从镒与户部尚书冯延鲁到扬州慰问宋军。

那时，一个南唐的下级官吏杜著，口才不错，假扮作商人，从建安（今江苏南京）偷渡长江，投奔宋朝；又有一个彭泽令薛良，因罪贬官，来投降宋朝，都向朝廷献了《平南策》。李璟更是害怕，以为宋军旦夕之间就要过江。虽然赵匡胤为了安抚南唐，杀了杜著，流放薛良，但是李璟还是心惊胆战。

建隆二年（961年）二月，南唐都城由建康迁往南都豫章城（今江西南昌），太子从嘉被任命为建康留守，由左仆射严续、知枢密院事汤悦辅佐他。六月，李璟病卒，终年四十六岁，庙号元宗。七月，从嘉在建康即位为南唐国主，改名李煜。

李煜（937～978年），初名从嘉，字重光，号钟山隐士、钟峰隐者、白莲居士、莲峰居士等，是南唐中主李璟的第六子。李煜聪明好学，作得一手好诗词，尤其擅长书画，通晓音律，是个才子皇帝，但在政治上是个外行。即位后，他也想励精图治，下令国中四品以下，九品以上官员，每日二人轮流等候召见。一些才高位卑的人曾给他提出了许多建议，但不见实施，他们都很感失望。

建隆三年（962年）五月，南唐将士投降宋朝，但家眷仍留在江南。赵匡胤诏命李煜，把这些人的家属送到江北来。七月，又从投降宋朝的南唐士卒中，挑选数千老弱病残送回南唐。

乾德元年（963年）八月，南唐任命吏部尚书游简言知尚书省事，不久又提升为右仆射。十月，割据泉州的陈洪进，上表请求宋朝册封其为清源节度副使。十一月，宋给李煜颁诏书，说明陈洪进归降的情形，表明将授给陈洪进节度使的职位，赐给钺、旌等仪仗法物。十二月，南唐主李煜上表，揭露陈洪进狡猾多端，归顺的事不一定可信，请朝廷暂不要赐给他旌钺。隔日，又上表请朝廷诏书直呼其名，不要用国主之名称呼他。

乾德五年（967年）三月，南唐主李煜分命两省侍郎、谏议大夫、给事中、集贤殿学士、勤政殿学士等轮流在光政殿值夜，每晚与值夜的人一起闲聊，常常聊到三更半夜。

李煜崇信佛法，宫中设立不少寺院，拥有数百和尚、尼姑。他每日退朝后与后妃一起穿僧服，诵读佛经，烧香拜佛。僧人犯罪，不绳之以法，常常将其罪免去。上行下效，国中崇信佛教的风气日盛，大臣中许多人不食荤腥，持戒奉佛。

南唐主李煜从此再也不把治理国家、守卫边疆的事放在心上。

开宝元年（968年）三月，南唐以枢密使右仆射汤悦为左仆射，兼门下侍郎平章事。

五月，以勤政殿学士承旨、兵部尚书韩熙载为中书侍郎、百胜节度使兼中书令。

开宝元年（968年）十一月，李煜立周氏为后。周氏原是昭惠后的妹妹，经常出入后宫，先得幸于唐主。时昭惠后身有重病，得知此事，气病身亡。李煜索性把周氏立为后。周氏不但容颜俏丽，还精通音律。自入宫以后，李煜终于找到了知音，二人日日讲究音律。李煜沉迷声色，渐渐与教坊艺人交好，他甚至想把原户部侍郎孟拱辰的一处宅舍赐给教坊艺人袁承进，遭到监察御史张宪的极力反对才不得不作罢。

开宝二年（969年）正月，南唐左仆射平章事汤悦被罢免宰相一职，封为镇海节度使。为求解此新职，汤悦几次上表皇上，于是改封为太子太傅、监修国史，兼领节度使。三月，以右仆射游简言兼门下侍郎平章事。游简言自知才能不够，多次上表推辞，但李煜不听。

七月，李煜遣弟从谦到宋朝进献贡物，让水部员外郎查元方作为他的副手，掌管奏章的起草工作。赵匡胤命知制诰卢多逊接待来使，会见于胙城县（在今河南延津北）。一次，双方在下棋，卢多逊问查元方："如今江南的境况到底怎么样？"这话听似简单，却很难回答。说好，好像在自吹自擂，说不好，又有不满自己国家之嫌。于是查元方站起来回答："江南臣服中原十多年，只知对中原尽君臣之礼，不知其他事。"卢多逊碰了一个不软不硬的钉子，意识到自己的问话太唐突了，连忙道歉，心中暗暗佩服查元方是个人才。

开宝三年（970年）七月，韩熙载死，李煜封追赠他为平章事。同年，宋朝先出兵灭荆湘，九月又出兵讨伐北汉。南都留守建安林仁肇向李煜呈递密表说："宋朝前年灭蜀，今又带兵去攻打岭南，行军来回有数千里之遥，士卒疲惫不堪。淮南诸郡的防守之兵每郡不过千人。我请求率领几万兵渡过长江，从寿春（今安徽寿县）北渡淮河，进据正阳（在今河南省境），可以一举收复周世宗时期失去的两淮故地。纵然敌有兵来援，我凭借淮河建立营垒，也可以抗敌。为保万全，臣起兵时，陛下可以谎奏宋朝，说我是举兵叛乱。若取得成功，对国家十分有利；不成功，陛下可以诛灭我的家族，以表明陛下无叛宋之心。"李煜不肯答应。有一位宜春人卢绛，因受到枢密使陈乔器重，一路升迁到枢密承旨，又做了沿江巡检。任此职后，他把许多亡命之徒聚集一起，操练水军，演习水战。卢绛曾经在海门（今江苏南通以东）击败过吴越王钱氏的军队，这时也对李煜说："吴越与南唐为敌，以后肯定会做宋国的向导，并与宋军一起夹攻我们，应及早把它灭掉，以除后患。"李煜道："吴越是宋朝的属国，对它我们怎敢用兵？"卢绛道："我假率宣州、歙州兵叛乱，您向吴越借兵讨伐，到时我们前后夹攻，吴越必定灭亡。事情如果不成功，您可以将罪过推在我一人身上，与国家无关。"李煜仍不答应。

李煜能够做的只有卑躬屈膝，每闻宋朝出师凯旋，或有节日喜庆之事，一定会派遣使节贡献贡品。

开宝四年（971年）十一月，李煜派遣弟李从善朝贡。请将国家印章中的唐字去掉，改成"江南国印"；并请求赐诏江南时只须直呼其名，宋朝同意了他的要求。李煜曾贿赂宋宰相赵普五万两白银，赵普如实禀报赵匡胤，请示赵匡胤如何处理。赵匡胤道："写封信表示感谢即可。"赵普一时想不明白，不住地叩头推让。赵匡胤说："区区贿赂都不敢接受，岂不有失大国体统？只要你自己不贪图便宜，不必惧怕，何况收了他们的贿赂，让他们不知深浅岂不更好？"赵普这才将银子收下。这次李从善来朝，除了按常例赏赐以外，赵普又悄悄地回赠给他们白银五万两。李煜君臣无比震骇。

就在这一年，占城、阇婆（都在今越南境）、大食（阿拉伯人）等国的使者到江南，把当地的许多土特产赠送给南唐。李煜不敢私自接受，派使者转送到宋朝。赵匡胤下诏说："以后尽管收下。"

开宝五年（972年）二月，南汉已经被宋朝消灭，赵匡胤打算收复江南。适逢李从善来朝，便扣留了他，李煜闻讯大惊，匆忙向宋朝谢罪反省。是月，李煜对当时的制度进行更改：下达文件，不再称"令"，改名为"教"，表明自己的身份只是一个师长，而不是国主。又改中书门下省为左右内史府，御史台为司宪府，尚书省为司会府，翰林院为修文馆，枢密院为光政院；把起初封王的众兄弟，一律改封为国公。由此表明江南只是宋朝的附庸而已，不敢自称为国。

闰二月，宋封江南进奉使李从善为泰宁节度使，并把汴京的一所宅院赐给他，让他通知李煜来朝。李煜自是不肯，只是答应增加每年进贡的数目。

赵匡胤知道，林仁肇是个人物，以后必然会成为他向江南进军的障碍，决定设计把他除掉。他先买通林仁肇的侍者，盗取林的画像，悬挂房中，引江南使者观看，说："林仁肇要投降朝廷，命人送来这张画像，以此为信。"又指一指这座房子道："我已赐予他此宅，专等他入京居住。"李煜听了使者的禀报，用毒酒毒死了林仁肇，于是江南又少了一个可用之才。

开宝六年（973年）四月，李煜任命汤悦知左右内史事。汤悦非常清楚南唐的大难即将来临，就以年老为由，不肯赴任。李煜不许。九月，内史舍人潘佑、户部侍郎李平因搅乱朝纲，畏惧受到惩罚而自杀。

潘佑爱好法术，李平懂得一些修炼丹药和吐纳练气的事，二人关系密切。李平自称能与神仙交往，还说潘已死的父亲做了仙官，他与潘佑也都是仙官。于是各自在家设了静室，挂上神仙鬼怪的图像，装神弄鬼。李平对潘佑说："六朝大臣的坟墓中埋葬的宝剑、宝镜等，能辟鬼邪助人成仙。"潘佑为了搜集这些陪葬品，便让也是神仙迷的清辉殿学士张洎买了位于鸡哭山前十亩大小的乱坟地，盖上别墅，一有空闲便带领仆人挖坟寻宝。潘佑向李煜提了一条"治国方略"说："治国的根本在于重视农耕，重视农业就要复古井田制，抑制土地兼并，并且要按《周礼》的惯例，登记民籍和牛籍。"为把这些措施认真贯彻，他推荐好友李平为判司农寺官。这个政策使得百姓苦不堪言，非常不满。不得已李煜下令取消这些政策。

潘佑以为其"方略"行不通是执政大臣捣鬼的原因，便上书诋毁执政大臣，说他们早晚要与武臣勾结，发动政变。还说国家不久就有灭亡之灾，非由他潘佑出任宰相，才能把危险的形势扭转过来。这些奏章自然不会得到李煜的批准。潘佑又上疏请将宰相汤悦等大臣数十人斩首示众。李煜下诏书告诫他不可任意诽谤他人。从此潘佑再也不去上朝，但又上表说道："陛下即不能自强，还不能示弱？不如率兵去替宋朝收回河东，然后向宋称臣。这是保国的一条良策呢。"李煜不予理会。潘佑又多次请求辞官，并扬言说将避难于山中。十月，潘佑写了他的第七份表章，辱骂皇帝包庇奸臣，连桀纣都不如，是个昏君，自己不愿与奸臣为伍，为亡国之主效力，要求辞官。李煜大怒，下令说："潘佑如此狂悖，一定与李平有关，先把李平送大理寺狱关押，再逮捕潘佑。"潘佑闻讯自杀，李平也在狱中自缢身亡。李煜将潘佑的家属发配到饶州，后又加以赦免，并供给他们粮食。李煜宠幸张洎，封他为清辉殿学士，设清辉殿于皇宫中，以便随时召见。另设澄心堂，作为自己和太子太傅徐辽、太子太保徐游及张洎谋划策略之所，使中书省、枢密院这些机构形同虚设。

自从，李从善被扣留在江北以后，李煜思念不已，停止举行所有宴会，又写了一篇《却登高文》，抒发他的感情。开宝七年（974年）五月，派常州刺史陆昭符到江北进贡，特意把亲笔书信托他带上，请求赵匡胤放李从善回江南，但没有得到赵匡胤的准许。六月，封李从善的随从掌书记江直木为司门员外郎，通判兖州。不久李从善的母亲凌氏被封为吴国太夫人。赵匡胤得知陆昭符在江南与张洎有些过节后，对陆昭符说道："听说张洎在你们国家窃弄政权，你回去让他来见我，我要看看他是何等人物！"张洎权势炙手可热，陆昭符怎敢传递这些话？不传又是失职，更不敢得罪赵匡胤。陆昭符左右为难，于是决定在宋朝留下来，不再回江南。这正中赵匡胤的下怀。七月，江南落第举人樊若水投奔宋朝。樊若水知道宋兵迟早将会南下，自己不能空手入宋，总得立些功劳。于是，伪装成渔夫在采石矶旁的长江中捕鱼，用了几年时间，摸清了长江水面宽窄和水流缓急的情况。之后，他来到江北，建议赵匡胤在采石矶江面上用船搭建一座浮桥，大军便可过江。赵匡胤大喜，赐樊若水进士及第，把舒州团练的差事授于他；并且下诏让李煜将樊若水江南老母以及家属送往江北，李煜急忙照办。数日后，赵匡胤又加封樊若水为赞善大夫，派遣八作使郝守濬率领工匠到荆湖地区，按照樊若水的计策，建造大船和黄黑龙头船千艘，留作将来使用。

　　早在几年之前，赵匡胤就命人在城南建了一座规模宏大的离宫，赐名为礼贤宅，作为诱李煜和吴越王钱俶的诱饵。并许下诺言："李煜与吴越王钱俶，谁先归降，这座宅院便赐给谁。"又对吴越王的使者黄夷简说："告诉你的国主，江南不肯入朝，不久我将带军进军江南。要他早做准备，帮我作战。"吴越王又遣行军司马孙承佑来朝贡，归国时赵匡胤赏给钱俶许多器物钱币，并把将要进兵江南的日期告诉了他。

　　九月十八日，宋遣颍州团练使曹翰先期率兵赴荆南，准备从上流沿江东下攻打南唐。二十一日，又派宣徽南院使曹彬、侍卫马军都虞候李汉琼、判四方馆事田钦祚共同领兵随后到达。

　　宋太祖赵匡胤调兵遣将已毕，为找到发动战争的借口，派遣知制诰李穆出使江南，召李煜来朝。李煜若来，便扣留他，江南之事也就解决了；若不来，则以发动战争的理由加在他身上。李穆到了江南，说明来意，光政使、门下侍郎陈乔，清辉殿学士张洎，建议李煜不可北上。李煜遂以有病为借口，不北上朝见赵匡胤。赵匡胤得知后加紧部署军队。赵匡胤又派山南东道节度使潘美、侍卫步军都虞候刘遇、东上合门使梁迥等一同领兵到荆南会合。二十九日，任命太子中允、知荆湖转运使许仲宣兼南面随军转运使；也就是进军江南的总军需官。

　　赵匡胤在讲武殿设宴为曹彬与诸将饯行。酒过三巡，曹彬请求面授机宜，赵匡胤对曹彬说道："江南的事，由你自己全权处理好了。卿要牢记：不可杀害无辜百姓；最好的办法就是对他们多加招降，不要强攻城池，贪图速胜。"曹彬等人叩头接旨。赵匡胤又以匣剑授予曹彬说道："自副将潘美以下，有谁胆敢不听命令，你但杀不妨，无须再向朝廷奏报。"潘美等人听了此言，一个个吓得大汗淋漓。曹彬敬谨答道："臣遵旨。"

十八日，曹彬等自荆南出发，直奔金陵（今江苏南京）而去。

二十三日，任命吴越王钱俶为升州东南面行营招抚制置使，赐给他二百匹战马，要他从东南方起兵助攻南唐。又派客省使丁德裕领禁兵千人作为钱椒的前锋，同时监视吴越王的军队。

二十五日，曹彬等人率军自蕲阳（今湖北蕲春西北）渡江，攻破江南峡口寨，俘虏池州城派来的牙校王仁震、王宴、钱兴等三人。

三十日，正式任命曹彬为升州西南面行营马步军战棹都部署，曹翰为先锋都指挥，潘美为行营都监。宋军沿江东进，直趋池州（今安徽贵州）。池州守将戈彦弃城逃走。

闰十月五日，池州城被曹彬轻而易举地拿下了。

曹彬命八作使郝守濬先在石牌镇一带的江面上试造浮桥。成功以后，命令曾任汝州防御使的陆万友率兵守护。十三日，曹彬等人率兵与江南的军队在铜陵（在安徽境）大战，缴获二百多艘战船，俘虏八百多人。十八日，攻下芜湖，战火烧到今安徽境内当涂县（在安徽境），守官魏羽开城投降。宋军遂到达采石矶。二十三日，江南二万多人迎战，大败，一千多人被宋军生擒，包括马步军副都署杨收、兵马都监孙震这些高级将领。还缴获战马三百多匹。

十一月一日，宋朝的地方军队潭州兵入南唐境内，进攻萍乡（在江西境），南唐萍乡守将制置使刘茂忠将其击败。李煜当即把刘茂忠提升为袁州（今江西宜春）刺史。

九日，选泰宁节度使李从善所辖的军队及其他江南归附的水军一千三百多人改编成禁军，称之为"归圣军"。

十日，赵匡胤下诏，命令将石牌镇的浮桥移到采石矶，系缆三日而成功，不差尺寸，步兵过江，像在平地上走动一样。

十五日，知汉阳军李恕率当地军队击败了江南鄂州三千多水军，缴获敌战船四十多艘。

二十日，曹彬军在新林寨（今江苏江宁西南）缴获三十艘战船。

二十八日，堵截宋军过江部队的郑彦华和杜真部与宋军遭遇，杜真的步兵首先与宋军交战，当时形势比较危急，眼看要战败，郑彦华的水军竟然坐视不救，最终杜真军大败，金陵吃紧。

十二月，金陵戒严。李煜命令国中废除"开宝"年号，只以甲子纪年，当年称甲戌年。又大量招募民兵，有愿为国家出力而自愿献粮者，将按数目加官封爵，表示破釜沉舟，与宋军决一死战。

四日，江南鄂州三千多水军向北进犯，到达长江北岸，宋汉阳兵马监宁光祚率军把江南水军击败。

吴越王钱俶率兵围常州，俘获南唐二百五十名守军，八十匹马。二十日，又攻破利城寨，击杀三千多人。

二十三日，曹彬等人在新林港口大败江南兵。

北汉主刘继元见宋兵南伐，想趁其国中空虚，派遣代州刺史蔚进提兵南下，攻打宋平阳城（今山西临汾西南）。宋地方官权知晋州武守琦率众奋力抵抗，二十七日，双方在洪洞县（今山西境内）遭遇，发生激战，大败五千多北汉兵。

二十八日，吴越王钱俶在常州大败江南李煜万余人马。

契丹见宋朝渐强，打算与宋朝改善关系，遣使告诉北汉主刘继元说："如今中原与北汉实力悬殊，你千万不能随随便便出兵南犯。"北汉主听了失声恸哭，以为有这样千载难逢的机会，契丹非但不助他南下，还阻止其出兵，大为惋惜。

开宝八年（975年）正月初三，权知池州樊若水将江南共四千多人击败。

曹彬出兵以前，赵匡胤就把韶州（今广东曲江）刺史王明调任为黄州（今湖北黄冈）刺史，并把进攻的计划方略面授王明。王明上任后，立刻把州中的人员全都动员起来，修筑城池训练兵马。等到曹彬出兵，首先任命王明为池州到岳州江路巡检战棹都部署。八日，王明派兵马都监武守谦等人领兵过江，在武昌城下将江南兵一万多人击败，杀死七百多人，并夺取了樊山寨。同一天，曹彬遣行营左厢战棹都监田钦祚攻溧水（金陵属县），江南都统使李雄父子八人全都战死军中。

十七日，曹彬率大军直捣金陵，部将马军都指挥使李汉琼率所部渡过秦淮河，火攻江南水寨。水寨火起，一片大乱，李汉琼乘乱挥兵进击，夺取了水寨。起初，宋军到达秦淮河畔，江南兵水陆共十多万人，据城顽抗。因宋兵没有渡船，隔江与江南兵对峙。潘美亲率大军泅水过河，大败江南军。宋军沿浮桥源源过江，江南军为抢回浮桥溯流而上。潘美纵兵与战，活捉神卫都军头郑宾等七人。

二月十三日，宋军攻破金陵外城，大量江南将士被杀或落水溺亡。天德军都知兵马使张进等九人，见大势已去，投降宋军。

李煜听从张泊、陈乔的计策，坚壁清野，以为宋军没有粮食，师劳兵疲，必然会不攻自退。于是每日身处后苑，谈经论道，不问政事，以致江陵城被围一个多月，还蒙在鼓里。当时掌握兵权的是老将皇甫晖的儿子皇甫继勋，他只是一个富家子弟，无计御敌，一心降宋，不但经常与同僚和下级谈论投降之事，还阻止部下将校招募兵士夜袭宋营。五月，李煜亲自巡城，才发现金陵已处于宋军围困之下，大怒，将皇甫继勋斩首示众。从此，军令从澄心堂颁下，张泊控制了兵权。李煜见宋军围城难以突围，便命湖口（在江西境内）都虞候朱令赟率兵求救，朱令赟却一再拖延。

九月，江南都虞候刘澄投降，润州失陷。润州就是今日的江苏镇江市，由于与金陵毗邻，有非常重要的战略地位。润州的失陷，使得江南陷入危机。

十六日，宋将丁德裕押送润州降兵到金陵城下，许多人中途逃亡。曹彬怕降兵闹事，将他们悉数斩杀，然后向朝廷报告："在升州（即金陵）城下击败润州溃兵，杀死七百人。"此举被当作非常大的战功。

润州降后，围城的宋兵没有了后顾之忧，更加奋力攻城。李煜派遣道士周惟简和修文馆学士、承旨徐铉出使宋廷，请求缓兵。临行前，李煜传令停止上江兵入援。徐铉道："臣此行不一定能为国家排忧解难，为何下令停止入援呢？"李煜道："若征调援兵，对你们的安全不利。"徐铉道："国家社稷的利益为重，臣等的安全算得了什么？"李煜十分感动，下令加封他为左仆射，参知左右内史事。徐铉执意不肯接受。李煜怕周惟简自命清高，不能为国事力争，于是亲拟"奏目"，让他按奏目奏禀宋廷。

十月初一，徐铉、周惟简入宋营。二人被曹彬遣使送到京城。徐铉知道这次出使是要凭三寸不烂之舌退敌数十万兵，一路绞尽脑汁，进行了详细推敲，务必要说服宋朝君臣自动退兵。宋朝诸臣久闻徐铉的名气，提醒赵匡胤，要准备好应付之方法，免得当众出丑。赵匡胤很不以为然：历来文武兼济，方能成就大事。从未见过武事不备，专以口舌把人说服的。徐铉入朝后，口若悬河，说这些年来，李煜对宋朝是以小事大，如同以子事父一般，毫无任何过失可言。宋军兵伐江南，师出无名。赵匡胤缓缓反问："你说李煜对宋朝如同以子事父，既是子，怎能两家分居而住呢？"徐铉无言对答，周惟简只是把李煜写好的奏目呈上，一言不发。

二十日，江南援兵终于启程了。朱令赟从湖口出发。十五万人浩浩荡荡，顺江东下，准备先把采石矶的浮桥破了，再解金陵之围。宋将王明闻信，屯兵独树口，并遣使入朝，请求再增造三百只战船。赵匡胤道："朱令赟很快便到金陵，现在打造船只已经来不及。"便让王明在沿江洲浦不

谋占九鼎

宋朝开国奇谋

远处多树立些长木。朱令赟多疑，是个谨慎有余，果决不足的大将，远远看到这些长木，怀疑是宋军伏兵的桅木杆，迟疑不敢前行。时当初冬，江水日浅。朱令赟乘坐的大船，高十几层，转动不灵，花了好长时间才到达皖口（今安徽怀宁西，为皖水入江口）。这时，宋军船帆紧贴朱令赟的船舷，朱令赟命士兵火烧敌帆，宋船着火，损失不少，但忽然风向改变，朱令赟的船也被点着，军中大乱，宋军乘机攻击，大败朱令赟，朱令赟兵败被俘。金陵守军日夜盼望这支军队来援，如今全成泡影。只剩下孤城一座，又无援兵，以后的防守更加困难了。

十一月初三，李煜再派徐铉、周惟简到宋朝请求退兵。徐铉仍是那套老话，赵匡胤如何肯依。徐铉反复辩说，见赵匡胤总是不答应，一时性起，痛斥宋朝仗势欺人，不讲道理。赵匡胤手按剑柄怒曰："如今天下统一，江南国主却要独立一国，卧榻之侧，岂容他人鼾睡？这就是我攻打江南的道理，你休再多说。"徐铉无话可说，匆匆退出。赵匡胤又责备周惟简，惟简道："臣本来隐居山野，不求升官发财，是李煜强派臣到此。臣平素听人说终南山中有许多罕见药草，他日成为大王的臣民，愿陛下允许臣在那里安居。"原来他是为自己谋后路来了。李煜所用之人多如此辈，怎能不亡国？对他的要求赵匡胤自然满口应允。二人仍是无功而返。

在宋军围困金陵长达一年之后，城中虽然充足，但柴薪日见短缺。城中兵多次出战均败，士气大减。但曹彬谨记赵匡胤"不可强攻"和"让州郡自降"的吩咐，不敢强攻。这样拖了一年，曹彬使告诉李煜："一年来，我已做到仁至义尽，不能再等。我将在本月二十七日破城。是战是降，你自己拿主意。"李煜大惊，约定先让他的儿子清源郡公仲寓到宋朝洽谈投降的条款，但又拖延时间迟迟不出城。曹彬每日派人催促。李煜身边的臣僚道："金陵城楼高大，战壕很深，这一年来宋军都没有把城攻破，如今说二十七日破城，只不过是自己一厢情愿罢了。"李煜又不知如何是好，只得通知曹彬说："李仲寓正在准备行李，大约二十七日就可出城。"曹彬对来人道："我已说过二十七日破城，二十六日仲寓再出，已经来不及了，更不要说二十七日了。"李煜不听。

起初，赵匡胤数次托军使捎口信：不要杀害金陵城中的百姓，若形势所逼，至少对李煜一家的老小一定要严加保护。如今强攻金陵城，士卒必有伤亡，愤怒至极必定要杀人，纵然严令约束，也无济于事。曹彬为此思虑成疾。大小将士前来探望。有的还要介绍名医为他诊治。曹彬道："我的病不是药石能医好的。"众将以为他病势严重，不禁悲伤落泪。有心细的人问道："元帅这场病因何而得？"曹彬叹道："其实也不难治，只不知诸位肯不肯尽力。"众将一听，心中大喜，纷纷说道："元帅只管说，我们会不惜一切帮助元帅康复。"曹彬这才说道："只要诸君对天起誓，城破之日，不妄杀一人即可。"众特应允，于是共同焚香立誓。第二日，曹彬病愈，下令攻城。

二十七日，金陵城破，江南将士与宋军对抗。城将破，陈乔、张泊二人约定与国共存亡。陈乔自缢身亡，但张泊心里并不想殉国，他假意对李煜说，我本来应该与陈乔一样，以死报国，但我苟且偷生，是为了以后朝廷向陛下问罪时，为陛下辩解。

曹彬率众入城，秋毫无犯。曹彬以宾客之礼对待李煜和江南群臣，又让李煜回宫收拾行装。李煜答应了，曹彬命人把他送回宫去，挑选精兵千人守护宫门。部将梁迥、田钦祚等人说道："放李煜入宫，这件事做得恐怕不稳妥。皇上一再吩咐我们保护李煜一家老小，如果他寻短见，我等如何能担当得起这重大的罪责？"曹彬道："你们不必担心，要是有勇气自杀，何必来营中与我见面，徒受其辱？"梁迥、田钦祚等人听了，非常佩服曹彬明事理。曹彬又委派五百人为李煜运载行装，但李煜伤心国亡，把宫中黄金、财物一股脑儿分给了近臣，自己所剩无几。

曹彬入城后，严明军纪，禁止士兵抢掠。城中仓廪府库，诸般财物，委派转运使许仲宣按籍账、文卷查收。班师回朝时，曹彬船中只有一床棉被，几套换洗衣服，几卷图书，因此深得赵匡胤信任。

十二月一日，江南被平定的捷报传到汴京，宋朝新得州城十九座，军府三座，县城一百零八座。赵匡胤乐得老泪纵横。为了掩饰自己的失态，说道："如今天下统一，可喜可贺，但是战争也给百姓带来深重的灾难，想想实在可怜。"下令开仓赈济百姓。

李煜投降后，按曹彬的命令，他让其他州郡也投降。各地接到命令相继投降。江州刺史谢彦实也要投降宋军，军校胡则、牙校宋德明杀刺史，号召军士坚守城池。曹彬命先锋、都指挥使曹翰前往讨伐。江州城高池深，竟然屡攻不下。自头年冬天直到来年四月，不计其数的宋军战死城下。后因胡则病重，军队群龙无首，城门才被宋军攻破。军士又坚持巷战，直到全部战死。胡则和宋德明被俘身亡。起初，赵匡胤知江州一定能够破，委任右补阙张霁为江州知州事，与曹翰一同入城。乘局势混乱，曹翰的兵大肆抢掠，百姓到州衙喊冤。张霁查明真相，将士兵斩首示众。曹翰大怒，于是下令屠城，数万人被杀死。被杀者家中财产不下亿万，全被曹翰据为己有。因为害怕张霁告发，曹翰便先下手为强，捏造了一些罪名，上表诬陷张霁。朝廷不问青红皂白，竟将张霁调任饶州。曹翰以将江州庐山东林寺中的罗汉像运往颍州之名，用船将所掠财物全部运回江北。

李煜被押解到开封，宋太祖赵匡胤封他做了充满讽刺意味的违命侯。满腔忧愤的他想到祖辈创建的功业都毁于自己手中，只能寄情于文学，在诗词创作上达到了一个顶峰。但他词中所表达对故国的思念之情引起了宋太宗的不满，终究死于宋太宗赵光义之手。

南唐自李昪立国，割据了三十九年之后亡国。其实，"冰冻三尺，非一日之寒"。自周世宗显德五年（958年）以后，南唐内政不修，而中原政治势力日益强大，尤其宋朝建立以后，双方力量更加悬殊，南唐国的灭亡只是时间的问题。宋太祖赵匡胤对于南唐的策略，采用的是先柔后打的方法。在他还无暇顾及的时候，便对李煜以礼相待，但是等他作好了准备，便寻找借口立即发动了战争。李煜偏安于金陵，只希望可以偷生，但却不可得。究其根本，用赵匡胤曾经的一句话便可以说明："卧榻之侧，岂容他人鼾睡！"想要一统天下的宋太祖，又怎么会在金陵破例？李煜要是早一些认识到这一点。"南唐也许就不会那么轻易地覆亡了。

# 第十章
## 太宗继位，基本统一

开宝九年（976年）秋，宋太祖赵匡胤暴卒，其弟晋王赵光义即帝位，是为宋太宗。然而，他的即位却引出了一段千古之谜：金匮之盟。宋太宗登基后，继续为统一而征战：吴越归降，北宋统一了南方；宋太宗亲伐北汉，迫使北汉投降；北伐幽燕，却由于宋太宗操之过急，策略不当，以失败而告终；党项族李氏曾经入贡，自动放弃割据政权，但其族弟李继迁时叛时降，并与辽共同对付宋朝，西夏最终也未能归附。至此，除北方仍然留存的契丹所建辽朝、西北地区的党项族势力外，北宋基本完成了统一大业。

# 金匮之盟，太宗登基

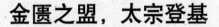
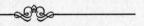

开宝九年（976年）十月，赵匡胤年满五十，正当大有作为之时，然而，他却突然暴死，在历史上留下了一桩疑案。有人说，就在赵匡胤死的当日（十月二十日夜），赵匡胤在与晋王赵光义于烛影之下的一席长谈后暴死，其弟赵光义继位，是为宋太宗。其个中原因至今不为人所知，遂成为千古疑案，迷雾重重。这还不算，更让人称奇的是：金匮之盟。

有人说赵光义之所以当了皇帝，是赵匡胤遵从了母亲杜太后的遗愿而传位的，大家都知道赵匡胤是一个大孝子，又以孝道治天下，所以这种说法在群众当中也有一定的市场。据说，赵匡胤和赵光义的生母杜太后十分疼爱赵光义，也十分信赖赵普，常常告诫赵光义要和赵普多交往，多向他学习。这为以后的"金匮之盟"之说埋下了伏笔。

据说杜太后在临终前，曾经把赵匡胤和赵普叫到面前嘱咐后事。这件事情发生在宋太祖即位的第二年。当时，杜太后曾问赵匡胤："你知道自己怎么得到天下的吗？"

宋太祖赵匡胤流着眼泪，呜咽着没有回答。杜太后接着又说："我这是自然死亡，没有必要哭泣。我想找你说一件大事情，但你却哭哭啼啼，能别哭了吗？"接着又问了一遍，赵匡胤才说请母亲吩咐后事吧。

杜太后说："后周皇帝柴荣让自己未成年的儿子当皇帝，群臣不服，所以你能乘机当了皇帝。如果后周的皇帝年长，你能当得了皇帝吗？你和赵光义都是我生的，你以后传位的话，就传给你的弟弟。天下之大，能由年长的人当皇帝的话，是国家的福气。"

宋太祖赵匡胤含着眼泪听完了母亲的话，并磕头保证一定听从母亲的教导，杜太后回头对站在一旁的赵普说："你要把我说的话记录下来，不可违背。"赵普就在杜太后的床前，记录了赵匡胤的誓言，在纸的最后署上"臣普记"三个字。太祖把这份誓书藏在一只金匮里，命令人严加保管。

这就是"金匮之盟"的来龙去脉。这种说法为赵光义当皇帝进行了合法性的辩护，证明他是正当登上皇帝位置的，是赵匡胤遵守孝道，传位给自己的弟弟，后人对此不应当怀疑。但是，这种说法，遭到了很多人的质疑。民间传说，赵光义即位不当，是靠阴谋诡计夺得了帝位。后来，赵光义在百姓中的形象成了一个阴险毒辣的小人，其中"斧声烛影"就是最好的证明。

关于"金匮之盟"的叙述更是众说纷纭。

第一说，当事人不同。司马光在《涑水记闻》中称赵光义不在现场；宋真宗咸平元年（998年）重修的《太祖实录》说赵光义也参与顾命；王禹偁所著的《建隆遗事》则说赵光义和赵光美都一起聆听杜太后临终遗言；李焘的《续资治通鉴长编》认为，当事人只有杜太后、赵匡胤和赵普。

第二说，杜太后的遗言不尽相同。《宋史·后妃传》中记载"将皇位传给你弟弟"。《涑水记闻》中记载"应当把帝位按次序传给你的两个弟弟及儿子"。《宋史纪事本末》则说"应传位给光义，再由光义传给光美，光美传给德昭"。《续资治通鉴长编》则称"你与光义皆是我亲生，应传给你弟弟"。（难道光美不是杜氏亲生？）

不同的记载给人们留下种种疑问，但"金匮之盟"本身又存在种种破绽。

其一，"金匮之盟"的时间是961年。杜太后临终时，赵匡胤年仅三十五岁，德昭十一岁。杜太后难道希望赵匡胤早点死去吗？如果不是，何以有"不用幼儿而立长君"之语？若用常理推断，赵匡胤死时，儿子必已长大成人，岂能与柴氏幼子相提并论。杜氏的言语显然说不通。

不过，这一点似乎可用下列理由推翻：杜太后宠爱赵光义，但又不好找理由，所以故意说出这些话来，逼迫赵匡胤死后将皇位传给光义。

其二，大宋王朝建立刚刚一年，杜太后也不过刚从一个家庭妇女跃升为太后。如果说她有智谋，可以令人相信，但如果说杜太后干预政事，竟可以一手促成"皇位继承"这种王国第一件大事，就有点神乎其神了。

其三，出示"金匮之盟"的时间大有问题。为什么赵普不在赵光义初即位时出示，而是在太平兴国六年（981年），在赵匡胤已死去五年，赵光义想要清除反对派时，赵普才出示？难道说赵普疏忽了吗？与其这样说，还不如说赵普根本不知道"金匮之盟"是何等重要。这显然说不通。

另外，"金匮之盟"出示前后，赵光义对赵普的态度大转弯也值得仔细推敲。

本来，赵普与赵光义为争权产生很大的矛盾。虽说赵普被罢相出镇河阳时，曾上书赵匡胤，说："皇弟光义，忠孝兼全，外人谓臣轻议皇弟，臣怎敢出此？且与闻昭宪太后顾命，宁有贰心？知臣莫如君，愿赐昭鉴。"但这封奏书被赵匡胤藏于金匮之中，外人不能得知。它的公开面世是与"金匮之盟"一起出现的。那么，是不是赵普暗做的手脚呢？

赵光义对赵普的态度显然不怎么样。他曾对人说："如果赵普还做宰相，朕不能坐皇位。"还说："赵普向来与朕有不足，众人所知。"但是，当赵普献上"金匮之盟"的厚礼，使赵光义之得位变得名正言顺后，赵光义马上改变态度，对赵普说："人谁无过，朕不待五十，已尽知四十九年非矣。从今以后，才识卿忠。"

在太平兴国三年（978年）始修、五年（980年）成书的《太祖实录》（旧录）中只字不提"金匮之盟"。难道是史官们忘了吗？如果真的有，这样关于一国命运的大事能被忘掉？后来，赵光义重修《太祖实录》，才在里面记载"金匮之盟"的内容。

赵光义即位之后，不过两个月，便迫不及待地改元为太平兴国元年。自古以来，新皇帝若非篡位，均以次年改元。赵光义为此付出了很大代价，他曾回顾道："即位之始，览前王令典，睹五代弊政，以其习俗既久，乃革故鼎新，别作朝廷法度。于是远近腾口，咸以为非。至于二三大臣，皆旧德耆年，亦不能无异。朕执手坚固，靡以动摇，昼夜孜孜，勤行不怠。"

据《辽史·景宗本纪》记载："宋主匡胤殂，其弟炅自立。遣使来告。"何以称"自立"？这又是对"金匮之盟"的一大否定。"金匮之盟"是否是赵光义为巩固统治而与赵普商议的一个计谋？唯有从历史中去寻找答案了。

宋真宗之后六位皇帝皆为宋太宗的子孙，而宋太祖暴死，其两个儿子此后也不明不白去世，宋太祖的后嗣渐渐流落民间，从而引起世人的不平，故许多有关宋太祖的秘闻故事，如"金匮之盟"、"烛影斧声"之类，在民间广为流传。到南宋初，社会上竟流传着这样一则颇为荒诞的说法，即在北宋末年率领女真铁骑攻陷北宋京城开封的金军元帅斡离不，掳掠钦、徽二帝北归，并将宋太宗的子孙几乎屠杀殆尽，而见过斡离不的宋人却惊异地发现，斡离不的容貌非常像宋太祖，于是便有斡离不为宋太祖转世之传说，以此来复仇。在如此大背景下，因南宋第一位皇帝宋高宗赵构由于意外而丧失了生育能力，未有子嗣，故在皇位继承问题上，大臣们议论纷纷，于是"金匮之盟"的余波再次显现，迫使宋高宗选择宋太祖的后嗣，将宋太祖七世孙赵昚作为自己的皇位继承者，是为宋孝宗。此后，宋朝皇位又自宋太宗一系回到了宋太祖一系。

至此，关于"金匮之盟"之说，从现存的史料来看，晚年的赵匡胤似乎并无意传位给自己的弟弟，但杜太后逝世时兄弟二人是否和睦也是真假难辨。所以说，金匮之盟的真假更是无可分辨。

关于宋太祖赵匡胤的暴死，人们也是各有说辞。

据说，宋太祖赵匡胤即位后，尊其母杜氏为皇太后，而杜氏却最为疼爱二儿子赵光义，并于建隆三年（962年），在自己弥留之际以赵普为证人留下"兄终弟及"的遗言。但是在杜氏死后赵匡胤不遵遗嘱，而赵光义却"暗结豪杰"准备登基，两人矛盾渐深。

开宝九年（976年）十月，赵匡胤病重。周至县（在今陕西境）民张守真家突然有神降临，自称是玉皇大帝的辅佐，号黑杀将军，从此只要张守真焚香祭请，黑杀将军就会降临，并伴有呼呼的风声，能够预测人的吉凶祸福。从那以后，张守真就不再做事，当了道士。赵匡胤得知后，命人把张守真请到宫中。于十月十九日，设立斋坛，令张守真请神，对赵匡胤的吉凶祸福进行占卜。果然，黑杀将军又按时来了，说了两句话："天上宫阙已成，玉锁已开；晋王有仁心。"再问已没有任何声音了。这两句话暗示赵匡胤即将死亡，应该传位给晋王。赵匡胤听了，让宦官王继恩去把皇弟赵光义叫来，以嘱后事。左右人员全都被屏退，在寝殿仅有他们兄弟俩留下议事。外人听不到说话的声音，只是远远地看见烛光摇曳，其间赵光义曾离开座位，像谦让的样子。一会儿，宋太祖拿起旁边立着的柱斧戳地，大声对赵光义说："好自为之！"次日早晨，赵匡胤就驾崩了。

另有史书上是这样记载的：十月十九日晚，病重的宋太祖召见赵光义，兄弟俩谈到半夜，赵光义才在大雪中出宫。赵匡胤入睡后，侍寝的差官听到他鼾声如雷，不久发现情况有些异常，一看发现他已咽气多时。急忙通报宋皇后。夜四更左右，宋皇后命内侍王继恩把贵州防御使赵德芳召入宫中。赵匡胤先后立过三个皇后：贺皇后死于后周显德五年（959年），生了魏王赵德昭。王皇后死于隆德元年（963年），所生三个女儿都夭折了。第三个就是这位宋皇后。内侍王继恩假意去传赵德芳，却直奔晋王府。刚巧，医官左押衙程德玄因听见有人叩门喊"晋王召见"，开门却不见人影，便以为晋王生病，特来晋王府看看。于是两人一同叩门进见晋王，禀明情况，要他急速进宫。晋王大惊失色，对是否进宫抢夺皇位犹豫不决，拖延了很长时间，才与王继恩、程德玄一同来到内宫。宋皇后见王继恩抗旨召来晋王恐惧万分，联想到历代为争夺皇位，皇族自相残杀的旧事，只好屈服，同意晋王即皇帝位，并要求他保全她母子数人的性命。晋王一一答应。

在万岁殿中，君臣朝拜新帝宋太宗赵光义，赵匡胤的尸身正停放在正堂上，太宗一边接受朝贺，一边号啕大哭，悲痛万分。

宋太宗赵光义生于公元939年，公元976年至997年在位。他自幼喜爱读书，他父亲赵弘殷祖统兵淮南，攻破州县，财物丝毫不取，只是搜求古书给他，并且经常告诫、勉励他，赵光义因此学问精深，多才多艺。

后周时，赵光义官至供奉官都知。宋朝建立后，被授予殿前都虞候之职，领睦州防御。宋太祖亲征泽州、潞州的时候，赵光义以大内点检的身份留守东都，不久担任泰宁军节度使。宋太祖亲征李重进的时候，赵光义为大内都部署，还授予他同平章事之职，并行使开封尹的职权，又加官兼中书令。宋太祖亲征太原的时候，赵光义改任为东都留守，封为晋王，赐给他房宅，其职位位居宰相之上。开宝九年（976年）十月，赵匡胤逝世，赵光义继承皇位，为便于臣民避讳，改名赵炅，死后追封庙号太宗，谥号神功圣德文武皇帝，史称宋太宗。

宋太宗在位的二十二年间，把割据势力最终大致扫平，基本实现了统一，进一步加强了中央集权，社会经济得到恢复和发展，国力昌盛，吏治清明，创造了又一个太平盛世，史称"宋太宗之治"。

宋太宗即位第三天，即二十二日，大赦天下，命边境士兵停止侵扰外境，群臣要提建议，可以上表，也可以面谈。宣布遵循先皇所制定的各项制度，封赏文武百官。二十七日，封皇弟永兴节度使兼侍中赵廷美（赵光美，为避讳改名为赵廷美）为齐王，担任开封尹兼中书令。同时给赵德昭、赵德芳也都加了官。命令太祖的儿子与齐王赵廷美的儿子都称为皇子，女儿都称为皇女。

十二月，下诏称次年为太平兴国元年（976年）。

太平兴国二年（977年）正月，增加科举考试的录取名额。太祖时每次录取人数超过百人，太宗将亲试进士增为一百零九人，诸科二百零七人，全都赐予进士及第，又将被州县推到京城参加考试十五次以上而不中者一百八十四人（包括进士和诸科二类），全都赐给进士出身，总共录取五百人，都从优授官。士人非常高兴。

宋太宗赵光义即位后，委派心腹到各地访察官吏的行为，秘密上报，对那些不守法的官员当即处死，不问口供。至于这种做法，虽然有利于打击贪官污吏，但也滥杀了一批无辜官吏。

# 吴越归降，免遭战祸

宋太宗太平兴国三年（978年）吴越归降。钱氏自唐末占据两浙十三州，自称吴越王以来，到宋太宗太平兴国三年（978年）投降宋朝，割据了将近一百年的时间。其实，在宋军所向披靡征战南方时，心怀幻想可以与宋廷和平共处的不止南唐后主李煜，还有吴越钱俶。

早在宋太祖赵匡胤登基后，按照旧俗将天下兵马大元帅之职授予钱俶。三月，吴越王钱俶派使者前来祝贺，从此每年都向宋朝称臣纳贡。相对于以前吴越贡奉后周来说，贡品的数量更加多了。

建隆三年（962午）八月，在钱俶的请求下，宋封其二子钱惟浚为建武节度使。

乾德元年（963年），钱俶朝献给宋朝的贡品有一万两白金，十株犀角，十株象牙，十五万斤香药以及金银、珍珠、玳瑁器数十万种。宋朝赐给钱俶号为"承家保国、宣德守道、忠正恭顺功臣"。

开宝三年（970年），钱惟浚入宋朝贡，宋朝加封他为镇海、镇东节度使。赵匡胤特在御苑设宴款待他，并赐他与诸王同席而坐，宴会结束后，赐给他白玉带、缀珠衣、水晶鞍勒、御马等。临回国，又以袭衣、玉带、金鞍、勒马之物赐之。

开宝七年（974年）二月，宋右领卫大将军周广对赵匡胤道："朝廷遣使江南，吴越王面南而坐，旁设使者位。天无二日，国无二主，面南而坐是天子的坐法，钱俶没有理由这样坐，而我国的使节并没有加以纠正，这有损于我国的威望。"他许诺能将钱俶的错误纠正过来。于是在钱俶生日时赵匡胤遣周广前往祝贺。钱俶仍按照过去的规矩设置座位，周广道："我们同样为臣，这样设置座位，我如何能坐？"钱俶只得将座位移到东侧，与周广分宾主落座。回朝后周广骄横无比，以此邀功请赏。赵匡胤道："你只不过是凭借朝廷的威势威吓钱俶而已，何功之有？"周广抱惭离去。

钱俶命江南诗人黄夷简出使，临归时，赵匡胤对他说道："请你转告元帅：朕在薰风门外建了一座很漂亮的离宫，其规模之大，景色之秀丽，绝不比江浙宫殿逊色。朕已赐名为'礼贤宅'。朕曾说过，元帅与南唐国主李煜谁先到汴京，我把此宅赐给谁居住。如今李煜倔强，不肯来朝，朕将派兵讨伐他。元帅应该出兵助我，切莫听信别人之言，舍中原大国而帮助江南小国。"开宝七年七月，钱俶遣钱文赟朝贡，赵匡胤便把建礼贤宅、赐钱的诏书草稿拿给他看。不久钱俶遣行军司马孙承佑来朝贡，赵匡胤悄悄告诉他朝廷出师南唐的日期，要钱俶发兵接应。

开宝七年（974年）十月二十三日，赵匡胤让吴越王钱俶担任升州（即金陵）东南面行营招抚制置使，赐给他二百匹战马。另遣客省使丁德裕率领禁军共一千人，作为钱俶军的前锋，其实是以丁为钱俶军的监军。李煜闻讯，派遣使者交给钱俶一封书信，其中说："今日无我，难道说明天你还能做得了君王吗？一等到天子再度赏赐功臣，你就不过是大梁城中一个平民百姓了。"钱俶不加理会，并于十一月十四日将李煜的书信献给朝廷。

钱俶接受宋朝委任后以沈承礼权知国务，亲率五万大军进攻南唐常州城。丞相沈虎子谏阻说："南唐是我吴越国的屏藩，进攻南唐，犹如自毁屏藩。"钱俶不听，沈虎子辞官离任，钱俶以通儒学士崔仁冀接替

谋占九鼎

宋朝开国奇谋

其职。

十二月十六日，钱俶包围了常州，五日后，把城外的利城寨攻了下来，斩杀南唐兵三千余众，活捉六百多人。又八日，在常州北境击败南唐万余兵，从此南唐兵不敢出常州城一步。于是他又分兵进攻江阴和宜兴。

开宝八年（975年）二月，宋朝把五万套军衣赏赐给吴越王钱俶之军。

四月，吴越王兵又攻陷江阴、宜兴城，使得常州成了一座孤城。大将金成礼发动兵变，挟制刺史禹万成举城投降，常州城陷落。

赵匡胤闻讯大喜。五月一日加封钱俶为守太师，钱俶子钱惟浚为同平章事，钱惟治军节度使，行军司马孙承佑为平江节度使。而以丁德裕权知常州，夺取了吴越兵的胜利果实。

五月十三日，南唐江阴沿江诸寨相继投降，钱俶遣使入朝报捷。

赵匡胤以军中将士劳苦为由，命钱俶回国。七月，钱俶命沈承礼率领吴越军配合宋军作战。

沈承礼与丁德裕率吴越军进围润州（今江苏镇江），八月，南唐兵五千余人在润州城下被其击败。

九月，润州守将侍卫都虞候刘澄开门投降，从此南唐京都金陵城的东方门户洞开。吴越兵和守军围困了金陵。

十一月二十七日，金陵城破，李煜出降，南唐国亡。

在金陵城即将被攻破的时候，赵匡胤召见吴越国进奏使任知果说："你国国主帮助我们攻破常州，立下大功，待江南平定，可来汴京小住几日即回，我决不会强留他住在汴京的，让他放心好了。"吴越新任丞相崔仁冀也对钱俶说："宋天子英武过人，兵精将勇，用兵四方，战无不胜。如今他们已经平定西蜀、荆湘、南汉，南唐也已是他们的囊中之物，天下的形势已经很明朗。为了避免民众受战争之苦，臣服宋朝是一条好路啊。"钱俶深以为然，遂于十二月二十九日，请求亲到汴京，庆祝宋太祖的生日，赵匡胤答应了他的请求。

开宝九年（976年）正月，宋封吴越将沈承礼为威武节度使，奖励他在围攻润州时的功勋。

二月十四日，赵匡胤遣皇长子兴元尹赵德昭前往睢阳（今河南商丘）迎接入京晋见的钱俶。用兵南唐时，丁德裕为吴越兵监军。凭借朝廷的威势，刚愎自用，贪得无厌。吴越王钱俶曾把他的所作所为奏明朝廷。十八日，赵匡胤将丁德裕贬为光州刺史。二十日，钱俶率领妻儿，一起入朝叩见。赵匡胤在崇德殿接见他们，在长春殿设宴招待，然后命钱氏全家住进礼贤宅。钱俶初入京，献上贡品：绢五万匹，白金四万两。长春殿赐宴后，又贡白金二万两，乳香二万斤，绢三万匹。另外为庆祝宋朝平定南唐，献上白金五万两，绵一百八十万两，钱十万贯，茶八万五千斤，犀角、象牙共二百株，香药三百斤。在礼贤宅安住下来以后，赵匡胤去探望，又贡白金十万两，绢五万匹，乳香五万斤。

三月四日，赵匡胤下诏，赐钱俶剑履上殿，又封其妻孙氏为吴国王妃，命惟浚宣读诏书。宋相道："没有封异姓诸侯王妻子为妃的先例。"赵匡胤回答说："自我朝开始，有什么不可以？这样做，是为表示对钱氏的特殊恩典。"

吴越王钱俶在汴京时，赵匡胤经常召他们父子在后苑饮酒、射箭，在座相陪的都是封王之人。钱俶每行跪拜礼，赵匡胤都命内侍扶起。一天，又在后苑饮酒、射箭，只有晋王光义、秦王廷美两个皇弟在座。钱俶很肥胖，举止沉稳，赵匡胤赞赏道："真是一个王公之才啊！"遂命与光义各序年齿，结为兄弟。钱俶吓得绕席而走，连忙推谢："臣万死也不敢遵命。"赵匡胤只得作罢。

一次，赵匡胤将要到西京洛阳祭祖，钱俶请求随行护驾，赵匡胤不许，又请求留在汴京居住，赵匡胤道："我曾经许诺过允许你回国，你可以回去，只要你不背叛朝廷，我不会出兵灭吴越国的，你放心好了。"钱俶涕泣谢恩，自请将长子惟浚留朝伴侍赵匡胤，赵匡胤这才答应在讲武殿设宴为钱俶饯行。席间，对钱俶道："南北气温差异很大，这儿虽还没有进入夏天，但江南应是日渐炎热。卿你应该提前出发了，免得途中受炎热之苦。"钱俶又请求每三年入朝一次。赵匡胤道："路途遥远，往返不易。等到朝廷下诏请你入朝时再来吧。"钱俶连声答应。当时朝中有十几个大臣上书，请求扣留钱俶，乘机攻取两浙土地，赵匡胤没有应允。

钱俶临行前，赵匡胤命人送来一个黄绢包袱，命其到途中无人时再打开观看。归国途中，按赵匡胤的嘱咐，钱俶打开黄绢包袱，发现竟是十几位大臣奏请皇帝扣留自己，乘机灭掉吴越国的奏章。他胆战心惊，以为是自己丰厚的贡品以及对宋朝的敬畏感动了赵匡胤。从此，钱俶只知继续纳贡，却不知加强国力、兵力以自强。

钱俶经常在功臣堂处理政事。这一天，突然命人把座位挪到东侧，侍从问其原由，钱俶道："西北是神京汴都所在的方位，我两浙虽在千里之外，圣天子若在端位正坐，我心中怎能安宁？"他又搜罗能工巧匠，为宋朝精心打造各种各样的精巧贡品，想以此来打动宋朝，以求苟延残喘。

宋太宗赵光义对吴越，依然按照宋太祖的政策行事。他即位三个月，就授给吴越王钱俶尚书令兼中书令、天下兵马大元帅的头衔，下诏表彰，要他牢记皇帝对他的恩宠。接到诏书，吴越王取消所有的军事防御设施，请求收纳士卒兵器，表示拥护宋朝统一天下。

太平兴国二年（977年）正月，钱俶派其子钱惟演进京庆贺新帝即位，贡品有：御衣、通天犀带、金器、玳瑁器，金银器，龙脑檀香床、涂金银的香台、水晶质假花、银质假水果等共数千件，其价值超过一万两白银。此外又贡犀角、象牙三十株，番药一万斤，干姜五万斤，茶五万斤。并请求增加每年的常贡，太宗不许。宋太祖赵匡胤在世时曾经说过："这些迟早是我府库中的东西，不必你来进贡。"但没真正阻止他。如今太宗不让增贡，钱俶懵然不觉太宗要改变吴越政策之意。

宋太祖赵匡胤金币

正月十八日，吴越国王妃孙氏死，朝廷遣给事中程羽为吊祭使到江南吊祭。

二月二日，钱俶遣使入朝进贡。

八日，以太祖丧事在即，而遣使以贡礼相赠。

三月三日，又派使者朝贡。

五月二十一日，陈洪进北上入朝。

闰七月一日，宋遣翰林使程德光前往宿州（今安徽宿县）迎接陈洪进。二十日，翰林学士李昉出使吴越。

九月，吴越王钱俶将要入朝，先使自己的儿子惟浚到宋朝进贡。宋遣户部郎中侯陟到泗州（今江苏盱眙东北）迎接，惟浚入朝后，宋朝赏赐他很多金银财物。

此次钱俶进京，是由于李昉出使吴越时，曾劝他归降宋朝，并带去了朝廷召见的诏书，因此他匆匆上京。陈洪进已经上路，钱俶不敢多加耽搁。

太平兴国三年（978年）初，钱俶启程入宋。这次入京朝见，能否再返回江浙，这一点钱氏实无把握。离杭前一日，他遍祀祖先陵庙，含泪祈祷说："子孙钱俶不孝，不能长守祖宗祭祀，又不能以死报国，现在背井离乡，前往汴京，朝觐宋皇帝，前途未卜，万一不能归来，重新祭扫祖先陵墓，望列祖列宗放宽心思，不要因为香火断绝而在意。"祈罢，恸哭不已。

二月十八日，朝廷遣梁迥前往淮西迎接钱俶，三月，又命钱惟浚到宋州迎接。刚开始的时候，钱俶曾派遣孙承佑入朝奏事，太宗便命孙承佑管理对钱俶的花费。钱俶入京后，齐王廷美在迎春苑设宴招待，接着在崇德殿晋见太宗，太宗赏赐给他大量衣帛财物。当日又在长春殿设宴，由降王刘鋹、李煜作陪。钱俶献上贡品：五万两白金，十万匹绢，二万绫匹。另有绵、茶、越窑瓷器、钿器、画舫、龙舟、食案、御床、各种摆设，多得无法计算。

到了四月，幕僚刘昌言向陈洪进献策："江南大国大多归顺宋朝，余下的只有闽中和两浙，闽中与两浙国力薄弱，无法与宋抗衡，最终都得落入宋手，现在钱俶在降与不降之间徘徊，陛下若将漳、泉二州拱手让给宋朝，宋为了激励钱氏归顺，必然会重赏陛下。陛下若迟疑不决，让钱氏抢先，境况可能就大不一样了。"陈洪进以为言之有理，于是上表将所属漳、泉二州十四县土地献给宋朝。太宗皇帝果然重重封赏了他，任命陈洪进为武宁节度使、同平章事。又封他的几个儿子为刺史、团练等职。

钱俶离杭州时，将历年存放在国库的价值亿万钱的积蓄全部搬到开封，想以优厚的贡物打动太宗，允其回国。入朝以后，宰相卢多逊先后三十次上表请求拘留钱俶，太宗皇帝始终不作答复。正在太宗难以决断的时候，陈洪进上表献地，朝廷对陈洪进又赏又封，这弄得钱俶处境尴尬，只得决定先将国中甲兵籍账献给朝廷。他似乎觉得还不够，又上表请求撤销他的"吴越国王"、"兵马元帅"等名号，废除"剑履上殿"、"书诏不名"等待遇。太宗不允许。又上表请回杭州，太宗也不答应。钱俶惊慌失措。吴越宰相崔仁冀说道："朝廷意思是要陛下交出二浙土地，如果陛下不答应的话，势必要大祸临头。"左右僚佐极力反对，崔仁冀厉声喝斥道："如今人为刀俎，我为鱼肉，若不如此，谁有良策能使陛下脱离险境？"众人哑口无言。钱俶这才下了决心，上奏表示自愿将统领的十三州、一军府、八十六县、五十五万民户、十一万兵丁，全部献给太宗。

时为太平兴国三年五月，太宗在崇元殿正式接受了钱俶的归降，改封钱俶为淮海国王，并赐号为"宁淮镇海、崇文跃武、宣德守道功臣"。将礼贤宅赏赐给他做府第，还大赏吴越群臣。

钱俶的投降使得二浙十三州百姓免遭战祸。端拱元年（988年）八月，钱俶在开封无病而死，终年六十岁。钱氏在宋朝世代都享有荣华富贵。

其实，在收复吴越之地时，已经占据完全优势的宋军，无须再以兵力相加，只是凭借着施加压力，没有费一兵一卒就将其纳入宋的管理之中。古语云：攻城为下，攻心为上。宋这一策略正是以攻心为主，首先通过施压和暗示，让钱俶明白自己和吴越的命运随时都在宋廷的手心中，予取予求。然后通过陈洪进纳土一事，让他知道自己究竟应该选择哪一条路才最合最高统治者的心意。别无选择的钱俶最后选择了纳土归降，这一选择也同时让吴越这片富饶的土地免受战火的侵害，保护了百姓的生产生活。从发展角度来看，也算是起到了积极的作用，实现了和平过渡。

北宋时期政治家、文学家、史学家欧阳修曾在《新五代史》记述说，吴越将从老百姓那里收敛来的租税以及从海商那里抢掠的香药宝货，都进贡给中原。自五代以来，贡奉就没有停止过。所以割据的十国之中，除北汉以外，吴越灭亡最晚，其灭亡也是一个漫长的过程。

# 二征北汉，大获全胜

开宝元年（968年）八月，宋太祖一征北汉无功而返。在宋军看来，在如此贫弱的北汉那里却吃了败仗，谁也咽不下这口气的。所以，宋太宗赵光义即位后，宋廷又重提征伐北汉之事，并于太平兴国四年（979年）二月开始第二次讨伐北汉。

宋太宗赵光义即位不久就表示："我一定要拿下太原！"宋太宗决意要拿下北汉，一雪前耻。太平兴国四年（979年）正月，南方全部归顺，宋太宗召集大臣商议讨伐北汉之策。宰相薛居正等许多朝臣反对讨伐北汉，薛居正说："当初，周世宗举兵进攻，北汉依靠辽的支援，坚守城池，按兵不动，周只得撤兵。后来，太祖在雁门以南打败辽人，将其百姓都安置在黄河、洛水之间。北汉已经没有多大力量，得到它也不能增加多少国土。请陛下慎重考虑此事。""周世宗时，在石岭关失利，军心动摇，不得不班师回朝；太祖时，因士兵多患腹病才不得不退回，并不是北汉的城防坚不可摧。"宋太宗问："那么我现在出兵北伐，你认为如何呢？"曹彬回答道："如今国家兵精将勇，人心统一，铲平太原，易如反掌。"宋太宗于是下定了讨伐北汉的决心。

十日，宣徽南院使潘美为北路都招讨制置使，桂州观察使曹翰攻城西，河阳节度使崔彦进攻太原城东，彰德节度使李汉琼攻太原城南，彰信节度使刘遇攻城北，形成对太原的包围之势。最难攻的是城西，因为这里是北汉主的宫城所在，曹翰道："我只是个小小的观察使，官位低于节度使刘遇，应该让刘遇攻打城西。"刘遇不肯，曹翰执意要换，难以决定，后来太宗给了曹翰一顶"智勇双全"的高帽子，并说城西非卿不可攻破，曹翰才勉强答应。

十一日，命云州观察使郭进为石岭关都部署，负责堵截契丹援兵。派田仁朗、刘绪负责侦察太原城及其周围的军事设施，并置办攻城器材。

军队部署完毕，十五日潘美辞行，太宗在长春殿设宴，面授讨北汉机宜，要他依计行事。

二月十五日，宋太宗御驾亲征离开开封，前往太原，宋对北汉二度大规模讨伐开始了。

十八日，车驾到达澶州（今河南浚县），太仆寺的官员宋捷在路边迎接。宋太宗听到这人的名字，兴高采烈地说："此仗必胜了。"于是封宋捷为将作监丞。

三月，兵分几路攻打隆州、沁州、岚州等地，隆州是北汉人依险新筑的州城。

四月二十二日，赵光义率军抵达太原城下，驻扎在汾水东岸。

二十四日黎明前，赵光义亲到城西督军攻城，战斗非常惨烈。

五月一日，北汉宣徽使范超出城投降，宋军以为他出城迎战，将其生擒问斩。三日，北汉马军都指挥使郭万超又出城投降。

四日，赵光义到城南巡视督战，慰问众人说："明天端阳节，我们到刘继元的宫殿吃粽子庆贺节日，怎么样？"将士一齐欢呼道："好！"如此一来，士气更加高涨。

第二天，赵光义又到城南督战，将士争先抢攻，伤亡惨重。赵光义见士兵个个杀红了眼，知道攻破后，他们一定会屠杀百姓，这与"圣天子"的德行相违背。由于太祖死得突然，他当皇帝也不合传统，朝野间对此议论颇多。在这当口若发生屠城的事，实在不利于自己的威名。因此，眼看即将破城，便命将士退回，传命城中："最好自动投降！"北汉将士仍要固守，退休宰相马峰正卧病在床，闻讯，命人抬着他去见北汉主，含泪劝说刘继元投降，刘继元见大势已去，也只好答应投降。当天夜里，刘继元遣使送出投降书。到次日凌晨，刘继元带领官属，向宋太宗投降。赵光义照例下诏赦免他的罪过，并抚慰了他一番。

北汉降后，汉的十州、一军府、四十一县、十三万五千二百二十户、三万军队，全部为宋朝所有。

五月十一日，封刘继元为右卫上将军，彭城郡公，其他投降的北汉臣僚也都得到了晋封。北汉自刘崇称帝割据了二十九年后灭亡。淳化二年（991年）刘继元病死于房州（今湖北房县）。

宋太宗赵光义下令毁掉太原城，原榆次县改为并州，而将原并州内的僧道富户迁入洛阳。五月十八日，赵光义登上太原城北的沙河门楼，派人分片驱赶城内居民迁入新并州，纵火烧屋，许多老弱之人被烧死在城中，太原百姓为统一付出了沉痛代价！

在整个太祖时代，北汉虽然一直岌岌可危，但却一直没被征服。从周世宗到宋太宗，经过二十六年的征战，公元979年才将北汉彻底灭亡，终于结束唐末以来的军阀割据局面，除了被契丹占领的十六州以外，黄河、淮水、长江、珠江流域的广大地区，都在宋王朝的统治之下了。北汉的覆亡代表着宋终于实现了除辽之外的一统，柴荣、赵匡胤等人毕生的梦想，终于实现了。但宋太宗赵光义也为此付出了巨大的代价。

# 北伐幽燕，失败告终

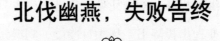

宋太宗赵光义在灭北汉后，为了完成其兄宋太祖赵匡胤未竟的统一大业，直接挥师北上，想一举收复幽州。

实际上，虽然宋太宗所率宋军平灭了北汉，但"攻围太原累月，馈饷且尽，军士疲乏"。灭国擒王之后，宋军上下仍旧还是五代军人习气，"人人有希赏意"。宋太宗本人很想乘大胜之势，一鼓作气，攻取幽蓟之地。"诸将皆不愿行，然无敢言者。"惟有殿前都虞候崔翰独奏："此一事不容再举，乘此破竹之势，取之甚易，时不可失。"一语已中宋太宗下怀，高兴之余，即刻命枢密使曹彬调发屯兵，准备收取"儿皇帝"石敬瑭丢失的汉人固有领土。

太平兴国四年（979年），宋太宗发动了北伐战争。时值盛夏六月，赵光义率大队身心俱疲的宋军北征，他本人已驾发镇州。由于军士意怠，"扈从六军有不即时至者"，士气如此，但宋太宗仍执意伐辽。

当宋军入辽境后，开始进军还很顺利，辽朝的东易州刺史和涿州判官先后以城来降，宋军可以说是兵不血刃，岐沟关等军事要地已落入手中。此情此景，与当年周世宗伐辽极其相似。这正助长了宋太宗征伐幽燕必胜的信心。的确，宋军很快便包围了辽朝的"南京"——幽州城。宋太宗本人驻跸城南的宝光寺，指挥战斗。

辽军坚守待援，宋军接连进攻十多天不见成效。七月初，辽援兵至，两军在高梁河（今北京西直门外）展开激战，辽军耶律沙部败逃，宋军乘胜追击，但遭到了辽军耶律斜轸、耶律休哥两部的左右夹击，耶律沙又率部反击，宋军大败，全面溃退，中箭的宋太宗率军队逃到宁州（今属河北），才命崔翰镇守定州、李汉琼镇守镇州（今正定）、崔彦进镇守关南（后改为离阳关，今高阳东），以防辽军进攻，然后回首都开封（今属河南）。这次由宋太宗亲自策划并亲自坐镇指挥的进军幽州之战，以宋军失败告终。

太平兴国五年（980年）十月，辽景宗决定御驾亲征。十一月，辽军围攻瓦桥关（雄州，今雄县），宋军战败向南逃窜，辽军追至莫州（今任丘），宋朝野震动，宋太宗为了稳定军心，出兵北部边境。辽军耶律休哥部与宋关南守将崔彦进激战，打得难解难分，辽军没有进展，只好退回辽境。

太平兴国七年（982年）四月，辽景宗再次率兵亲征，兵分三路南下，但出师不利，主力部队在满城（今满城西）、唐兴（今安新东南）受到宋高阳关守将崔彦进的阻击，大败。辽军主将奚瓦里战亡，耶律斜轸率领部属救出被围困的辽军后退回辽国境内。西路辽军，在进攻雁门关（今山西代县北）、府州（今府谷）时，也被宋守军击败。辽景宗对宋发动的三次进攻，都没取得成效。

同年，辽景宗耶律贤病亡，幼子耶律隆绪即位，即辽圣宗，次年改国号为大契丹国，实权控于其母萧太后，以及宠臣韩德让之手。宋太宗见"契丹主少，母后专政"，认为攻取幽燕的时机来了。众大臣如雄州知州贺令图、岳州刺史贺怀浦、文思使薛继昭、军器库使刘文裕等，也劝太宗不可坐失良机。辽国的国力、国事到底如何，他们毫不知晓，全凭臆测。于是，雍熙三年（986年），宋太宗决定大举北伐。

北伐的决定作出后，不久就有人表示反对。但宋太宗决意北伐，谁

233

第十章　太宗继位，基本统一

劝也不行。

宋太宗为这次北伐幽燕还做了很好的部署——兵分三路：东路由曹彬、米信等率领，从雄州（今河北雄县）出发，直趋幽州；中路由田重进率领从飞狐道（今河北来源）出发，直趋蔚州（今河北蔚县）；而由潘美、杨业率领西路，出雁门（今山西境），力取云、朔、寰、应等州。辞行时，太宗面授机宜，对曹彬等人道："东路十余万大军出雄州后，要放出直捣幽州的风声，辽军闻此消息，必在幽州集结，不敢出幽州救援其他州县，这样西路和中路军，就容易得手，然后三路大军会攻幽州，就一定能够取得胜利。"

三月，潘美等出雁门，大败契丹兵，杀五百多人，直追到寰州（今山西朔县东南）城下，又杀五百余人。十二日辰，寰州刺史赵彦章开城投降。

曹彬的中路军攻下固安后，继续前进，于十三日，占领涿州。

田重进率兵赶到飞狐城北时，辽将大鹏翼也率军前来救援。宋将袁继忠对田重进道："敌人多骑兵，有利于平地作战。不如将他们引入山地，凭借地势，准叫大鹏翼变成没毛鸡。"于是田重进亲自压阵，与辽军战斗，边战边退，终于把辽军引入山中，大将荆嗣从西侧突出，背靠山崖，与敌短兵相接，辽军纷纷坠入山谷，辽军闻风丧胆。荆嗣又命部下截断谷口，千余人束手就擒。辽军余部退到岭上，裨将黄明追杀他们，战斗失利。荆嗣道："你且在这里屯扎，我去把这帮家伙赶下岭去。"说完率领部众直冲过去，辽军抵挡不住只好退下岭来。荆嗣率众直追出五十多里，夺了辽军的小冶、直谷二座营寨，便在直谷安营扎寨，数日后，辽军派骑兵夺寨，田重进与荆嗣联手抗敌，获得胜利。天黑之后辽又派大军来攻，田、荆自知兵少难敌，遂向小冶寨的谭延美求援，但谭兵力也不多，于是他们定下一计，让谭部兵马在直谷附近来回走动，以迷惑敌人，自己则率部英勇作战。一日之间，交兵五六次，辽军不能取胜，恰巧田重进率大军赶到，击败辽军，生擒了大鹏翼和何万通。大鹏翼本是契丹一员猛将，他的被俘，使辽军士气大减。

曹彬攻下涿州以后，派遣部将李继宣等渡过涿水，侦察辽兵虚实。十七日，辽军前来攻击，李继宣在城南将辽军击败，不但获得众多马匹，还杀了奚部宰相贺斯。

潘美军自寰州进攻朔州（今山西朔县），知书度副使赵希赞开城投降。十九日，又转攻应州（今山西应县），节度使艾正、观察判官宋雄也开城投降，潘美不费吹灰之力便夺取这两个地方。

田重进率军包围飞狐城，命大鹏翼到城下招降守将马步军都指挥使、郢州防御使吕行德，吕行德对此不予理睬，准备固守城池。田重进带兵猛攻飞狐城，二十三日，吕行德与副都指挥使张继从、马军都指挥使刘知进等开城投降。宋廷下诏升飞狐县为飞狐郡，而对降将吕行德军也封职犒赏。

四月四日，潘美部攻克云州（今山西大同），田重进也在飞狐郡以北打败了辽军的后援部队。

五日，东路米信在新城（今河北）击败辽军，辽军又重新集结进攻，米信的军队却稍稍后撤。辽军将米信手下的几百龙卫军团团包围，米信奋力突围不成。正在危急的关头，李继宣率兵来援，双方合力，大败辽军。

八日，大鹏翼被押送入京，太宗不但没有杀他，反而封他为右千牛卫，领平州刺史。

十日，宋朝廷委派官吏到新被占领的州县，以驾部员外郎梁裔知应州，监察御史张利涉知朔州，右赞善大夫马务成同知寰州。

十二日，在飞狐城北，田重进再次击败了辽军。十八日，进兵蔚州城下。城中守将派人送来投降书，而田重进却对此心存狐疑，先遣荆嗣率小股人马入城察看，才知因城中内讧，守将确实是要投降。起初辽军精锐部队正与后方的女真人作战，辽圣宗和太后都在土河（今内蒙境内的老哈河）一带督战。接到驻守幽州的耶律休哥的报告后，急忙率军南下。四月，他们来到幽州北郊，听说田重进部已到蔚州，遂命同州节度使耿绍忠前往协助守城。耿绍忠到达蔚州后，慑于宋兵势强大，便与守将萧多罗商议，率心腹将士退入幽州，杀死不愿随行的将士。未曾料到却走漏了风声，左右都押衙李存璋、许彦钦提前发动兵变，杀掉守将萧多罗，生擒耿绍忠，然后来投降宋军。田重进得知详情后，接受李存璋等人的投降书，并率领降兵运走库中存粮。过了没多久，就有契丹大军来救，荆嗣率部与敌周旋。转战到大岭，荆嗣将敌军杀退。

宋中路、西路军捷报频传，与此同时，东路军也攻占了新城、固安、涿州等地，东路军的节节胜利，大大出乎太宗的意料。因为，按他的战略意图是要曹彬持重缓行，主要任务是牵制幽州辽军。像如此神速进兵，怎能保证大军的粮草供应？

果然，曹彬攻下涿州后十余日，军粮不继，只得退回雄州运粮。战报传到京城，宋太宗惊叫道："大事不好！哪里有大敌当前、回兵援助运粮草的道理，太失策了！"他急命东路停止前进，带上军队沿白沟河而行，与米信军会合，按兵不动，养精蓄锐，以声援西路军。等潘美等人全部夺得山西诸地以后，再与田重进会合东下，攻打幽州。可是宋太宗即位以来，武臣一贯飞扬跋扈，此刻又见潘美、田重进屡屡得手，心痒难忍，遂不听命令。曹彬难排众议，只好随波逐流，重新进攻涿州。辽幽州守将耶律休哥不断派兵前来骚扰，袭杀宋军落单的小股部队，使宋军时时处于临战状态。宋军行进十分缓慢，自白沟到涿州约百余里路程，竟走了二十多天。宋军再次占领了涿州城，但终因粮草不继，不得不再次退出。曹彬想让部将卢斌率万人留守。卢斌说："涿州深入敌境，粮草缺乏，没有援兵，城内百姓四散逃窜，所剩无几，怎么守得住？还不如一起撤退。"曹彬便让他率领这一万人，带着城中的老百姓一道，沿着狼山山麓向南撤退。这时萧太后率领的辽朝大军到来，曹彬队伍狼狈南逃，被辽军赶上。宋军两度往返涿州，兵疲将乏，只好奋起自卫。辽军不断攻击，宋军屡遭惨败，曹彬、米信败逃，士卒一哄而散。曹彬等涉过拒马河，集合逃亡出来的兵士，在易水南岸结营。而在北岸的宋军却分裂成几支，其中李继宣一支在拒马河上奋力阻击。辽兵后退，李继宣率兵直追到孤山（今北京房山南）。另一支约数万人正在拒马河岸做饭，突然被辽兵追杀，一哄而散，人马争相渡河，导致自相践踏，一半人落水溺死，其中包括知幽州行府事刘保勋父子以及孔子的第四十四代孙、押送粮草的孔宜。

五月六日，宋太宗接见西路潘美军押送回来的投降将吏和应州、朔州百姓选出来的代表时尚且兴高采烈的，并因为他们善于言辞、说话中听，而龙颜大悦，厚赏了他们。哪料三日后，即到了五月九日，宫苑使王继恩派人从易州赶到京城，报告了东路军败覆的噩耗后，宋太宗大惊失色，急命东路各将领分兵在边境屯扎，速召曹彬、米信等班师回京面询，又命田重进率全军屯于定州，潘美撤往代州。

宋军大败之后，宋太宗料定契丹必定大规模入侵，急忙部署军队，任命左卫上将军张永德知沧州，右骁卫上将军刘廷让知雄州，蔚州观察使赵延溥知贝州。

六月八日知制诰、知大名府赵昌言上书，要求将败将曹彬斩首示众。赵昌言的上书刚好有利于宋太宗推卸责任，将过失加在曹彬头上，他非常高兴，破格提拔赵昌言为御史中丞。

十九日曹彬等众人回到京城。二十一日，太宗命曹彬等人到尚书省听审。最后，曹彬、米信等九名将领均被处死刑。宋太宗又召百官共同讨论，都认为罪重当斩。但不出几日，宋太宗又重新批复将曹彬降职为右骁卫上将军，米信为右屯卫上将军，免除死罪。

七月十五日，遣枢密都承旨杨首一等到并州、代州等地，把归顺诸州的百姓护送到许（今河南许昌）、汝（今河南临汝）一带安置。

到了八月份，东路军已经战败，中路田重进部也已撤回境内，契丹集中兵力对付西路军，寰州也被辽军夺走。在这种形势下，杨业主张避敌锋芒，他对主将潘美说："现在辽人兵势太盛，我方士兵不可与之硬战。朝廷只要求我们护送四州的民众，我军可以偏师出大石路（今山西应县东南），通知云朔诸州守将，在大军从代州出发时，让云中的军队先行出动。我军到应州以后，辽军一定会来抵抗，这时，让朔州居民出城，前往石碣谷，派遣强弩手千人守候在谷口，再以骑兵在中路支援，那么可以保全三州的居民。"杨业的建议遭到西路军的监军王侁的极力反对，他说："我军有数万之众，难道不敢与契丹决一死战？依我看，应从雁门关出，沿川中道至寰州，与那里的契丹兵打上一仗。"顺州团练使刘文裕也赞成王侁的建议。

对此，杨业极力反对。王侁却因此诬蔑杨业贻误战机，别有用心。杨业本是北汉大臣刘继业，北汉亡后，太宗赏识其骁勇，命北汉主刘继元劝降了他，又因为刘继业本姓杨，太宗诏令恢复本姓，名业。看见王侁诬蔑自己，杨业便自请出战以表忠心，行前与潘美谋划说："这次出战，必败无疑，如果你在陈家谷口（在山西朔县南）埋伏步兵，两翼埋伏了弓箭手，等我转战至此，呼应我，或许还可能有救。"潘美答应了，与王侁等率领麾下兵众在陈家谷口严阵以待。辽军听说杨业兵至，命大将萧挞凛埋伏在路侧，让耶律斜轸出战迎敌。次日黎明，杨业与耶律斜轸交锋，耶律斜轸边战边退，逐渐把杨业引入埋伏圈。伏兵一起，杨业虽奋力冲杀，无奈势单力薄，只好突围退往陈家谷。辽兵紧追不舍。杨业一路将辽军引向谷口，却不见潘美等人，原来潘美和王侁久等不见杨业踪影，以为他打败辽军，乘胜向北追击去了，便率军离开谷口。杨业一见谷中无人，知道已无胜算，便让众将各自逃生，自己引开敌军。众将钦佩杨业，不肯留下杨业各自逃生，杨业只好率领部将向南逃走。

潘美闻讯后，赶紧赶回来。但是，为时已晚，杨业已被俘牺牲。宋太宗听到杨业牺牲的消息，痛惜不已，下诏悼念，追赠杨业为太尉、大同军节度使，赐给杨家布帛一千匹，粟一千石。杨业有七子，延玉随父战死，其余几个均被朝廷封官晋爵。供奉官延朗为崇仪副使，延浦在殿直做官，延训被升官为供奉官，延环、延贵、延彬封为殿直官。

宋太宗非常痛惜杨业的死亡，为此，还严惩了潘美和王侁等人，潘美降官三级，王侁、刘文裕被除名发配。

两次北伐幽燕都以失败而告终，宋太宗只好改变主意，转攻为守，放弃收复燕云地区的打算。雍熙四年（987年），宋太宗赵光义召集群臣，商讨守卫边防的策略，宋琪建议决开黄河北堤，以水来阻隔敌人，或者在沧州、定州之间修筑长城，横断河北平原，阻止敌人骑兵南下。熟悉河北平原地势的沧州刺史何承矩建议利用河川沼泽制造方田，以阻隔辽军骑兵。宋太宗采纳了何承矩的建议，在今安新、雄县、霸州一线利用白洋淀之水建方田，史称北宋"水长城"，以与辽对峙。这个建议果然凑效，宋辽边境暂时相安数年。

## 继捧降宋，继迁叛宋

西夏的历史根源可以一直追溯到唐初。党项是羌族的一支，《隋

书》上载"党项羌者，三苗之后也"。唐朝时，生活在青藏高原的党项羌和吐谷浑经常联合起来对抗强大的吐蕃。唐高宗时，吐谷浑被吐蕃所灭，失去依附的党项羌请求内附，被大唐安置于松州（今四川松潘），后党项羌逐步繁衍成数个大部落，其中盟主部落拓跋氏大概只占据今天的青海东南和甘肃南部等地。从唐时起，党项拓跋部臣服中原政权，接受册封并纳贡，唐赐给拓跋部以李姓。但其与中原政权也时有冲突。宋初，党项李彝兴在位，宋加封他为太尉。建隆元年（960年）三月，北汉刘钧与代北诸部族联合进攻河西（今陕西北部地区），李彝兴遣部将李彝玉与宋朝麟州（今陕西神木以北）守军共同作战，击退了北汉军的进攻，并遣使朝贡。赵匡胤大喜，赐给李彝兴玉带一条。

乾德五年（967年），李彝兴死，宋朝追赠他为太师，封夏王，并三天不朝会，以示哀悼，让李彝兴的儿子行军司马李光睿权知夏州事。不久，加封李光睿为定难军节度使、校检大保。

开宝九年（976年），李光睿率兵攻破北汉吴保寨，生擒其寨主侯遇，缴获无数战利品。后赵光义即位，讳"光"字而改名为李克睿。

太平兴国三年（978年）李克睿死，朝廷追封其为侍中，停止二日朝会以示哀悼，以李克睿的儿子李继筠权知夏州事。当年五月二十一日（乙巳），命李继筠为检校司徒、定难军节度观察留后。

太平兴国四年（979年），宋太宗赵光义亲征北汉。三月，李继筠派遣银州刺史李光远、绥州刺史李克宪率领本部的士兵，侵扰北汉，声援宋朝。

太平兴国五年（980年），李继筠死。十一月三日，任命其弟衙内指挥使李继捧为定难军留后。太平兴国七年（982年）五月，因为内讧无法在夏州立足的李继捧率领族人到开封朝见宋帝，太宗在崇德殿接见了他，以礼相待，并厚赏了他。李继捧感激涕零，主动提出将他管辖的银（今陕西米脂西北）、夏（今陕西横山西北）、绥（今陕西绥德）、宥（今陕西靖边西北）四川八县土地交给朝廷，自己留朝做官。太宗看到这是灭亡西夏的好机会，便同意了他的建议，十一月封李继捧为彰德军节度使，其弟也都封官加爵。

李继捧降宋，遭到部族中一些头人的反对。朝廷先下诏书，命绥州刺史李克宪、银州刺史李克文入朝见驾，并分别授予李克宪、李克文刺史的官位。克宪迟疑不肯听命，太宗遣将继忠对他进行威胁利诱，李克宪才随他一起入京。李继捧降宋后，李继捧的族弟定难军管内都知蕃落使李继迁率领亲信，带上兵器逃往地斤泽（今内蒙古伊克昭盟巴彦淖尔）隐藏起来，而不肯去开封做官。其实，李继迁并不是一般的人物，他志向不凡，深知一旦入京，无异于蛟龙失水，再无翻盘可能。因此借故逃离，遁入茫茫草原。宋朝此时认为逃跑的小股匪帮没什么能耐，折腾不起来，但李继迁却很有政治头脑，连娶数位当地豪强的女儿作为妻妾，一下子与地方首领成了亲戚，势力渐盛。

西夏归降后宋朝廷并没有对西夏百姓采取安抚政策，既没有将他们内迁，也没有减轻他们的赋役，百姓怨声载道，他们渐渐站到李继迁一边与朝廷对抗。李继迁等逃入地斤泽后，由于不断有西夏人加入，势力日渐强大。太平兴国八年（983年），夏州知州尹宪与都巡检曹光实偷袭李继迁，大获全胜，李继迁携其弟败逃，母亲和妻子被宋军俘获。

李氏统治西夏已久，影响很深，李继迁虽败，但仍有一些豪强大姓投奔于他，李继迁的实力又逐渐强大起来。不过曹光实为诸州都巡检，兵力强盛，李继迁决心用计打败他。

雍熙二年（985年），李继迁会同族弟遣使诈降，约曹光实于某日在葭芦川见面，企图诱杀曹光实。曹光实用兵多年经验丰富，怀疑其

241

第十章 太宗继位，基本统一

中有诈，便带几百名士卒先去赴约，让大军随后，用木笼装上飞鸽以备联络之用。李继迁将曹光实引入葭芦川之后，曹光实见道路越来越险，便驻马不前，识破了李继迁的奸计。李继迁看见曹光实后面烟尘滚滚，知道大军在后，大惊失色，但一想到母亲和妻子均为他所杀，母仇妻恨涌上心头，决心拼个鱼死网破，表面上却唯唯诺诺，引着曹光实继续前进，伺机用长鞭打破鸽笼，击死飞鸽，然后引众杀了曹光实。曹光实之侄曹克明押送辎重在后，听说曹光实已死，为避免军队惊散，密遣人装作曹光实的传讯官，说曹光实命退军银州。曹克明整军而退，没有造成伤亡。

至道二年（996年），李继迁截夺宋军粮草四十万，又出大军包围灵武城。宋太宗大怒，派五路军击夏，皆败北。